"一带一路"建设
与沿边开发开放

Belt and Road Construction and Border Areas'
Development and Opening-Up

秦玉才　编著

ZHEJIANG UNIVERSITY PRESS
浙江大学出版社
·杭州·

图书在版编目（CIP）数据

　　"一带一路"建设与沿边开发开放 / 秦玉才编著
. —杭州：浙江大学出版社，2023.6
　　ISBN 978-7-308-23158-9

　　Ⅰ.①一… Ⅱ.①秦… Ⅲ.①"一带一路"—国际合
作—研究 Ⅳ.①F125

中国版本图书馆 CIP 数据核字(2022)第 190982 号

"一带一路"建设与沿边开发开放

秦玉才　编著

策　　划	包灵灵
责任编辑	包灵灵
责任校对	曾　庆
封面设计	杭州青翊图文设计有限公司
出版发行	浙江大学出版社
	（杭州市天目山路 148 号　邮政编码 310007）
	（网址：http://www.zjupress.com）
排　　版	杭州青翊图文设计有限公司
印　　刷	广东虎彩云印刷有限公司绍兴分公司
开　　本	710mm×1000mm　1/16
印　　张	16.5
字　　数	240 千
版 印 次	2023 年 6 月第 1 版　2023 年 6 月第 1 次印刷
书　　号	ISBN 978-7-308-23158-9
定　　价	78.00 元

开 篇 /001

第一章 战略抉择:沿边开放重大意义 /003

一、有利于全方位对外开放 /004

二、有利于构建"双循环"新格局 /006

三、有利于我国经济高质量发展 /007

四、有利于区域协调和边疆长治久安 /009

五、有利于统筹发展和国家安全 /011

第二章 独特区位:沿边开发开放优势 /013

一、丝路重要区域 /014

二、能源资源富集 /020

三、交通区位重要 /026

四、文化底蕴深厚 /028

第三章　经验启示:历代治理边疆方略 /035

一、统一管辖,依法管控 /035

二、发展经济,兴边富民 /037

三、民族融合,因俗施治 /038

四、尊重信仰,强化管理 /039

五、强边固防,加大威慑 /040

第四章　光辉历程:沿边开放历史回顾 /042

一、慎重稳进,初期阶段 /042

二、改革开放,起步阶段 /044

三、西部开发,扩大阶段 /046

四、新的时代,跨越阶段 /050

第五章　合作方向:空间布局日渐清晰 /057

一、东盟合作高地 /057

二、西南开放桥头堡 /059

三、向西开放重要门户 /060

四、向北开放重要窗口 /062

五、东北亚开放枢纽 /063

第六章　战略要地:凸显沿边地缘价值 /069

一、西南地区:打造睦邻友好带 /069

二、西北地区:打造战略稳定带 /073

三、北方地区:打造经济合作带 /078

四、东北地区:打造发展安全屏障 /082

第七章 携手并进:沿边开放成效显著 /085

一、政策沟通:战略对接谋共识 /085

二、设施联通:纵横通衢连八方 /092

三、贸易畅通:商贸流通拓市场 /095

四、资金融通:疏通血脉强支撑 /097

五、民心相通:民心交融实根基 /099

六、产能合作:互惠互利结硕果 /101

七、生态保护:丝路古道展新姿 /104

八、全球治理:机制创新引领者 /106

第八章 开放平台:改革创新排头兵 /109

一、重点试验区成效明显 /109

二、边境经济合作区长足进步 /113

三、跨境合作区开局良好 /115

四、自贸区建设开始起步 /120

五、重点口岸城市展新貌 /122

六、次区域合作进展顺利 /124

第九章 沿边省区:对外开放再谱新篇 /128

一、八桂大地:陆海统筹、边海协同 /128

二、彩云之南:辐射中心、双向开放 /131

三、雪域高原:稳藏治疆、再创辉煌 /134

四、大美新疆:安边固疆、向西开放 /136

五、陇原大地:迸发奋起、跨越追赶 /139

六、壮丽内蒙古:内外联动、八面来风 /141

七、魅力黑龙江:向北开放、再谱新篇 /145

八、白山松水:南北联动、提速发展 /149

九、壮美辽宁:开放创新,率先突破 /152

第十章 危中有机:砥砺前行共克时艰 /156

一、大国博弈,竞争加剧 /156

二、周边地区形势不稳 /158

三、民族宗教矛盾交错 /160

四、传统非传统安全交织 /162

五、经济下行压力增大 /164

第十一章 化危为机:抢抓机遇大有作为 /168

一、新发展阶段带来新机遇 /168

二、新发展格局带来新机遇 /170

三、“一带一路”带来新机遇 /171

四、创新发展带来新机遇 /173

五、西部大开发带来新机遇 /175

第十二章 继往开来:高质量开启新征程 /178

一、持续推进高质量共建 /178

二、积极融入新发展格局 /184

三、高水平开放目标要求 /203

四、高质量推进“五通”发展 /205

五、建设健康丝路 /212

六、创新开放体制机制 /215

七、构建内陆开放平台 /217

八、推进兴边富民行动 /221

九、建设平安"一带一路" /223

十、引领全球治理改革 /227

第十三章　经略周边：构建周边命运共同体 /231

一、加强抗疫合作，构建卫生健康共同体 /232

二、维护安全和稳定，构建安全共同体 /234

三、深化务实合作，构建发展共同体 /237

四、促进民心相通，构建人文共同体 /240

五、坚持互利共赢，构建利益共同体 /241

六、倡导共担责任，构建责任共同体 /243

第十四章　统筹全局：有序推进沿边开放 /246

一、牢牢把握发展机遇 /246

二、牢牢把握开放切入点 /247

三、牢牢把握"五通"重点 /248

四、坚持开放发展"两手抓" /248

五、加强宣传推介力度 /249

参考文献 /250

开　篇

由于工作关系,我有很深的西部情结,对沿边地区开发开放格外关注。在西部司工作期间,出于工作需要,我多次深入沿边地区调研,翻山越岭,沿着弯弯曲曲、绵延万里的边境公路和边境巡逻线,考察了大部分边境地区和沿陆地边境的九省区。

国家边界通常也叫国界、疆界,一般以独特的地貌特征为根据、依自然形成的山水峡谷为线划界,既有崇山峻岭也有峡谷溪流,又有茫茫戈壁,蜿蜒曲折犬牙交错,其间或纵或横贯穿着长白山、大兴安岭、蒙古高原、阿尔泰山、天山、帕米尔高原、喀喇昆仑山、喜马拉雅山、横断山和云贵高原等十几座高大山脉和高原。在这些山脉和高原之间,分布着巨大的草原、荒漠、戈壁和森林,还有蜿蜒曲折淌流的鸭绿江、图们江、乌苏里江、黑龙江、额尔古纳河、额尔齐斯河、伊犁河、雅鲁藏布江、怒江、澜沧江、元江等大小数十条界河和出境河流。两万多公里的陆地边境线上,驻守着党政军警兵民“六位一体”的边境防控力量,这是保障祖国安全的战略屏障。“祖国北疆的每一座蒙古包就是一个哨所,守卫千里边防;每一个牧民就是一个哨兵,为伟大祖国站岗”[1]“身在西陲前哨,心向首都北京”[2]。这是边疆人民维护边境社会稳定和谐的崇高理想,

---

① 蒙古包哨所里的牧民哨兵[EB/OL].(2015-10-08)[2021-08-27]. http://www.mzyfz.com/cms/benwangzhuanfang/xinwenzhongxin/zuixinbaodao/html/1040/2015-10-08/content-1151970.html? isappinstalled=0.

② 忠诚写在“西陲第一哨”[EB/OL].(2018-10-09)[2021-08-27]. http://images2.wenming.cn/web_djw/djw2016sy/djw2016wkztl/wkztl2016djzzwk/201810/t20181009_4854428.shtml.

更是广大边民对伟大祖国浓厚的爱。在这里,从每天迎接祖国第一缕阳光的黑龙江抚远,到祖国版图上太阳最晚落山的新疆,边疆人民日日夜夜守卫着祖国边关,构建成了村村是阵地、户户是哨所、人人是哨兵的安全屏障,与边防部队官兵一起在边境线上筑起一道道军民联防的铜墙铁壁。这条漫长边境线的另一侧,是与我国接壤的朝鲜、俄罗斯、蒙古国、哈萨克斯坦、吉尔吉斯斯坦、塔吉克斯坦、阿富汗、巴基斯坦、印度、尼泊尔、不丹、缅甸、老挝、越南等 14 个国家。在前往广西东兴、凭祥,云南瑞丽、河口口岸调研的途中,看着口岸熙熙攘攘的人群,扛着大包小包、拖着大小行李匆匆过境,以及排成长龙等待检验的货车,我充分感受到了边境贸易的繁华热闹;在云南文山州调研时,我还遇到许多当年参加对越自卫反击战的老兵,他们眼含热泪,怀着沉重的心情在烈士陵园里祭拜,悼念追思过去的战友与同事,他们手举红旗身着戎装在口岸边界线上拍照留念,记录边境地区的繁荣发展与变化。在同一片天空下,界毗邻而同月,疆接壤而共云。经济互融,彼中有此而不舍;产业互补,我中有你则难分。民族虽异,可补短而取长;文明固殊,应兼容而互惠。各方着力创新合作,无缝对接发展战略,创新合作方式,打造合作亮点,共享进步成果,构建人类命运共同体,合作互利而双赢。

第一章 战略抉择:沿边开放重大意义

深入推进"一带一路"建设,在经济全球化、区域一体化日益加快的形势下,广泛参与区域经济合作,加强同周边邻国的经济联系,利用沿边地区区位优势进一步加大开发开放力度,开展跨境次区域经济合作,既是我国沿边地区外向型经济发展的迫切需要,也是实现区域经济同国际大市场接轨、融入新发展格局的必然选择。1992年至今,国务院先后批准丹东等14个城市为沿边开放城市,设立了黑河等17个国家级边境经济合作区,批准设立了9个沿边重点开发开放试验区。2019年,国务院批准了6个省区设立自贸区,其中有3个省区为沿边省区,即广西(南宁、钦州、崇左)、云南(昆明、红河、德宏)、黑龙江(哈尔滨、黑河、绥芬河)。沿边地区作为"一带一路"有机衔接的重要门户,应充分利用区位的独特性,挖掘边境地区的发展潜力,推动跨境次区域经济合作,将沿边地区由国家内的"边缘区"转化为具有发展潜力的"核心区",由"沿边"转化为"枢纽",实现双边或多边合作共赢的目标。深入推进沿边地区开发开放是"一带一路"建设的题中应有之义。"一带一路"建设作为我国扩大对外开放的重大战略举措,在重点面向周边国家和亚欧非大陆开放的同时,向所有国家开放,打开了对外开放的新天地,丰富了对外开放的新内涵,开创了对外开放的新境界。"一带一路"建设以沿边地区为前沿,以内陆重点经济区为腹地,以东部沿海发达地区为引领,同京津冀协同发展、长三角一体化发展、粤港澳大湾区建设等国家战略对接,同西部开发、东北振兴、中部崛起、东部率先发展联动,优势互补,有利于东中西部协同开放,塑造我国国际经济合作和竞争新优势。沿边地区在深度参与"一带一路"建设的过程中,大力实施向西开放,在互利互惠、合作共赢的基础上扩大与周边国家和共建"一带一路"国家的经贸交流与合作,不仅有利于提升沿边地区和内陆地区的开放水平,而且有利于拓展新的市场空间,促进国内国际双循环,形成沿海、内陆、沿边开放协同推进,对构建全方位对外开放新格局具有重要意义。

一、有利于全方位对外开放

改革开放 40 多年来,我国对外开放取得的成就举世瞩目,对外开放在中国首先从东部沿海启航,继而实施沿江、沿边开放,逐步形成了陆海统筹的全方位对外开放格局。但受地理区位、资源禀赋、发展基础等因素影响,"东强西弱、海强边弱"的局面总体上没有根本改变。改革开放初期,美国、欧洲、日本和亚洲"四小龙"是中国对外经济交往的主要对象,中国东南沿海地区如广东省深圳、珠海、汕头三市分别划出一定区域,建立经济特区,作为改革的"试验田",此后,一系列港口城市和沿海地区陆续率先开放,初步形成了绵延万里的对外开放带。随着对外开放不断深入,东部沿海地区逐渐形成了协作互补、各具特色的沿海经济圈,进一步强化了沿海地区的优势地位。而西部地区的经济社会发展水平则长期相对滞后,对外交流和开放亦相对较晚。自 1992 年国家实施沿边开放战略起,以首批 14 个沿边开放城市陆续获批为标志,沿边地区开始起步。经过多年努力,西部地区开放程度不断扩大,开放水平不断提高,但总体来看,西部地区的开放水平仍然落后于东部地区,沿边地区的开放水平仍然落后于沿海地区。因此,我们必须实行更加积极主动的开放战略,不仅向东开放,也要向西开放,进一步深化沿海开放,加快内地开放,提升沿边开放,实现对内对外开放相互促进,拓展开放的新领域和新空间,形成开放新优势,形成陆海统筹、东西互动、面向全球的全方位对外开放新格局。

沿边地区是我国对外开放的重要门户，是国家重要的战略资源储备基地和安全屏障，也是我国多民族聚居地，在我国经济社会发展中具有重要战略地位。沿边地区在积极融入"一带一路"建设、加大对外开放的过程中，具有得天独厚的有利条件，开发潜力很大。从地理位置看，沿边地区陆路边境线长达 2.28 万公里，与周边 14 个国家接壤，是我国通往中亚、南亚、东南亚，以及欧洲的重要通道，具有发展区域经济合作的地缘优势。从政治条件看，沿边地区与周边国家长期往来，有着传统的友好关系，我国同周边各国之间的经济技术合作领域与共同利益不断扩大，双边在开展经济技术、贸易投资合作方面互补性强，有着良好的合作基础。周边国家大都处于经济社会较快发展的上升期，同我国合作发展的愿望十分强烈，面对"一带一路"倡议的巨大影响力，周边国家积极与中国开展战略对接，赶搭"一带一路"快车。同时，中国的发展进程需要周边国家帮助和支持，中国的发展成果也为周边国家所分享。中国愿意把自身发展同周边国家发展更紧密地结合起来，欢迎周边国家搭乘中国发展快车，让中国的发展成果更多惠及周边国家，让大家一起过上好日子。从经济结构看，周边国家产业结构比较单一，经济发展不平衡，部分工业品和消费品仍需要进口。随着经济发展加快，市场潜力逐步释放，为经济贸易合作提供了巨大空间。同时，我国需要的石油、天然气等矿产资源，以及其他资源性原材料，正是周边国家的优势所在，双方经济互补性强，这种经济互补性将会使双方互惠互利，实现双赢。从基础设施条件看，西部大开发以来，西部地区基础设施建设成效显著，为进一步扩大开放提供了有力支撑。新亚欧大陆桥的贯通，泛亚铁路、公路和国际输油管道的建设，已进入常态化运行的中欧班列，为东南亚、南亚、中亚和欧洲国际联运提供了较为便捷的国际通道。从政策环境看，"一带一路"倡议提出以来，为推进沿边地区的开发开放，中共中央、国务院先后出台了一系列优惠政策,2020年5月17日,中共中央、国务院印发的《中共中央 国务院关于新时代推进西部大开发形成新格局的指导意见》^①,进一步提升了西部地区在我国发展战略中的地位,加大了对沿边地区对外开放的支持力度。我国综合国力和国际地位的不断提升,为扩大沿边地区开放提供了强大的支撑。沿海地区对外开放的成功实践,为沿边地区扩大开放提供了宝贵经验。特别是新时代高质量共建"一带一路",将为沿边地区开放提供巨大的资源、市场、政策和环境机遇,聚焦交通、能源、信息等领域的基础设施互联互通,进一步推进与周边地区联动发展,有利于构建高水平开放型经济新体制,实行高水平对外开放,推动改革和开放相互促进。

二、有利于构建"双循环"新格局

改革开放以来,我国坚持以开放促改革、促发展,如今已成为世界第二大经济体、第二大进口国,对外投资规模跃居全球第二位,综合国力和国际地位显著提升,日益走近世界舞台的中央。尽管之前面对新冠疫情的严重冲击,在严峻的经济形势下,我国仍推进新一轮高水平对外开放,培育更多新经济增长点,打通生产流通各个环节,逐步形成以国内大循环为主体、国内国际双循环相互促进的新发展格局,培育新形势下我国参与国际合作和竞争新优势,将其作为经济工作的重中之重。要构建国内国际双循环,就要以立足内需为本,继续坚持开放合作,利用中国超大规模市场和内需潜力,继续加强"一带一路"共建合作,统筹国内国际两个大局,利用好国内国际两个市场、两种资源,促进内外资源优化配置,拓展我国的发展空间和回旋余地,增强战略主动性和抗风险能力,发展更高层次的开放型经济,做到"双循环"相

---

① 中共中央 国务院关于新时代推进西部大开发形成新格局的指导意见[EB/OL].（2020-05-17）[2021-08-30]. http://www.gov.cn/xinwen/2020-05/17/content_5512456.htm.

互促进。"一带一路"建设作为我国扩大对外开放的重大战略举措和总的指导,重点面向周边国家、亚欧非大陆,同时向所有国家开放,倡导以"五通"为主要内容的全方位务实合作。这有利于沿边地区将西部大开发与国内国际双循环衔接起来,将新时代推进西部大开发形成新格局与当前构建国内国际双循环新格局衔接起来,强调内在一致性,同时注意突出各区域的特点和重点,互相支持、互相促进。沿边地区应因地制宜推进国内国际双循环,根据自身特点,强调通过加快发展枢纽经济、门户经济、通道经济来推动对外开放扩大和经济高质量发展。"一带一路"建设有利于依托国际大通道,打造"一带一路"陆海联运国际战略枢纽、国际运输走廊;以综合交通枢纽为依托,着力推进交通物流设施一体化,搭建信息化口岸服务平台,促进枢纽地区产业集聚,建立具备沿边特色的枢纽经济体系;以进一步提升对外开放水平为重点,推动门户经济高质量发展,探索建设边境自由贸易港,推动国际产能合作,建立区域协同合作机制,提升对外开放水平;以加快经济转型升级以及价值链重构为着力点,更加深度地参与全球价值链分工和国内价值链分工,融入国内国际双循环,加强与周边国家或地区的经济联系,促进区域次区域一体化发展;以构建人类卫生健康共同体为目标,推动全球抗击疫情合作,贡献中国经验,积极保障全球抗疫物资供给。"一带一路"建设的深入实施,将赋予沿边省份更多对外开放的新使命,为沿边地区打开对外开放的新天地,充实对外开放的新内涵,开创对外开放的新境界,沿边地区必将在国内循环乃至"双循环"新发展格局中扮演重要角色,也必将为我国推进高水平开放做出更多贡献。

三、有利于我国经济高质量发展

习近平总书记在党的二十大报告中强调,"中国坚持对外开放的基本国策,坚定奉行互利共赢的开放战略","推进高水平对外开放"。^① 如今,在国家深入推进西部大开发、西部加速融入"一带一路"倡议布局的背景下,沿边地区正处于加快发展阶段。根据党的二十大的总体要求、战略安排和宏伟目标,西部大开发需要强化举措,需要认真研究西部地区基本实现现代化将大体经历哪几个发展阶段,每个阶段有什么特点,目标和任务是什么,把西部开发同全国产业结构调整和地区经济结构调整结合起来,有步骤、分阶段地逐步实现现代化。我国现代化的困难之点不是在东部,而是在西部,现代化的落脚点最终可能也是在西部地区,特别是沿边地区。事实上,我国西部地区的开发开放正在发生重大变化,从出口通道而言,西部地区产品不仅可以通过沿海地区连接海外市场,还可以向西开放,通过欧亚大陆桥延伸到中亚、西亚、欧洲,沿边区位优势开始显现。如新疆、内蒙古、广西、云南等西部沿边省区都是陆路边境开放的窗口,是"丝绸之路经济带"的重点区域,承担着联通东南亚、南亚、中亚、欧洲等地区,共建"一带一路"国家的重要任务,在扩大沿边开放和"一带一路"建设中具有突出重要性。因此,沿边地区要在"一带一路"建设中率先实现重点突破,建设丝绸之路经济带核心区,筑好桥头堡,打造辐射中心,当好开发开放排头兵。在西部大开发和"一带一路"政策框架下,沿边地区进一步扩大开发开放,将有力带动周边国家和共建"一带一路"国家恢复经济,有利于促进全球经济复苏。中国正向着构建人类命运共同体的愿景,秉持"自利利他、己立立人"的信念,开拓出一条世界各国共同发展的道路。这将是中国为国际和平发展事业做出的重大贡献,也充分体现了大国的责任与担当。新时代推进西部大开发形成新格局,就是要把加大沿边地区开发开放置于突出位置,使沿边地区进一步融入共建"一带一路"和国家重大区域战略,有利于形成全国统一大市场,发展更高层次的外向型经济,促进我国经

---

① 王文涛:以党的二十大精神为指引推进高水平对外开放[EB/OL].(2023-01-16)[2023-03-30]. https://www.gov.cn/xinwen/2013/01/16/content_5737251.htm.

济高质量发展。

总之,中国经济已进入新的发展阶段,新时代赋予沿边开发开放新的内涵,创造了新的发展机遇。积极融入"一带一路"建设,将区域协调发展、构建新发展格局同沿边开发开放、区域协调发展战略结合起来,不断提升沿边开放水平,打造富有活力的沿边经济合作带,将极大地促进西部地区乃至全国的经济社会发展。

四、有利于区域协调和边疆长治久安

改革开放初期,我国采取了非均衡的发展战略,集中全国的力量发展东部沿海地区,从而使东部沿海地区实现了快速发展。但非均衡的发展战略也极大地拉大了东部地区与西部地区发展水平的差距。西部大开发 20 多年来,尽管在国家重点扶持和西部地区自身努力下成效显著,基础设施、生态保护、环境治理、科技教育、特色优势产业等取得积极进展,西部地区与东部地区发展的相对差距有所缩小,但二者的绝对差距仍在扩大。2019 年,西部地区居民人均收入相当于东部地区的54％,东部地区的人均地区生产总值是西部地区的 2 倍多,其中,最高的上海市与甘肃省相差 3.5 倍。可见,西部地区仍是我国区域经济发展的"短板"。目前,西部地区的人均国内生产总值、城镇居民人均可支配收入和农村居民人均纯收入只相当于东部地区的 48.5％、67.9％和54.3％。西部地区总体落后的状况没有改变,与东部地区发展差距依然较大。采取这样非均衡的发展战略在中国改革开放初期阶段是非常必要的,但随着改革开放不断深入,东部地区进入了工业化中期乃至后期,不平衡、不协调、不可持续问题逐渐凸显。党的二十大报告明确提出"深入实施区域协调发展战略",赋予了区域协调发展新的内涵,更加聚焦战略重点,加大了西部地区对外开放的力度,从而推动西部地区更快发展。

改革开放 40 多年来,中国以美国、日本等发达国家及欧洲地区为主要市场,但随着世界金融危机和新冠疫情的影响,这些市场的增长潜力日益衰减,而中国之前高速增长的对外出口带来的巨大产能依旧存在,亟需寻找新的市场空间。东南亚、南亚、中亚等地区的发展中国家近年来经济发展速度加快,我国周边 14 个国家中有 8 个的年均经济增长速度在 5%—6% 左右,是世界范围内经济发展比较活跃的地区,发展潜力比较大。同时,中国与周边国家资源禀赋不同、发展阶段相异,开展投资贸易、产能合作的互补性强。深入推进丝绸之路经济带建设,加大向西开放,把西部地区的潜在优势发挥出来,打造西部大开发新的增长点,有望使我国成为连接太平洋与大西洋的陆上过境要地,将我国经济与欧亚大陆乃至非洲经济更加紧密地联系在一起。

新时期的沿边地区积极融入"一带一路"建设,进一步推进新一轮高水平对外开放,向西开放,拓展战略纵深,并在开放中增强发展新动能、增添改革新动力,由过去的"开放末梢"转变成为"开放前沿",从而得以在更大范围的区域一体化中扮演更为重要的角色。笔者认为,促进区域协调发展真正的大背景是"一带一路"建设。在此背景下,由于各区域的特点不同,东中西各区域扮演的角色是不一样的,应根据各自的区域优势,因地制宜地确立本地区在"一带一路"建设中的角色;在支持不同区域对外开放方面应该采取更大胆的措施,强化区域在国内大循环下的互联互通,走合理分工、优化发展的路子,形成优势互补、高质量发展的区域经济布局。这样有利于建立沿边地区经济发展的战略依托,拉动我国经济发展重心局部从沿海向西部转移,将广西、云南、内蒙古、新疆和东北地区推向对外开放的前沿,将其打造成具有强大辐射能力的经济增长极,还有利于实现沿边开放与沿海开发的联动配合,促进东中西经济的均衡发展。西部大开发以来,经济发展主要依靠资源开发和投资拉动,在创新发展方面还不是很强。向西开放有利于更新观念,为西部大开发增添新的动力。

边疆地区是少数民族聚居的地区。在 136 个边境县(旗、市、市辖区)中,有 107 个是民族自治地方。因此,加快边境地区经济社会发展,是加强民族团结、稳边固边强边的必然要求,关系国家稳定的大局。同时,边境地区也是"三股势力"勾联聚合、活动频繁的敏感地域和反分裂、反恐怖斗争的热点地区。近年来,西方一些国家插手我国西藏、新疆事务,支持和怂恿达赖分裂主义集团和"三股势力"进行分裂和破坏活动,对我国国家安全和核心利益构成现实威胁。因此,加快沿边地区开发开放,巩固脱贫成果,大力改善民生,让老百姓日子红火起来,才能为民族团结、边疆稳定打下坚实的物质基础,打造沿边战略稳定带,共同抵御敌对势力的西化分化企图,确保边疆稳定、长治久安。

五、有利于统筹发展和国家安全

"一带一路"建设开展以来,习近平主席的多次外访便落足在中国周边。习近平主席在周边国家的系列演讲,将中国周边外交的重要性提高到民族复兴的高度,凸显出中国外交战略对于周边国家的侧重。习近平主席用"亲诚惠容"①四个字来为新时期周边外交工作理念定调,这既是对新中国 70 多年睦邻友好政策的总结,又将中国与周边的关系进一步提升到情感高度,彰显着中国传统的文化智慧和邻里之亲,共同构建人类命运共同体。但是,沿边地区面对着世界文明的地理中心,即英国政治地理学家、地缘政治学家麦金德所言"轴心地区"或"心脏地带",这一地区已成为世界大国博弈并被多方施加影响的地区,是美国、欧盟、日本、俄罗斯、印度和中国的重要利益交汇区域和竞争空间。同西欧、东亚等地区不同,沿边地区周边各国间没有也不可能出现美国主导的地区性军事同盟,大国协调机制与竞争合作规则尚未确定,传统意

① 五年来,习近平这样谈周边外交[EB/OL].(2018-10-25)[2020-10-24].http://world.people.com.cn/GB/n1/2018/1025/c1002-30362611.html.

义上的大国势力范围在不断交叉重塑之中,逐渐成为大国和大国财团积极活动的舞台。特别是西方国家,基于多种原因,对中国崛起的担心、警惕、猜忌也在增加,防备中国、平衡中国形成了一个"群共识"。美国已经在下"先手棋",美国政府曾提出的"亚太再平衡"战略,以及"新丝绸之路"计划,旨在建立一个以阿富汗为中心、连接中亚和南亚,并向中东地区延伸的国际经济与交通网络。其后推行的"印太战略"本质上是"亚太再平衡"战略的延续,但其指向更加明确,意在牵制中国,拓展美国的同盟体系,构建一个针对中国的美日澳印四方非正式联盟。这是美国以反恐为名,插足中亚、屯兵南亚,企图控制巴基斯坦,并且纵容印度北进,插手中国南海,极力牵制中国,遏制中国崛起的行为。俄罗斯视里海地区和中亚的独联体国家为自家"后院",极欲保持其在这些地区的传统地位。里海地区和中亚也是欧盟能源外交的主攻方向,在地区安全与政治问题上,欧美将长期维持合作,必要时将发挥北约的军事作用。印度将中东和中亚视为其推进能源进口多元化的重点方向,正着力构建周边油气供应网络。此外,日本在这一地区的经济利益和安全关注也显现上升趋势。由此可见,美国、欧盟、印度、日本在东南亚、南亚、中亚和中东追求的战略目标以及实现程度将对我国的政治经济安全与发展产生重要影响,我国与美国等西方国家的竞争难免会随之激烈起来。因此,党中央提出"向西开放",加大沿边地区开发开放力度,高质量共建"一带一路",是我国在未来面临的竞争环境中一种现实的地缘选择,自觉坚持睦邻、安邻、富邻,打造睦邻友好带,主动加强与周边国家的全方位经济技术交流与合作,制定公平的游戏规则,共同塑造这一地区安全的发展环境,实现和带动周边国家共同发展,增进共建国家相互间的尊重理解和政治互信,让各方共享巨大的安全红利,这将有利于中国的长远利益和彰显负责任的大国形象,有利于统筹发展和安全,对于发展我国地缘政治、地缘经济、地缘安全等均可起到重要作用。

第二章　独特区位:沿边开发开放优势

　　中国陆地边境线东起辽宁省丹东市的鸭绿江口,西迤广西壮族自治区防城港市的北部湾畔,长达2.2万公里,分布于辽宁、吉林、黑龙江、内蒙古、甘肃、新疆、西藏、云南、广西9个省(自治区)的136个边境县(旗、市、市辖区)以及新疆生产建设兵团的58个边境团场,与14个国家接壤,面积达197万平方公里,人口2300多万。[①] 在陆地边境线上与中国毗邻的14个国家自东北向西南依次为朝鲜、俄罗斯、蒙古国、哈萨克斯坦、吉尔吉斯斯坦、塔吉克斯坦、阿富汗、巴基斯坦、印度、尼泊尔、不丹、缅甸、老挝、越南,彼此联系十分方便,具有发展区域经济合作的地缘优势。中国的疆域是随着统一多民族国家的形成和发展逐步固定下来的。从历史上看,民族、国家和疆域是历史发展到一定阶段的产物,有民族和国家才有民族和国家的疆域,这是不言而喻的。历史上的民族、国家与疆域是发展变化的,不同的历史时期其结构模式在发展变化,内容与思想在发展变化,幅员大小也在发展变化,不能以一个固定的模式决定版图范围。历史上的版图范围,如日月盈昃,"一个国家和地区的疆域的形成⋯⋯是近现代以来国际资本主义市场扩张、国际、国内一系列斗争的综合结果"[②]。我国各民族在长期的实践中共同开发了祖国的广袤疆域,共同创造了中华文化,形成了各民族分布上

　　① 国务院办公厅关于印发兴边富民行动"十三五"规划的通知[EB/OL].(2017-05-28)[2020-04-21].https://www.gov.cn/zhengce/content/2017-06/06/content_5200277.htm.
　　② 刘国旭.中国疆域若干问题研究[J].卷宗,2012(1):116.

的交错杂居、文化上的兼收并蓄、经济上的相互依存、情感上的相互亲近,形成了你中有我、我中有你、谁也离不开谁的多元一体格局。

沿边地区从狭义讲指边境地区,从广义讲指沿边九省区。这里有广袤的土地、壮丽的山河、丰富的资源、灿烂的文化、旖旎的风光、浓郁的风情,具有多元文化、多类风光、多种民俗、多彩生活;这里辉映着历史与文明,展示着现代与时尚,众民族跨境而居,有着根深蒂固的血缘关系,通婚互市历史悠久,是我国对外开放的重要门户,是国家重要的战略资源储备基地和安全屏障,也是我国少数民族聚居地,在我国经济社会发展中具有重要战略地位。

一、丝路重要区域

两千多年前,我们的先辈筚路蓝缕,开辟出联通亚欧非的陆上丝绸之路。这一千年古道、漫漫丝路,横贯东西,绵延万里,大体可分为四条线路:"南方丝绸之路",包括历史上不同时期起于四川成都、经云南到达印度的通商孔道,以及历史上有名的蜀身毒道和茶马古道等,主要线路以成都为起点,经雅安、芦山、西昌、攀枝花到云南的昭通、曲靖、大理、保山、腾冲,从德宏出境,进入缅甸,最后到达印度和南亚、西亚,跨越千山万水、谷深林密,山间铃响马帮来,通向南亚、东南亚、中亚、西亚以及欧洲国家;"北方丝绸之路",是西汉张骞出使西域的官方通道,大漠孤烟、长河落日,驼铃声声、驼队蜿蜒,由长安经中亚国家、阿富汗、伊朗、伊拉克、叙利亚等到达地中海欧洲地区;"草原丝绸之路",主要路线由中原地区向北越过古阴山(今大青山)、燕山一带长城沿线,由西北穿越蒙古高原,经长安、敦煌、乌鲁木齐、中西亚北部到达地中海欧洲地区;"海上丝绸之路",从广州、泉州、明州(宁波)、扬州等沿海城市出发,云帆高挂、劈波斩浪、昼夜星驰,从南洋到阿拉伯海,甚至远达非洲东海岸。丝绸之路绵延两千多年,若以朝代划分,其兴衰变迁脉络的大体概况为:西汉(公元前 206—公元 25 年)、隋唐时期(公元 581—907 年)、元代(公元 1206—1368 年),属丝绸之路的兴盛时期;而东汉、魏晋南北朝时期(公元初年—6 世纪后期)、五代及两宋(包括辽、金、夏,公元 10 世纪—13 世纪后半叶)、明清两代(公元 1368—1911 年),为丝绸之路相对荒芜沉寂的时期,这段时期,尽管存在着某些短期复苏,但从总体上看,丝绸之路的作用大大降低。19 世纪末,德国地理学家费迪南·冯·李希霍芬首次将这条行走的连接东西方的大道誉为"丝绸之路",从此,这一称谓得到了世界的认可。在很长的一段历史时期里,古丝绸之路所到之处似乎就是整个世界。丝绸之路不仅是经济贸易之路、对外交往之路、文化传播之路,更是和平友好之路。通过丝绸之路,中华民族向世界展示了伟大的创造力和灿烂的文明,中华文明与西方文明相互融汇、珠联璧合,中国与各国共同促进世界文明进程。

丝绸之路文明在兴起发展过程中拥有一个复杂的动力系统,政治、经济、文化在不同层面发挥着主导、引领作用,具有宽广、深厚的内涵。西汉时,张骞分别于公元前 139 年和前 119 年两次前往西域,其目的是打败称雄漠北、骚扰中原农耕居民的游牧王国匈奴,联系西域各国共同抵御匈奴。汉武帝派张骞出使西域,历经千辛万苦,完成了"凿空"西域、开拓丝绸之路的壮举。所谓"空"即"孔",意思就是开辟孔道,因此司马迁称之为"凿空"之旅。司马迁和班固分别将其写入《史记·大宛列传》和《汉书·西域传》。张骞从京城长安出发,这使我们想起 2013 年9 月 7 日上午,习近平主席在哈萨克斯坦纳扎尔巴耶夫大学发表题为"弘扬人民友谊 共创美好未来"的重要演讲,习近平主席在演讲中提到:"我的家乡陕西,就位于古丝绸之路的起点。站在这里,回首历史,我仿佛听到了山间回荡的声声驼铃,看到了大漠飘飞的袅袅孤烟。这一切,让我感到十分亲切。哈萨克斯坦这片土地,是古丝绸之路经过的地方,曾经为沟通东西方文明,促进不同民族、不同文化相互交流和合作作出过重要贡献。东西方使节、商队、游客、学者、工匠川流不息,沿途各国互通有无、互学互鉴,共同推动了人类文明进步"①。张骞因功被汉武帝取"博广瞻望"之意封为"博望侯"。张骞出使西域,"大大地开阔了我们古人的地理视野,改变了汉朝以前的地域观念,使人们知道了新的天地"②。历史学家翦伯赞甚至将其与哥伦布"发现"美洲相提并论:"张骞在公元前 127 年发现西域,其对于当时中国人的刺激,就像后来哥伦布发现美洲对欧洲人的刺激一样。"③

唐朝以前,对中原王朝产生威胁的势力,均来源于西北地区,比如周朝的北狄、汉朝时的匈奴、隋唐时的突厥。由此,在漫长的历史进程中,秦、汉、唐等王朝统治者相继定都长安,并以此作为政治中心,将自己的施政方针辐射到周边地区,对全国实施高度集权统治,形成了以西部为中心的政治体系。

先秦时期,中外居民之间主要通过丝绸贸易进行交往与联系,有着深刻渊源,为丝绸之路的开发与形成打下了良好基础。秦利用西部进可攻、退可守,攻守之势在乎自己的自然地理条件,守则自保、进则有充足后援,又利用丰富的物产、充实的资源,秉承西部的历史积淀和人文精神,发展经济、强化军事,最终战胜六国,建立了中央集权统一王朝,即秦王朝的大帝国。

汉代张骞通西域,促使汉武帝打败匈奴,足迹直至天山北伊犁河流域,以及大夏(今阿富汗)、安息(今伊朗)、身毒(今印度)。从此,中西贸易的门户被打开了。汉朝不仅在河西走廊开四郡(俗称河西四郡,即武威、酒泉、张掖、敦煌)、据两关(即阳关、玉门关),还进而派兵远征葱岭以西的大宛(中亚费尔干纳盆地),获得武帝梦寐以求的汗血马。公元前 59 年,汉朝在西域设立了西域都护,其辖区包括今新疆及巴尔喀什湖以南、帕米尔和费尔干纳盆地,"都护督察乌孙、康居诸外国,动静有

---

① 习近平.习近平谈治国理政,第一卷[M].2 版.北京:外文出版社,2018:287.
②③ 转引自:昝涛.地缘与文明:建立中国对中亚的常识性认知[M]//高全喜.大观 5.北京:法律出版社,2011:111.

变以闻。可安辑,安辑之;可击,击之"(《汉书·西域传》),极大地拓展了汉王朝的政治影响力,使丝绸之路东段与中段处于西汉统一王朝的经营与管理中,极大地保障了通行,商贸空前繁荣。自此"使者相望于道,商旅不绝于途"(《史记·大宛列传》)。汉朝与西域邦国之间"驰命走驿,不绝于时月;商胡贩客,日款于塞下"(《后汉书·西域传》)。"当时,汉朝派出的使节,每批多则数百人,少则百余人;一年之中,多则十余起,少则五六起;路程远的往返要八九年,路程近的也要三五年。西域的使者和商人,也跋山涉水,披星戴月,云集汉朝边塞。"①这些人在出使时往往打着张骞的旗号,借以取得各国的信印,"张骞凿空,其后使往者,皆称博望侯,以为质于外国,外国由此信之"(《史记·大宛列传》)。

东汉初年,匈奴逐渐强盛,征服了曾由西汉管辖的大部分西域地区,丝绸之路被迫中断。公元75年,东汉王朝出兵进击北匈奴,凉州牧窦固率河西兵大败匈奴,收复了伊吾等失地,重新打开了通向西域的大门,继续开拓对西域的经营与管理。同时班超受遣出使西域,任西域都护府副都护达30年,后其子承其事业,父子两代对西部的民族和睦、经济发展、东西贸易和丝绸之路的畅通做出了卓越贡献。

隋朝统一南北后,中国封建社会开始走向全盛。从隋炀帝时河西总管贸易黄门侍郎裴矩撰写的《西域图记》中,我们可以了解到当时丝绸之路通往罗马、波斯、印度的盛况。进入唐朝,民族进一步融合,疆域也得到进一步开拓,生产发展,商业繁荣,文化昌盛。唐朝在西域设立了都护府、都督府和州县等地方政权,统领西域诸民族,为唐朝在西域地区的最高行政与军事机关。唐朝对西藏实行和亲政策,文成公主赴藏成了千秋佳话。在唐政府中有外国人做官,在唐长安东市、西市上出现了许多胡商以及外国商人开的邸店。可见,丝绸之路促进了商业贸易发展,唐长安城成为全国工商业贸易中心以及中外交流的重要场所。

---

① 转引自:昝涛.地缘与文明:建立中国对中亚的常识性认知[M]//高全喜.大观 5.北京:法律出版社,2011:111.

长安城肆列成行、商贾云集、邸店林立,人流熙熙攘攘,贸易极为繁荣。

唐朝在北方先解决了东突厥问题,将大漠南北并入唐朝版图,置安北都护府;公元640年大败高昌国,在西域交河城设立了安西都护府;公元659年,大败西突厥,西域统归安西都护府管辖;公元702年,唐又设立北庭都护府,主理天山北部诸地事务。唐朝不仅将塔里木盆地的西域诸王国纳入版图,而且成为天山以北、葱岭以西广大区域内各个王国的宗主国,立龟兹、疏勒、碎叶等四镇,后又设北庭都护府,镇守天山南北。唐以后,政治中心虽东移南迁,但中央王朝对西部的政治统治仍然没有放松。宋在西安设立的永兴军路成为北宋西北边防的重要组成部分,长安作为金与南宋战争时西北的一个重地,在北宋和西夏的长期战争中,也是重要的补给中心;元世祖忽必烈将其子芒哥敕封为安西王,镇守在长安一带,府城设在西安;明朱元璋次子朱樉在西安被封为秦王,管辖广大关中地区;清朝乾隆收复北疆,平定南疆叛乱,完成了对天山南北的统一,驻西安的总督管理着陕西三边四川的军务。19世纪后期,左宗棠驱逐来自中亚浩罕的阿古柏势力,收复新疆,1884年清政府在新疆设省。

西汉时期,边疆地区各民族融合发展较快,北方有匈奴、乌桓和鲜卑,还有西北地区的西域各族。东汉、魏晋时期,我国北部和西北部的少数民族不断内迁,主要有匈奴、鲜卑等族,其中氐族建立的前秦和鲜卑族建立的北魏先后统一了我国北方黄河流域,极大推动了民族融合和少数民族的封建化。隋唐时期,统一的多民族国家得到进一步发展和巩固,北方的突厥、回纥等先后建立政权。突厥兴起于阿尔泰山一带,6世纪中期建立突厥汗国,统一了我国西北地区。突厥衰落后,回纥占据北方草原地区,开发了我国边疆一带。两宋至元朝时期,居住在宁夏、甘肃、陕西西北一带的党项族建立了西夏政权。统一我国北方大草原地区的契丹、女真族先后建立了辽、金两国。随着蒙古族的发展,1206年铁木真建立政权,1271年成吉思汗的孙子忽必烈改国号为元,成为我国历史上第一个由少数民族建立的统一的多民族国家。由于元朝在西征中不断取得重大胜利,直接统治了中亚、西亚的广大地区,丝绸之路复兴起来,许多欧洲与西亚等国的使臣、商人、教士及旅行家相继前来,其中最著名的便是意大利人马可·波罗。到了明代,西北丝绸之路商贸虽未中断,但地位已大不如前。清代西北疆域中,巴尔喀什湖以南、以东,斋桑泊以东与帕米尔等大片国土沦入沙俄帝国之手,加之清政府推行闭关锁国政策,致使这条重要的西北陆上通道走向了萧条。

几千年来,西部地区人民经过不断的迁徙、分化、融合、发展,形成了不同的民族,历代统治者因地制宜、因时而异,针对不同民族实施不同程度的自治。秦朝在西南地区设置了象郡、桂林、南海三郡;汉王朝时期,在西域设置西域都护府,行使比其他地区更高的自治权;唐朝时期,唐太宗采取开明的民族政策,在不改变原有部落组织、风俗的情况下,设都督府管辖,仍以突厥贵族为都督、将军,对北方各族产生了巨大影响,他们纷纷入朝,尊称唐太宗为"天可汗";三国时期,诸葛亮注意改善同西南地区各少数民族的关系,积极发展当地经济,加速了西南少数民族的封建化;元、明时期,在云南设省,西南地区实行土司制度;清朝时期,在南疆维吾尔族聚居区建立了"伯克"制度,于1884年建立新疆行省,加强了内地同新疆的联系。这些独具特色的边疆和民族治理政策,在平等的基础上,加强了经济、文化联系与交流,促进了边疆地区的经济发展和稳定。

新中国成立以来,党中央国务院十分重视边疆地区发展和边疆地区人民生活改善,在不同时期根据边疆地区发展的需要采取了有效的支持政策。在新中国成立初期主要通过特殊帮扶政策,初步改善了各族人民的生产生活条件,赢得了民心,密切了民族关系,巩固了边疆地区的和谐稳定。进入社会主义建设时期后,针对边疆地区的落后状况,采取特殊倾斜政策,加大了中央财政支持力度,使得边疆地区经济社会发展取得了长足进步,促进了各民族共同繁荣。改革开放以来,为了缩小边疆地区与内地省区市的差距,主要采取中央支持与重点省区市对口支援相结合的政策,推动边疆地区经济社会的全面发展迈向新的台阶。近几年,"一带一路"建设实践表明,中国沿边地区是构建丝绸之路经济带的重要区域,在丝绸之路经济带建设进程中扮演着重要角色。构成丝绸之路经济带总体空间布局的中蒙俄、新欧亚大陆桥、中国—中亚—西亚、中国—中南半岛、中巴、孟中印缅六大经济走廊的起点都在重点边疆省区,由此可见沿边地区对于共建丝绸之路经济带的关键作用。

二、能源资源富集

丝绸之路的兴衰起伏,实际上同时也是以中原王朝汉族为主的农耕文明与周边地区少数民族游牧文明之间相互交流融合的过程。古代西域民族的生存发展大部分依靠农业和畜牧业,生产力低下,农具简单、落后,张骞第二次出使西域时带去汉族的铸铁、缫丝、灌溉等技术,极大地促进了西域文化和经济发展。我国古代西部农牧业开发受到各种自然和社会因素的影响,三次农业开发高潮分别出现在汉、唐盛世和清代前期。农牧业开发是古代西部经济、文化发展的基础,对于保卫边疆、维护边疆社会的和谐稳定具有重要作用,深刻影响了中国社会历史的进程。由于畜牧资源是西部地区特殊的资源,畜牧经济在西部地区十分发达。宋代以前,由于开发力度有限,种植业推移的影响相对不明显,东部许多地区经济产业中畜牧业占比也较大,对西部地区畜牧资源的依赖不是十分明显。宋代以后,在东部地区开发进程中,种植业日益发展,造成畜牧业的比重大大下降,但经济开发对畜牧业产品的依赖不减反增。宋代在西北有同州、沙苑二牧马监,每监养马4600匹。在西北地区的其他民族政权中,虽然种植业地位有所上升,但畜牧业仍是主要的经济产业。由于宋代认为"国之大事在兵,兵在马"(宋·宋祁《景文集·论群牧制置使》),西部地区的良马、骆驼成为宋政府在西北采办的主要物品。据记载,每年仅从秦、川运往京师的战马便超过数万匹。明代虽然西北地区种植业的比重大大提高,川源河谷地带成为农田,种植业的优势地位得到确定,但畜牧业仍是西北地区最有特色的产业。明代的贡赐贸易中,进贡的马、驼、貂皮等数额巨大,同时明代在与西北各地边市互市中的牛、羊、皮革等贸易也不少,特别是其中的"茶马互市",在当时影响很大。在茶马贸易中,西南地区的水西马、建昌马、乌蒙马较为有名,成为茶马司采买的对象。同时云南地区产大象,而象牙自古以来就是中原猎取的珍贵资源,中原地区征战、运输、礼仪中也需要大量活象,为此形成了一条重要的"贡象之路"。据研究,明代有记载的贡象就达 4000 多只。同时,西南地区的犀角、犀革作为用药、皮革服饰的重要材料被源源不断地运入内地。清代西北地区的种植经济比重进一步扩大,但在许多地区,畜牧业仍十分重要。清初在西北地区设立了各种牧马监,还大量蓄养牛、驼、羊等,许多马匹被贩运到陕西、山西、河南、山东等地。与此同时,在民间贸易中,马、牛、羊、动物皮毛等仍是向东部销售的重要资源。[①]

　　沿边地区既有绵延起伏的高山峻岭,又有荒无人烟的大漠戈壁;既有美丽富饶的平原坝子,又有辽阔无垠的草原森林。蒙古高原、云贵高原、黄土高原山地众多、沟壑纵横,巍巍昆仑高高耸立,帕米尔高原雄踞在欧亚大陆的中心位置,"世界屋脊"青藏高原的喜马拉雅山、冈底斯山、唐古拉山、帕米尔山、阿尔泰山、天山排列成行,构成了横贯欧亚大陆的地貌结构,孕育了黄河、长江、雅鲁藏布江、金沙江、澜沧江、怒江等一条条充满激情的生命之河。俯瞰西部大地,巍巍的群山、纵横的河流、无垠的草原、肥沃的田野、湖泊水库星罗棋布,似一幅幅壮丽画卷。

---

　　① 蓝勇.历史上中国西部资源东调及对社会发展的影响[N].光明日报,2005-11-29(11).

很多人都曾到过西部,但你可曾驻足黄河壶口瀑布体验其雄壮威武,你可曾漂流雄伟的长江三峡饱览其壮丽风光,你可曾探索雅鲁藏布江大峡谷惊叹其神秘莫测,你可曾听过"怒江第一啸"的吼声,体验"东方大峡谷"的美景、澜沧江流淌不息的歌声? 奔腾不息的大江大河融冰川之雪峰、汇百川之溪流,贯通南北,足以使每一个炎黄子孙感到无比自豪。

沿边地区有黄河、金沙江、澜沧江、怒江以及雅鲁藏布江等大江大河,大西洋暖湿气流的东移使得该区域年降水量丰沛,形成了丰富的水能资源。沿边地区还拥有众多冰川资源,主要分布在新疆、甘肃、西藏和云南,其中新疆、西藏的冰川资源最为丰富,分别占全国冰川面积的42.7%和48.2%,被称为"固体水库"。横跨我国和吉尔吉斯斯坦的南伊内里切克冰川是连接我国境内的最大冰川,位于托木尔峰西侧。位于喜马拉雅山中段的珠穆朗玛峰附近集中分布有38座海拔超过7000米的山峰,4座在8000米以上,形成了一个巨大的冰川作用中心;北坡面积最大的冰川为绒布冰川,它是由中、西绒布冰川汇合而成的树枝状山谷冰川,南坡面积最大的冰川是卓奥友峰南侧的格重巴冰川。喀喇昆仑山区在我国境内部分的冰川覆盖度为23%,这也是我国西部冰川覆盖率最大的山区。叶尔羌河河源区有5条冰川,其中音苏盖提冰川为完全发育于我国境内的最大冰川。

沿边地区中,甘肃、新疆、内蒙古、云南、西藏等地还拥有丰富的太阳能、风能资源,约占全国的50%,开发潜力很大。尤其是青藏高原,作为中国太阳能资源最理想的地区,年辐射量达180—200千卡/厘米^2,拥有日光城拉萨。西部还蕴藏着丰富的地热资源,如西藏羊八井已建成2.5万千瓦地热电站,担负拉萨地区50%的供电任务;云南腾冲发现高温地热田,是很好的发电资源,可供开发和利用。

沿边地区还是我国最大的天然牧草分布区,囊括了全国牧草总面积的80%,具有得天独厚的畜牧业发展条件。内蒙古、西藏、甘肃、新疆等地已成为我国牛羊肉和奶制品的主产区。

　　沿边地区复杂多样的气候,以及别具特色的光热水土资源,孕育了丰富的生物资源。云南、广西雨水充沛,林草繁茂,生物物种丰富,被誉为"世界植物的基因库",还是我国发展橡胶、甘蔗等南亚热带经济作物不可多得的宝贵地区。西北地区自然环境复杂,气候条件多样,为种类繁多的动植物提供了繁衍生息的独特条件,那里有数十种珍稀植物,如太白梅花草、独叶草、冬虫夏草、藏红花、天山雪莲等。同时,还有上百种珍禽异兽,如大熊猫、金丝猴、羚羊、野牦牛等。如新疆帕米尔高原地区和天山、阿尔泰山等地有马鹿、棕熊、松鸡等珍禽异兽。沿边地区的生物多样性保存较好,是我国以及世界生物资源的宝库,我国已在西部地区建立了多处自然保护区。

　　据西南大学教授蓝勇研究阐述,西南地区属于亚热带气候,地形地貌复杂多样,垂直高度变化明显,因此生物资源十分丰富,且很早就得到开发和利用。宋朝时期,西北和中南地区是我国重要的木材生产基地,官方开始在渭河之地设立采造务,调遣军卒采办木材转运京师。明朝时期,西北地区的森林资源已不足以营造高大建筑,西南地区成为大木采办的集中地区,形成了历史上著名的"皇木采办"。研究表明,明代有近20次大规模的大木采办,有时一次采办的大楠杉就有二三万根。此外,西南地区还是重要的辛香料资源产地,明政府每年从四川采办川椒达6800多斤。西北地区虽然森林资源严重匮乏,但同属森林资源的杂皮、翎毛等仍是进贡转运的重要资源。明初陕西布政司每年向国家上交各种兽皮2万张,后增加到3万张,占全国上交杂皮的10%,同时各种野生动物上贡也不少。清朝以来,大木采办仍主要集中在西南地区,且采办次数更多,一次采办的大楠杉在几千根以上。这些木材通过长江、大运河源源不断地转运到东部北京、南京等地,长江上由此形成"巨筏蔽江"的热闹场面,而大运河则形成"排筏相接"的繁忙景象。同时,西南地区的药材转运东部的规模也较大,近代四川每年转运到江苏、浙江、广东、湖南、湖北、河南等省的药材就达

1000多万斤。[①]

　　"西部地区是中国重要的有色金属、天然气、石油、井盐等矿产资源的产地,随着社会生产力的提高,特别是在明清以来手工业发展的加快,这些资源的开发利用随之加快,形成秦银、滇南石玉、滇铜、滇锡、黔铅、川盐的东运工程。宋代的水银产地主要在西北秦、阶、商、凤四州,据统计,阶、凤、文三州所产就占全国坑冶水银的80%以上。明代西南地区的宝石开采较为发达,这些开采出来的宝石往往以进贡的形式转运到东部地区,有时皇帝下诏广东、云南采办的宝石就达2万多块,宝珠达8000多两。清代西南地区铜和铅的东运规模也很巨大,清代铸钱的铜几乎一半来自云南,形成了历史上著名的'滇铜京运'。这些云南铜转运到东部的北京、江苏、浙江、福建、湖北、广东等地,主要作为铸钱之用。据《清代的矿产》一书记载,云南年输出铜平均在900多万斤,最多的达1378万斤。这些铜矿也通过长江和大运河转运,形成与'皇木采办'转运一样规模庞大的京铜北运工程。贵州以出产铅著称,铅是重要的铸钱原料。清代贵州产铅多达1400万斤以上,这些铅大多数也通过长江和大运河北运到东部地区,如雍正年间贵州每年仅东输到北京和湖广的白铅就达700多万斤。另外,历史上四川的井盐除满足本省消费外,还东运到长江中游地区,而云南个旧的锡早在明代就转运到内地。"[②]

　　近代以来,随着工业化进程的发展,西部地区逐渐形成了以电力、石化、冶金、航空航天、电子信息等为基础的工业体系和以旅游、运输、商贸等为基础的服务体系。在长期的历史变迁过程中,西部形成了多种经济形态复合存在和发展的经济体。在沿边九省区中,内蒙古、新疆等省区均为我国矿产资源较为丰富的地区。内蒙古自治区煤炭资源储量极其丰富,仅鄂尔多斯煤田已探明的储量便占全国总储量的1/10;铬

---

①　蓝勇.历史上中国西部资源东调及对社会发展的影响[N].光明日报,2005-11-29(11).
②　蓝勇.历史上中国西部资源东调及对社会发展的影响[N].光明日报,2005-11-29(11).

铁、铜、铅、锌、锰、金、银等有色金属和贵金属的储量也都在全国占有重要地位。新疆也是我国矿产资源较为丰富的省区之一,目前发现的矿产有138种,其中5种储量居全国首位,25种居全国前五位,40种居全国前十位,23种居西部地区首位。东北三省的矿产资源支撑着我国东北乃至华北的经济发展,储量最为丰富的矿产资源包括石油、煤炭、天然气、黑色金属、有色金属以及多种非金属类矿产资源。云南的金属矿以有色金属矿为主,个旧锡矿、东川铜矿以及钛矿储量在全国名列前茅,故有"有色金属王国"之称。广西是我国十个重点有色金属产区之一,其中已探明储量的有色金属矿产达97种。西藏已发现101种矿产资源,探明矿产资源储量的有41种,铬、铜、刚玉、高岭土、菱镁矿、硼云母等12种矿产储量居全国前五位。甘肃已发现各类矿产173种,占全国已知矿种的95%,已探明储量的矿产98种,其中27种矿产的保有储量居全国前五位,其中镍、钴、铂族、硒等矿种储量居全国第一位,锌、铊、铜、镉居全国第三或第四位。

我国毗邻的国家和地区能源资源富集,人口众多,市场潜力大,与我国产业互补性强,同我国深化合作的愿望强烈,是最具发展活力的区域之一。沿边地区处于我国沿边开放地带,拥有多个国家级开放口岸,是我国内陆对外开放的前沿阵地,也是丝绸之路的主要通道。沿边地区的西北地区与中亚、西亚联成一体,处于中亚经济圈,西南地区则与东南亚经济圈和南亚经济圈相接,相互之间经济互补性很强。从经济结构看,周边国家的产业结构比较单一,经济发展不平衡,部分工业品和消费品仍需进口。我国与周边国家存在产业结构、市场结构的差异性和经济技术的互补性,具有深入合作的潜力。随着"一带一路"建设深入推进和国内产业结构的调整,生产要素加快流动,为区域经济合作提供了良好机遇。区域经济合作发展加快,投资市场、消费市场随之拓宽,这也为经贸合作提供了巨大空间。同时,我国需要的石油、天然气等矿产资源、电力资源以及其他资源性原材料,正是这些国家的优势所在。这种较强的经济互补性将会使双方互惠互利,实现双赢。目前,我国沿边地区特色优势发展加快,以重点口岸城市为节点,轻工、纺织服装、五金建材、装备制造、机电产品、电子信息、能源和原材料等一批产业正在发展壮大,产业支撑良好,带动作用明显。一批内外贸一体化的特色商贸市场、商品交易市场、国际商贸物流产业、边境地区电子商务的发展使该地区的竞争力逐步增强。

三、交通区位重要

沿边地区的交通区位十分重要。以西部地区为例,西部地区有巍峨的群山、奔腾的河流、茫茫的大漠戈壁,自然条件十分复杂。

西部地区交通的发展,可以追溯到先秦时期。从考古资料来看,横穿关中的交通道路在五六千年以前即已形成。西周时期,形成了以关中为中心的统治格局,为了加强对各地的控制,开辟了通往各诸侯国的交通道路,设置了"路室""候管",作为邮驿。《周礼》记载:"匠人营国,方九里,旁三门,国中九经九纬。"《诗经》上说:"周道如砥,其直如矢。"西周灭亡后,秦国修筑了通往西北的通道,秦穆公开地千里,独霸西戎。汉唐时期,为了有效进行统治,北击匈奴,修筑长城,南开五岭,移民戍边,并修建了著名的"驰道""直道""五尺道",还在广西兴安开凿了连接湘江和漓江的灵渠。汉代,开辟了举世闻名的"丝绸之路","立屯田于膏腴之野,列邮置于要害之路"(《后汉书·西域传》)。十里设厅,三十里设驿。并且在关中地区开凿了漕渠和昆明渠。隋唐时期,"凿通渠,开驰道,树以柳杞,隐以金槌。西出玉门,东逾碣石,堑山堙谷,浮河达海"(《隋书·列传》),出现了"唐蕃古道""参天可汗道"。元代,"置驿张掖、酒泉,至玉关,通道西域"(《永乐大典·雍古按竺尔》),设置驿站,称之为"站赤","凡在属国,皆置传驿,星罗棋布,脉络贯通,朝令夕至,声闻毕达"。[①] 明清两代在西部边疆地区开辟了一些新的道路和通往欧洲的道路。可以看出,历史上西部地区交通曾几度辉煌,也曾几度衰落。其中丝绸之路是西汉时期开辟的一条通往中亚、欧洲、北非的交通要道。丝绸之路的开通,在中西交通史和经济史上有着举足轻重的地位。史书记载,当年的丝绸之路,堪称骏马奔驰、峰驼跋涉的国际贸易大道。据古罗马学者普林尼记述,汉代贸易盛期,每年通过丝绸之路的贸易总额相当于当时的 100 万英镑,仅罗马一国,每年因购丝绸而注入中国的金币便相当于 7 万英镑。从西汉到元代,这条道路都发挥着重要的作用。历史上西部地区交通的盛衰变迁与西部开发的历程息息相关,伴随着西部开发而发展,并对其起到促进作用。

新中国成立后特别是西部大开发以来,西部地区的交通建设取得了世人瞩目的成就,目前西部地区的交通基础设施为经济社会发展以及人民生活水平的提高提供了重要保障。伴随着开国大典的隆隆礼炮,新中国开始了大规模的交通建设,西部地区实现了从"无路"到"有路"的跨越,建成了通达民族地区的青藏、川藏、新藏、青新、滇黔等交通干线,密切了祖国内地与边疆地区的联系,便利了经济文化交流,有利于巩固边疆稳定。西部大开发这一跨世纪的伟大工程实施以来,西部地区铁路、公路、机场建设全面启动。"五纵七横"国道主干线中有 8 条连通西部地区和沿边地区,如丹东到拉萨、上海到瑞丽、衡阳到昆明、二连浩特到河口、连云港到霍尔果斯等。西部大开发战略的标志性工程青藏铁路长达 1956 公里,纵贯青海、西藏两省区,成为沟通西藏、青海与内地和南亚联系的大通道,其通车运行具有长远战略意义。同时,安排重点国道改造、地方路网技术等级结构改造、公路枢纽站点建设,以及边防公路建设。此外还加强了省际公路通道建设,如兰州到云南磨憨、包头到北海、阿勒泰到红其拉甫、西宁到库尔勒、成都到西藏樟木等公

路的建设。特别关注老、少、边、穷地区的乡、村,实现了乡乡村村通公路。新亚欧大陆桥的贯通,泛亚铁路、公路和国际输油管道的建设,为东南亚、亚欧国际联运提供了一条较为便捷的国际通道。截至 2022 年 7 月,中欧班列通达了欧洲 24 个国家和 196 个城市。目前西部公路、铁路均实现了与周边国家的联运,边境主要城市可起降大型客货运输机,明显提高了西部地区的区位优势。西部地区基础设施建设取得显著成效,为进一步扩大向西开放和建设丝绸之路经济带提供了有力的支撑。

四、文化底蕴深厚

我们伟大的祖先在西部开始了早期农耕和畜牧,创造出了灿烂的中华文明,使其成为世界文明的重要发源地之一。早在原始社会,中国西部的大溪文化、大墩子—礼州文化、马家窑文化、马厂文化、齐家文化、半坡文化就真实而生动地留下了先民们在进入文明史前的历史足迹。西部也是我国少数民族分布最集中的地区,几千年来,绚丽夺目的各民族文化共同汇成了中华文化长河,从刀耕火种到游牧文明,从经史子集到英雄史诗,构成了波澜壮阔的中华文明图谱,书写了激荡人心的中华文化篇章。中华文化是各民族文化的集大成,少数民族文化以及带有浓厚的民族特色的物质与精神产品,在长期的生产斗争和生活实践中不断丰富。勤劳、智慧的各少数民族开发了祖国广袤的边疆,创造了丰富多彩的文化,充实了中华文化的宝库,推动了生产力的发展和社会的进步,为中华文化增添了异彩,构成了万紫千红、春色满园的中华文化,凝结为一荣俱荣、一损俱损的命运共同体。大量考古资料证明,早在新石器时代,中原地区文化就已与周边地区文化有着不同程度的相互影响和渗透关系,各少数民族富有个性、独具魅力的民族文化,与汉文化相互影响,彼此渗透,贯通起来,极大地丰富了中华文化的内容,共同构成了源远流长、博大精深的中华文化。中华文化与古印度文化、古埃及文化、古希腊文化等连成一片，更加绚丽多彩，呈现出气象万千的迷人魅力。北魏孝文帝极力推行汉文化，使游牧民族融入中原农耕文明中来。唐代回鹘诗人坎曼尔有诗说"古来汉人为我师"，而汉族则有"回鹘衣装回鹘马"的现象。从战国赵武灵王的"胡服骑射"，到后来黄道婆向黎族人民学习织锦技术，各民族文化之间的相互交流，始终贯穿中华文化形成和发展的全过程。中华文化发展的这种多元性，为后来中国境内各民族文化平衡发展的格局奠定了基础。华夏与夷狄戎蛮在春秋战国逐渐走向民族和政治经济文化的大融合，迎来了中国思想文化发展的首个巅峰期——诸子百家的到来。从秦始皇统一全国、建立中国历史上第一个封建专制主义中央集权国家开始，各民族的迁徙、交错杂居加速了民族的交往与融合，中华民族凝聚力大大增强，特别是西部地区形成了独具高原特色与草原风情的文化底蕴，具有极强的开放性，每个民族都以宽广的胸怀和开放的姿态进行情感和文化上的交流并相互认同，展现了"你离不开我，我离不开你；你中有我，我中有你；我就是你，你就是我"的共聚性特征。造就了宏阔豪迈的"秦汉雄风"、雍容大度的"盛唐气象"、强建有为的"康乾盛世"。秦皇汉武以后，东西方文化交流和贸易广泛交汇，形成了著名的古丝绸之路，由此而有丝绸之路的车水马龙和商贾云集。

古丝绸之路跨越尼罗河流域、底格里斯河和幼发拉底河流域、印度河和恒河流域、黄河和长江流域，一路上分布着中华文明、印度文明、波斯文明、犹太文明、希腊—罗马文明等多种文明，见证了佛教、基督教、伊斯兰教信众的交流汇集，佛教的古老石窟，伊斯兰教的清真寺，古希腊罗马的有翼天使，默默注视一路沧海桑田。沿着丝绸之路留存下来的佛教石窟，如龟兹克孜尔、吐鲁番柏孜克里克、敦煌莫高窟、安西榆林窟、武威天梯山、永靖炳灵寺、天水麦积山等，以及举世瞩目的秦陵兵马俑、西夏王陵、楼兰古国、交河古城、布达拉宫、大昭寺、半坡遗址、马家窑文化、齐家文化等历史文化遗产，融汇了东西方艺术精华，是中华民族艺术瑰宝,是中华文化宝库中的重要组成部分。丝绸之路上不同文明、宗教、种族求同存异、开放包容,并肩书写相互尊重的壮丽诗篇,携手绘就共同发展的美好画卷。丝绸之路为中华文明的内生式增长带来了强劲推力,是中外和平交流的典范,从西到东、从北到南,从战乱不已的南北朝,到统一和平的隋唐,中国各文化空间板块产生了波澜壮阔的新变化、新气象。

自张骞通西域以后,中原王朝与西域各国的交往愈来愈密切,中华文明西传西域欧洲、西域欧洲文化东渐来华,西部是必经之地;中华文明南传古印度、古印度文化传入中原,西部是必由之路。中华文明源源不断传入西域、欧洲,古欧洲地中海文化、古阿拉伯文化、古印度文化、中亚文化等也纷纷汇集而来,西部地区由此成为不同文明的汇聚地,促进了和而不同、兼收并蓄的文明交流,使得不同文明在丝绸之路上绚丽绽放。如我国两汉时期艺术造型中有翼神兽和希腊装饰纹样的出现,就是汉代受希腊文化影响颇深的帕提亚艺术东渐之结果。如在古希腊文化中,裸体美被赋予了最神圣的意义,而在龟兹石窟壁画中出现了众多的裸体壁画,展示了东西方文化融合的多种成分,融古印度、古希腊、古罗马、波斯和中原文化于一体,体现了具有鲜明民族和地域特色的艺术模式。又如被认为是受波斯文化影响的穹庐顶结构和券顶结构窟建筑形式,在龟兹境内其他石窟以及吐鲁番伯孜克里克都可见到。犍陀罗佛教艺术是在西亚文明、中亚文明、希腊文明和印度文明相互交融借鉴的基础上形成的一种新的佛教艺术表现形式,其对中国石窟造型艺术影响很大,如新疆的热瓦克佛寺遗址、库木吐拉石窟、吐峪沟石窟和甘肃敦煌莫高窟中均可见具有鲜明犍陀罗风格的泥塑佛像和菩萨。再如,印度佛教于公元前1世纪就传入西域,佛教艺术也随之传入,并对西域文化产生了深远的影响,西部地区由此成为世界宗教文化交汇融合的地区,是宗教文化信仰的集中地,世界三大宗教——佛教、伊斯兰教、基督教都集中于此。此外,祆教、景教、东巴教、毕摩教等许多原始宗教,以及我国土生土长的宗教——道教,在这里都得到了很好的保存。藏区寺院不仅仅是当地人宗教活动的中心,也展现出藏区历史悠久而丰富的文化。藏区寺院收藏了大量经书、法器、音乐、典籍等,是保存藏文化的主要载体,可以说一座寺院就是一座博物馆。

沿着古丝绸之路,中国将丝绸、瓷器、漆器、铁器传到西域,西域也将葡萄、石榴等水果,茴香、胡椒、亚麻等香料经中亚传入中国。中亚大月氏人将琉璃精品制造技术传入中国,成为我国古代建筑及现代中式建筑的重要装饰构件。起源于小亚细亚地区的葡萄酒酿造技术也经由中亚传入中国。沿着古丝绸之路,佛教、伊斯兰教及阿拉伯的天文、历法、医药也传入中国。印度与西亚文明发生联系后,古代灿烂的印度文明如印度数学、医学、天文学和哲学开始传播至西亚地区,尤其是印度数字经阿拉伯人的传播影响至整个世界,即所谓"阿拉伯数字"。与此同时,波斯的工艺品、拱顶建筑技术、马球、医药、音乐、舞蹈、乐器、杂技、绘画、雕塑等也逐渐传入中国。中国的科技文化成果随丝绸之路传入波斯和西亚其他地区,其中比较重要的有缝纫、缫丝、造纸、地下水渠灌溉(坎儿井)、铸铁术、养蚕等,并由此传向世界。中华文明的历史演化进程由于外来新的文化元素的加入而变得更加活跃和精彩。西部的文化充分体现了中国传统文化的精髓,以"天行健,君子以自强不息"(《周易·象传》)、愚公移山、夸父逐日、精卫填海、神农尝百草、黄帝重发明等为标志的奋斗精神、创造精神、追求真理的精神,以及永不满足刻意进取的精神、追求民主自由平等的精神,都是民族精神的一部分,这些精神有些本身就是西部的产物。例如,自强不息思想来自《周易》,而《周易》与伏羲、周文王联系紧密,天水作为伏羲文化的诞生地和发祥地,素称"羲皇故里",天水市麦积区三阳川有卦台山,为伏羲画卦处,"以一拟太极,然后一画开天"(清·黄裳《乐育堂语录》)。这些丰富的文化遗存,对于塑造中华民族精神、弘扬中华民族美德、发扬中华民族传统具有十分重要的现实意义。

西部沿边地区由于独特的历史背景和社会生活，形成了别具一格的西部文化。西部文化具有地域性、多元性和原生态性。从历史背景和社会生活、地域和文化个性上看，可以将其划分为几个大的文化圈：以黄河流域为中心的黄土高原文化圈，西北地区的伊斯兰文化圈，北方草原文化圈，以天山南北为核心的西域文化圈，以青藏高原为主体的藏文化圈，云贵高原文化圈等。这些文化圈具有各自的个性或风格。西北地区历史悠久、地域广大、辽阔无垠，它孕育的黄土高原文化悠远古朴、博大精深；伊斯兰文化以伊斯兰信仰为灵魂，融多民族多样性文化为一体，充满异域色彩；北方草原文化融合了民族风格、地域特色，具有浓厚的民族特征，热情奔放；西南地区民族众多，山川纵横，山水切割，其文化细腻抒情；青藏高原起伏跌宕，严寒高拔，庄严静穆，其文化处处透着神秘和诱惑，藏滇文化凝重神秘、同时又富于人性化的欢乐，流传千年的英雄史诗《格萨尔王》如今依然在藏族民间传颂。敦煌莫高窟气度恢宏、精美绝伦，是文人墨客心中的圣地，更是世界文化史上的一个奇迹，作为古代中西方交通要道，中华文明、古印度、古希腊、中亚文明等古老旋律在这里汇成千古绝唱。"敦煌守护神"常书鸿、段文杰、樊锦诗等人奉献一生，守护敦煌国宝，与神灵和艺术对话，为世界文化遗产保护传承与利用做出了突出贡献。"敦煌"一词最早见于《史记·大宛列传》，东汉应劭的解释取盛大辉煌之意，"敦，大也；煌，盛也"。"莫高窟"意为沙漠高处的佛窟，后人因"漠"与"莫"通假，便写成了"莫高窟"。莫高窟继承汉晋艺术传统，隋唐时期随着丝绸之路的繁荣而日益兴盛，又在北宋、西夏和元代渐趋衰落，形成了自己兼收并蓄的恢宏气度、精美绝伦的艺术形式和博大精深的文化内涵。这种多样性的文化形态与各个民族的生活方式、观念、习俗、宗教、艺术以及悠久历史、生存环境紧密相连，是一种广义的文化集合体，呈现出生态多样性和民风习俗异彩性。如藏族的《格萨尔王传》结构宏伟、气势磅礴、流传广泛，被誉为世界上最长的史诗；蒙古族的《江格尔》深刻地反映了蒙古族人民的生活理想和美学追求,具有很高的艺术价值;新疆柯尔克孜族的《玛纳斯》,体现了柯尔克孜人顽强不屈的民族性格和团结一致、奋发进取的民族精神;苗族史诗《亚鲁王》生动讲述了西部方言区苗人的由来和迁徙过程中波澜壮阔的场景;维吾尔族的《十二木卡姆》集歌、舞、乐为一体,是举世闻名的音乐经典。这些鸿篇巨制可以与古希腊的《荷马史诗》《伊利亚特》和《奥德赛》相媲美。

沿边地区许多少数民族都是跨境而居,邻近国家的许多居民与我国的少数民族居民属于同一民族,族缘关系悠久,语言文字相通,风俗习惯相近,宗教信仰相同,相互之间有民族互通性、认同感。自古以来,沿边地区邻国双方就保持着密切的经济文化往来,民间交往频繁,为双方加强贸易合作奠定了坚实的人文基础。地缘和人文的同源性和相似性是构建次区域经济合作的一个重要条件,相同的地缘人文背景为双方或多方的交流合作奠定了人文基础。中国周边的次区域经济合作在地理上都相互接壤,有着相同或类似的文化传统,政治、经济文化交往在历史上就已相当频繁。比如,图们江地区的珲春在 19 世纪中期就已经成为知名商品集散地;早在两千多年前,澜沧江一带就是中国与东南亚、南亚经济贸易交往的主要通道,存在着"四国五景"的传统友好往来关系;中亚五国从苏联时代起就与中国新疆开展过许多合作与交流。

西部地区在革命和建设时期创造了丰富的精神财富。中国共产党领导的革命武装力量撤离江西苏区革命根据地后,开始了艰苦卓绝的两万五千里长征,主要行进在西部地区,中国红色革命的星星之火渐成燎原之势。1929 年 12 月 11 日,邓小平等老一辈无产阶级革命家曾在这里组织领导了百色起义,建立了中国工农红军第七军,创建了左右江革命根据地。1936 年 10 月,红军三大主力会师甘肃会宁,长征宣告胜利结束。红军长征胜利到达陕北后,开启了党领导的中国革命的新篇章。在革命圣地延安,毛泽东同志运筹帷幄,指挥广大抗日军民,经过 7 年浴血奋战,打败了日本侵略者。新中国成立后,和平解放了云南和西

康的广大地区,1951 年和平解放西藏。西部人民在开发西部、建设西部
的过程中,创造了富有西部特色的宝贵精神财富,如"百折不挠、实事求
是、依靠群众、团结奋斗"的百色起义精神,"特别能吃苦、特别能忍耐、
特别能战斗"的老高原精神,"忠于祖国、热爱边防,励精图治、艰苦创
业,扎根高原、建功边疆,顽强拼搏、牺牲奉献"的喀喇昆仑精神等,激励
和引领一代代中华儿女在社会主义建设的伟大实践中艰苦奋斗、勇往
直前。

第三章 经验启示:历代治理边疆方略

纵观我国几千年的西部开发历史,是一部气势恢宏的社会发展史,历代中央王朝无不重视对西部地区的开发和治理,综合运用政治、经济、文化、军事等多种手段,保持了西部地区的社会稳定,促进了经济发展,增进了民族团结,形成了一整套颇具特色、富有成效的治理方略。其中有许多可借鉴的宝贵经验,当然也有诸多教训。总结这些经验和教训,对我们今天构建西部大开发新格局和实施可持续发展战略不无裨益,并能帮助探索出一条新的沿边地区开发开放之路,实现沿边地区经济繁荣、社会稳定、边疆稳固。

一、统一管辖,依法管控

古今西部边疆历史证明,边疆治理绩效关乎国家兴衰。中国是一个统一的多民族国家,边疆民族在中华民族多元一体历史发展进程中发挥着巨大作用。"大一统"是中国历代王朝维系统治地位的重要政策思想和西部治理理念及方略。中国历代政府通过相应的行政区划设立地方政府机构,加强政权建设,并以此选配官员、建立制度,行使地区管辖权,实现国家对各地区的有效管理和控制,加强中央领导,维护国家统一,对确保地区安全稳定具有重大作用。

政治统一是边疆民族认同中国的重要条件,而中国边疆地区的局部统一是中国"大一统"的重要组成部分及必要条件。沿边地区在思想上认同中国"大一统"是在元朝完成的。如蒙古帝国时期,大蒙古国统治者通过凉州会晤,约定西藏地方归附大蒙古国的条件,元朝建立以后,西藏被正式纳入中央政府的行政统治之下,从而在政治上为西藏地方在思想意识领域认同中国"大一统"奠定了坚实基础。元朝中央政府在西藏地方建立行政管理体制,设立驿站,推行一系列政策与制度,充分实施了有效管理。通过这些措施,西藏地方和祖国的政治联系进一步加强,经济、宗教、文化等方面交流的规模进一步扩大。行政统一之后,"西藏地方对大一统的认同大大增强,出现了'蒙藏汉同源'的说法,'中国是各族人民的中国,而各族人民是亲如一家的兄弟'"①。由此可以看出,从古至今,加强民族认同、增强民族互信、促进民族团结,是维护边疆稳定的主要方略。

将边疆地区纳入中央政府行政管辖之下,为边疆民族认同中国"大一统"奠定了坚实的基础。同时,在管理体制上不断创新和发展,依法治理,树立中央的权威。如东汉重设西域都护府,唐设置安西、北庭都护府,清设乌里雅苏台将军、伊犁将军,更是在新疆首次设省,密切了新疆与各族人民的政治、经济联系。这些举措巩固了各族人民之间的团结,加速了边疆地区的开发与发展。

在中国多民族统一国家的形成和发展过程中,边疆民族做出了巨大的贡献。历史上或直接认同以汉族为主体的中原王朝,或认同另一个边疆民族政权,最后认同中央王朝,方式各异但殊途同归,各民族都以自己的方式为中华民族和中国"大一统"的形成做出了永不磨灭的贡献。

---

① 张云.西藏历史问题研究(增订本)[M].北京:中国藏学出版社,2008:136.

二、发展经济,兴边富民

自古以来,中国"大一统"下的边疆地区,也是多民族聚居区,由于受区位条件、自然环境等诸多因素的制约和影响,经济发展一直落后于内陆地区。影响边疆地区安全稳定的因素十分复杂,纵观历史,我们不难看到,边疆地区出现的不稳定,主要是因为经济社会发展严重失衡,是由经济因素引发的,而解决这一问题的关键在于促进边疆地区的经济发展。因此,中国历代王朝为确保边疆地区的安全稳定和长远发展,都很重视对该地区的经济开发,兴边富民,静安边疆,促进边疆地区经济发展,"四民用足,国乃安乐"(《三略·卷下》),移民实边,屯垦开发。

汉朝在开通丝绸之路以外另一个开发西部经济的重要举措就是移民实边,"戍守"西域成为第一要务,首创屯垦,主要形式有军屯、民屯、官屯、犯屯、商屯等,据《汉书》记载,汉朝在边塞"要害之处,通川之道"建立城邑,每个城邑移民"毋下千家";制定相应的鼓励政策,鼓励民众徙边屯田;为徙边民众"先为室屋,具田器",提供居住及生产条件。愿意徙边的移民,凡有罪者,免其罪;无罪者,"赐高爵,复其家",免除赋役。这使得大量内地人口迁徙定居边疆,引入了先进的农业技术和生产方式,极大地促进了边疆地区经济的发展。《史记》记载"是后匈奴远遁,而幕南无王庭。汉度河自朔方以西至令居,往往通渠置田,官吏卒五六万人,稍蚕食,地接匈奴以北","发三河以西骑击西羌,又数万人渡河筑令居。初置张掖、酒泉郡,而上郡、朔方、西河、河西开田官,斥塞卒六十万人戍田之"。《汉书》载"于是自敦煌西至盐泽,往往起亭,而轮台、渠犁皆有田卒数百人","分武威、酒泉地,置张掖、敦煌郡,徙民以实之"。后来的历朝历代都把屯垦戍边作为开发边疆、巩固边防、经略边疆地区的重要方略。

唐朝一直把屯垦作为边疆地区开发、发展经济、维护边疆稳定、加强军事力量的重要举措，制度进一步完备，规模远超汉代。在河西走廊置凉州、甘州、瓜州、沙州等进行屯田开发，规模更甚于前。著名诗人岑参在诗中有"七里十万家"之描写，人称"凉州岁食六万斛""甘州所积四十万斛"。唐代除了进一步发展屯垦外，还充分发挥丝绸之路优势，加强了与西部地区和中亚、西亚甚至欧洲的经贸往来，使丝绸之路的发展达到空前繁荣。据史书记载，皇城长安常年云集的外商就多达近万人，敦煌居民达十万户，就连新疆地区的许多边境城镇，也是一片繁荣景象。丝绸之路成为中国古代由西部出发，走向世界的重要交通大道。

清朝以前，各朝在西域的屯田主要是军屯，屯垦的主力都是从内地调往西域的边防军。清代统治者更加重视对河西走廊的经营，积极号召移民到河西屯田。平定外患内乱、统一西域后，乾隆将"西域"改为"新疆"，并开始了大规模、多层次的屯垦开发，屯垦规模空前提高。清朝不仅将屯垦戍边作为治边的主要政策，而且发展出民屯、遣屯、旗屯、回屯等多种形式，使这一政策在边疆的治理中得到了充实和发展，极大地促进了边疆经济发展和社会进步。清代还并举农工商贸，大力发展冶炼业、印染业和纺织业，到乾隆时期，新疆已建成六家纺织厂。在重点发展官方商业的同时，清代还积极推动民间商贸，撤除传统关卡，鼓励内地商人到西部地区经商，以及新疆、西藏商人到内地经商，并以低关税政策吸引中亚、南亚的商人到西部地区从事贸易。

三、民族融合，因俗施治

历代中央王朝在治理西部地区时，都比较重视民族问题，制定和实施了一系列政策措施以加强民族团结，促进民族融合。因俗施治是为维护边疆地区安全稳定的又一重要方略。要加强民族互信，倡导民族平等。民族互信是多民族国家和谐社会形成与发展的基础，要推行"四海之内皆兄弟""爱之如一""媾亲互信"为主要内容的民族平等政策。唐太宗指出："自古皆贵中华、贱夷狄，朕独爱之如一，故其种落皆依朕如父母"（《资治通鉴·唐纪十四》）。明太祖朱元璋有谕"天下守土之臣皆朝廷命吏，人民皆朝廷赤子，汝归善抚之，使各安其生"（《明史·列传第二百四》），更明确提出"华夷一家"。清朝主张"满汉一家"。针对西部地区与内地、汉族与少数民族之间生产生活、风俗习惯存在的较大差异，要因时因地、因人因俗而治，实施"多封众建""从俗从宜""因俗施治"。汉代治理西域采取属国制的自治政策，建立"属国"和"道"两级行政机构，给予西部地区较大的自主权。唐朝实行羁縻府州制度，行使对该地区的管辖权。明朝在新疆和西藏实施"以夷治夷"和"多封众建"政策，选任当地少数民族官员管理本地区。清朝在新疆和西藏实施中央统辖下的民族区域自治，在北方蒙古族地区主要实行盟旗制；新疆地区主要实行以伊犁将军"总管事务"的军府制，并建立将军和驻防大臣下辖的州县、伯克、扎萨克制等地方行政管理系统；在南疆维吾尔族聚居区，建立经驻扎大臣推荐、中央政府任命、异地为官的"伯克"制度；在西南地区，实行改土归流；在西藏地区则实行政教合一，由驻藏大臣督办"督办藏内事务"（《钦定藏内善后章程》），建立以达赖、班禅和驻藏大臣协同管理噶厦地方政府的制度。清乾隆年间设有六司，掌管漠南蒙古、黑龙江索伦诸部、漠北喀尔喀蒙古、漠西蒙古、西藏、新疆回部及西南土司事务。这些政策的实施，较好地促进了边疆地区的民族团结，对于维护边疆地区安全稳定发挥了重要作用。

四、尊重信仰，强化管理

边疆地区多民族杂居。自明代起，宗教问题就成为关系边疆地区安全稳定的重大问题，它是影响边疆地区社会安全稳定的重要因素。

尊重少数民族的宗教信仰,方能团结信教群众。明清两代,中央设置专门机构,管理边疆地区民族宗教事务,严格"以政驭教,决不以教妨政"①,加强对宗教的管理,防止不法分子利用宗教对政权和国家安全稳定构成威胁。在新疆,严格实施政教分离政策,规定宗教职业人员不能在"伯克"制度下任职;在西藏,明确规定驻藏大臣的权力远大于教权,教权必须服从行政权。清王朝坚决打击新疆和西藏宗教上层人士发动的分裂叛乱活动,绝不纵容姑息,对参与叛乱和卖国活动的喇嘛与和卓,不论身份等级,都依法严惩不贷。支持爱国教派的发展,优待爱国宗教上层人士。事实证明,依法加强对宗教事务和宗教活动的管理,坚决打击宗教极端分子,是维护边疆地区安全稳定的重要举措。

五、强边固防,加大威慑

历代中央王朝深谙"边固在乎兵实"(《守边策略》)之理,边疆历来是"无兵不稳,兵弱必乱"之地,故需以强大的军事实力和坚决的军事行动维护边疆的稳定。实行徙民实边,寓兵于民。从西汉开始,历代王朝都坚持"守边备塞,劝农立本""徙民以实"(《汉书》),强调在边塞建立城邑,制定相应的鼓励政策,改变边疆地区的民族结构,引入先进的农业技术和生产方式,这些举措极大地促进了西部地区经济的发展。

历代中央政权还十分重视西部地区军事建设,从威慑敌人、应对战争和稳定大局出发,重兵戍边,在边疆地区保持一支强大的军事力量。他们在边疆派驻重兵,驻守于人口较多的重镇、战略地位重要的边关要冲和重点防御方向,扼守要冲,重点设防。据史料记载,唐玄宗时期,在西北边疆沿边设十节度使,统辖兵力达四五十万。在"要害之处,通川

① 孟森.清史讲义[M].北京:中国三峡出版社,2009:237.

之道"构筑众多驻军防御城堡,建镇筑城,重兵镇守。此外,还在西部边疆的驰道旁和边防线上建亭、烽燧和驿站,设驿置哨,通联报警。清前期,仅在新疆就设有卡伦(哨卡)250多座,漠北设有60余座。还在新疆、西藏派八旗劲旅驻守。加强军事设施建设,完善防御体系,提高防御能力,针对西部边疆地区距内地路途遥远、通行不便的实际,兴修驰道,保障畅通。实践证明,强大的军事实力,不仅是维护边疆地区安全稳定的需要,也是保障社会经济发展的坚强基石。

第四章　光辉历程:沿边开放历史回顾

新中国成立 70 多年,尤其是改革开放 40 多年来,国家根据社会主义现代化建设的阶段性目标对沿边地区开发开放实施了一系列政策,使沿边地区对外开放程度日益提升,取得了举世瞩目的成效,成为塑造高质量对外开放格局的重要力量。笔者根据多年工作体会认为,沿边地区对外开放大致可分为慎重稳进、初期阶段(1949—1978 年),改革开放、起步阶段(1979—1999 年),西部开发、扩大阶段(1999—2012 年),新的时代、跨越阶段(2013 年至今)四个阶段。

一、慎重稳进,初期阶段

新中国成立初期,边疆工作重点主要围绕政权巩固和建设,重心在于加强各族人民对中国共产党的认同和拥护。由于多年战乱,边疆地区存在历史遗留下的隔阂,民族间歧视严重,内地土匪活动十分猖獗,境外有国民党残军和蒋介石反动统治集团势力存在,使得敌我关系和民族关系交织,矛盾错综复杂,边疆地区处于非常紧张的状态之中,如何维护民族团结稳定,成为 20 世纪 50 年代边疆地区工作的重点。再加上朝鲜战争、美国经济封锁等因素的影响,尤其是 20 世纪 60 年代以后中苏关系恶化,局部武装冲突,我国从东北到西北的边疆地区都处于高度戒备状态,外部环境严峻。这一阶段,我国主要从以下几个方面入手对边疆地区实施相应政策。

第一,民族政策。为实现国家的统一、巩固国家政权,国家实行各民族平等、团结、互助的民族政策,消除各民族隔阂,解决历史上形成的民族问题。加强边疆民族对新中国的认识和了解,从而争取其对中国共产党的拥护,实现新生政权的稳固。实行民族区域自治制度,在政治上保障各族人民当家作主的权利。

第二,农业开发。20 世纪 50 年代,为尽快改变落后面貌、发展经济、实现各民族共同发展和繁荣,国家通过屯垦戍边、组织大规模的农业开发,在边疆重点发展农牧业,解决水利和交通问题。在边疆的军队成建制地就地转业,实行军垦;从内地向边疆移民,有组织地进行垦殖。十万军人脱下军装组建新疆生产建设兵团,国家还号召五万多名女青年从江苏、浙江、上海、湖南等地入伍到了新疆,一大批有志青年从祖国各地奔赴边疆,投入火热的边疆建设中。他们在人迹罕至的戈壁荒滩,在野兽横行的雪山深谷,开荒造田,盖房建场,使长期荒凉贫瘠的沿边地区出现了新的生机,为新疆的发展建设和稳定做出了突出贡献。

第三,工业基地建设。在当时的背景下,国家调整生产力布局,大型项目向内地倾斜,有计划地在沿边地区布局了一批工业基地,重点支持东北、华北和华东工业基地建设,向西推进生产力布局,着重对东北工业基地进行改造,新建了西北、西南工业基地,实行计划性的全国工业均衡布局。沿边地区建设主要围绕能源、钢铁、有色、化工等重工业领域。第一个五年计划主要围绕苏联援建的 156 个项目展开,将大部分骨干工程放在西部,其中相当一部分又被放在沿边地区,如第一重型机械厂、第一汽车制造厂、哈尔滨三大动力厂、哈尔滨轴承厂、沈阳机床厂、葫芦岛造船厂、大连造船厂、兰州炼油厂、兰州化工厂、包头一机等,其中玉门油田成为我国第一个石油工业基地。这一时期初步形成了西部地区工业基地,为沿边地区进一步发展奠定了基础。"二五""三五"时期,尽管由于我国国民经济的严重挫折,沿边地区建设受到了一定影响,但在一些重点建设领域仍取得了进展,如大型水电基地建设,地质勘探工作,在兰州、乌鲁木齐、昆明等地建成的一批机械工业基地,以及新建的一些煤炭开采基地。"三线"建设时期,国家以备战为目的,动员和集中全国资源,进行了以国防工业为主的大规模基本建设。我国沿海地区工业生产能力向内陆腹地转移,沿边地区再度获得发展契机,东部沿海地区搬迁来了一批生产企业,国家在沿边地区兴建了一批项目,主要以煤、电、路、粮为重点,形成了一批产业基地,是西部地区和边疆地区工业建设的又一高潮。

第四,**基础设施建设**。这一阶段国家在沿边地区加强铁路、公路等基础设施建设,重点建设了兰新铁路、包兰铁路、宝成铁路,修建了川藏、青藏、新藏公路,结束了"蜀道难,难于上青天"的历史,密切了祖国内地和边疆的联系,也方便了经济文化的交流。

第五,**边境贸易**。这一时期,我国还与周边国家相继签订了一系列通商协议,积极与周边国家开展边境贸易。东北、西北方向,主要开展对苏、对朝、对蒙贸易,其中中苏贸易是中国对外贸易的重点,那时中朝边境互市贸易兴旺,丹东成为中朝贸易重点口岸。西南方向,主要是边境互市贸易,贸易规模较小,其中中越边境贸易额较大。这一时期,中国与老挝、印度、尼泊尔、缅甸、越南等南亚、东南亚国家的贸易往来不断扩大。

二、改革开放,起步阶段

党的十一届三中全会以后,我国改革开放和社会主义现代化建设全面展开,国家在东部地区实施一系列优惠政策,部分沿海城市率先对外开放,沿海地区经济快速增长。沿边地区也进入一个新的发展时期。党和国家围绕经济建设,重新将沿边区开发开放提上议事议程,沿边地区开发开放进入新阶段。这一阶段国家实施的政策有以下几点。

第一,**完善政策**。对边疆民族地区的治理进行不断的探索,包括开展全国民族贸易、民族用品生产工作,实现少数民族的基本生产生活保障。积极完善民族区域自治制度,充分实现人民当家做主的权利,保障边境地区的长治久安。1979 年 4 月 25 日至 5 月 11 日,中共中央在北京召开全国边防工作会议。此次会议第一次明确提出对口支援政策。对口支援政策的提出,体现了中央对边疆工作的充分重视。会议确定了东部经济发达的省市对口支援自治区和少数民族比较集中的省区市的具体方案:北京支援内蒙古,江苏支援广西、新疆,天津支援甘肃,上海支援云南、宁夏,全国支援西藏。实行对口支援与经济技术协作,促进边疆地区的经济社会发展。"智力支边",加快边疆地区经济文化发展。实施"兴边富民行动",促进边疆地区繁荣发展。积极开展东西协作扶贫,解决边疆地区的贫困问题,加快脱贫致富步伐。进入 20 世纪 90 年代后,国家出台了一系列政策措施促进西部地区发展,将更多的建设项目安排在沿边地区,为扶持革命老区、民族地区、边疆地区、贫困地区发展设立专项资金,如"三西"建设专项资金、援藏专项资金、边境基础设施建设专项资金等,加快了沿边地区的经济发展。

第二,对外经商。20 世纪 80 年代沿边口岸恢复对外经商。1982 年,我国政府和苏联换文批准黑龙江恢复同苏联的边境贸易,指定绥芬河作为通商口岸;又协议恢复新疆口岸同苏联贸易。1983 年,双方确定黑河为通商口岸,黑龙江绥芬河、内蒙古满洲里、新疆霍尔果斯和吐尔尕特等地恢复中苏贸易;内蒙古也相继恢复同苏联和蒙古国的边境贸易。同年,中越政府达成共识,将广西防城港、宁明、大新、靖西、那坡以及云南富宁、麻栗坡、马关、金平作为双边贸易口岸。20 世纪 90 年代,以丹东、珲春、黑河等 14 个沿边开放城市陆续获批为标志,国家出台了一系列以口岸贸易为主要内容的政策措施,将边境贸易发展推向了高潮。1992 年 3 月,国家决定进一步对外开放黑龙江绥芬河市、黑河市,吉林珲春市和内蒙古满洲里市 4 个边境城市,同年 6 月,又开放广西凭祥、东兴,云南畹町、瑞丽、河口等 5 个边境城镇。7 月,国家批复辽宁丹东市建立边境经济合作区。1993年,国家提出将新疆伊宁、博乐、塔城建成各具特色的边境开放城市。沿边地区经历了基础设施不断完善、特色产业逐步发展、开放水平逐渐提升、开放区域不断扩大、开放政策和机制不断完善的过程。

第三,建立特区。1979年,国家决定在深圳、珠海、汕头、厦门建立经济特区,此后,一系列港口城市和沿海经济区域陆续率先开放,东部沿海成为改革开放的前沿,这一时期的沿边地区发展以支持东部产业发展需要为中心。由于沿边地区矿产资源丰富,为了满足沿海地区工业发展的原材料需要,在"优先发展重工业"工业化战略的背景下,沿边地区在项目选择上重点关注能源、化工、原材料以及电力、钢铁、有色金属、机械、建材等产业,建成了以哈尔滨、长春、沈阳、兰州、乌鲁木齐、昆明、南宁等中心城市为依托、各具特色的工业基地,形成了沿边地区的重工业体系,加速了沿边地区工业化的进程。铁路、公路、水运和空运等各种运输方式得到很大发展。

三、西部开发,扩大阶段

进入21世纪,国家加大向西开放力度,由沿边开放逐步形成沿海、沿江、沿边陆海统筹的全方位对外开放新格局。1999年3月,全国人大九届二次会议和全国政协九届二次会议的党员负责人会正式提出了"西部大开发"战略思想。6月初,中央扶贫开发工作会议明确指出,若提高两亿多人口的西部地区刚刚实现低水平温饱的农民的收入和消费水平,将会成为扩大内需的强大拉动力量。紧接着,在西安主持召开的五省区国有企业改革和发展座谈会更加系统地阐述了西部大开发的战略构想,提出要下决心通过几十年乃至整个21世纪的艰苦努力,建设一个经济繁荣、社会进步、生活安定、民族团结、山川秀美的西部地区。9月19日至22日,党的十五届四中全会正式提出实施西部大开发战略,决定将西部大开发提上党和国家的议事日程,作为我国社会主义现代化建设和实现中华民族伟大复兴的一项重大决策。笔者当时在国家计委,参与了西部大开发实施方案起草。国家计委紧锣密鼓地研究实施方案,形成初步设想之后,广泛听取了西部地区同志的意见。1999 年11 月至12 月,党中央、国务院连续召开三次会议,专题听取国家计委关于实施西部大开发战略初步设想的汇报。2000 年 1 月 13 日,中共中央、国务院印发《关于转发国家发展计划委员会〈关于实施西部大开发战略初步设想的汇报〉的通知》,提出加强西部地区的基础设施和生态环境建设,促进全国经济与社会协调发展。

对于西部大开发战略的实施,国务院印发了《国务院关于实施西部大开发若干政策措施的通知》(国发〔2000〕33 号)[①],国家计委、国务院西部开发办印发了《"十五"西部开发总体规划》通知,提出沿边地区作为"老、少、边、穷"特殊区域范围,应给予特殊政策措施倾斜,对边境地区的基础设施建设和社会事业发展,予以重点倾斜,加大对沿边人口较少的民族地区的建设投入,重点改善当地群众的生产生活条件。

第一,进一步推进兴边富民行动。加大政策和资金支持力度,进一步协调落实好建设项目,加强人才培育工作,加强资金管理和舆论宣传工作等,通过多方面措施继续推进兴边富民行动的开展。积极开展东西协作扶贫,解决沿边地区的贫困问题。2001 年 6 月,国务院印发《国务院关于印发中国农村扶贫开发纲要(2001—2010 年)的通知》(国发〔2001〕23 号)[②],加大扶贫开发力度,并要求各级各部门要"继续做好沿海发达地区对口帮扶西部贫困地区的东西扶贫协作工作"。通过东西协作扶贫,沿边地区人民群众的生活质量得到了极大的提升。但由于历史遗留等特殊原因,沿边地区的发展还存在不少困难,为进一步促进

---

① 国务院关于实施西部大开发若干政策措施的通知:国发〔2000〕33 号[EB/OL].(2000-10-26)[2021-08-30].http://www.gov.cn/gongbao/content/2001/content_60854.htm.

② 国务院关于印发中国农村扶贫开发纲要(2001—2010 年)的通知:国发〔2001〕23 号[EB/OL].(2016-09-23)[2021-08-30].http://www.gov.cn/zhengce/content/2016/09/23/content_5111138.htm.

沿边地区经济社会又好又快发展,进一步完善国家对外开放格局,国家先后出台了进一步做好西藏发展稳定工作的意见、促进广西经济社会发展的意见、推进新疆跨越式发展和长治久安的意见、支持甘肃经济社会发展的意见、云南省加快建设面向西南开放重要桥头堡的意见、进一步促进内蒙古经济社会又好又快发展的若干意见,出台了《国务院关于近期支持东北振兴若干重大政策举措的意见》(国发〔2014〕28 号)①等文件。这些文件的出台进一步加大了政策支持力度,增强了沿边地区基础设施支撑保障能力,促进了基本公共服务均等化,加快了产业结构升级和边远地区脱贫致富的步伐,实现了民族团结、边疆稳定。

第二,加快基础设施建设。以公路建设为重点,加强铁路、机场、天然气管道干线的建设,增强沿边地区与内地的联系,改善公路条件,实施乡村公路通达工程,实现贫困地区、旅游景区、资源开发区与干线路网的连接,打通西南出海通道,完善综合交通网络。在铁路方面重点建设内外大通道,扩大铁路路网,改造现有线路,提高干线质量、运输能力和运行速度,建成了昆明至上海、包头至柳州通道和青藏铁路以及西北和西南出境铁路。改造完善了省会城市机场等区域性枢纽机场。加强电网、通信、广播电视以及大中城市基础设施建设。推进了中俄同江铁路大桥、中朝丹东鸭绿江界河公路大桥、集安公路大桥、北仑港大桥等项目建设。同时,加强国防、边防公路建设。西部大开发大规模的交通基础设施建设,改变了沿边地区闭塞的状况,使物流更为通畅,人员出行更为便捷。建成了广西右江百色、嫩江尼尔基等大型水利枢纽,开始发挥效益;开展了黑河、塔里木河、石羊河流域综合治理,加强了水土保持和生态建设;实施甘肃引洮供水、新疆引额入乌工程,解决了定西人民常年喝水困难的问题和乌鲁木齐的水源问题。

第三,加强生态环境保护和建设。大力开展植树造林,治理水土流

① 国务院关于近期支持东北振兴若干重大政策措施的意见:国发〔2014〕28 号[EB/OL].(2014-08-19)[2021-08-30].http://www.gov.cn/zhengce/content/2014-08/19/content_8996.htm.

失，防治荒漠化。加大了对长江上游、黄河上中游天然林保护工程，宜林荒山荒地造林，京津风沙源治理等投入的力度。实施退耕还林还草工程、天然草场建设。利用当时粮食等农产品相对充裕的有利时机，采取"退耕还林、封山绿化、以粮代赈、个体承包"的综合性措施，实行省级政府负总责，"目标、任务、资金、粮食、责任"五到省，加快了陡坡耕地退耕还林还草，生态环境建设取得了突破性进展。此外，还加强了环境保护建设，加大了滇池、洱海、抚仙湖等高原湖泊综合治理的力度。

第四，大力发展特色优势产业。沿边地区根据当地的地理、气候和资源等条件，加强了中央矿产资源集中区的调查评价和勘察工作，在塔里木、准格尔、吐哈、鄂尔多斯等区域，陆续发现了一批重大油气田，初步形成了新疆、陕甘宁等石油天然气及化工基地，以及新疆、蒙西和云贵等煤电、煤炭化工基地。黄河上游、长江上游水电基地，溪洛渡水电站、向家坝水电站、广西龙滩水电站等大型水电项目相继建成投产，并建成了广西平果、德保、靖西铝工业生产基地和田东铝工业配套基地、甘肃金川镍、内蒙古稀土等生产基地。沿边地区依托重点工程促进了装备制造业升级，如西北的特高压输变电成套设备、大型煤炭综采设备、化工新材料产业、机械装备制造产业、金属材料；东北的大型水轮机组、大型风电机组、大型核电机组等发电设备实现国产化，装备制造等优势产业竞争力显著提高，企业生产面貌大为改观。特色农牧业也取得显著成效，形成了东北、内蒙古等地的商品粮，新疆的优质棉、瓜果，广西、云南的糖料，云南的烟草、花卉，内蒙古、东北的畜牧产品，甘肃、内蒙古、东北的马铃薯等一批重要产业基地。

第五，社会事业取得全面进步。西部大开发以来，各级财政不断加大对沿边地区科技、教育、文化、卫生等方面的支持力度，推动了沿边地区社会事业的发展。实施"两基"攻坚计划，加大了农村中小学危房改造工程、农村寄宿制学校建设工程的力度，进一步改善了农村义务教育的办学条件。支持沿边地区建成了一批中等职业技术学校、教育培训基地、实验训练基地。公共文化服务网络不断完善,基本实现了每个县有文化馆、图书馆,每个乡镇都有综合文化站,群众的文化生活场所明显增多。卫生基础设施不断完善,沿边地区基本建成了乡镇卫生院、村卫生室,新型农村合作医疗制度基本完善,医疗服务水平和质量有了明显提升。

第六,进一步扩大对外开放。国家提出实行更加优惠的边境政策,在出口退税、进出口商品经营范围、进出口商品配额、许可证管理、人员往来等方面放宽限制,推动沿边地区同毗邻国家和地区相互开放市场,促进与周边国家区域的经济技术合作。2010年,西部大开发十周年,中共中央、国务院印发了《中共中央 国务院关于深入实施西部大开发战略的若干意见》(中发〔2010〕11号)①,提出利用上合组织、中国—东盟自由贸易区、大湄公河次区域和中亚区域等经济合作平台,深化同周边国家的经济合作。在新疆喀什、霍尔果斯设立经济开发区,实行特殊经济政策。设立广西东兴、内蒙古满洲里、云南瑞丽为重点开发开放试验区,吉林珲春为国际合作示范区。支持重点边境口岸发展,允许这些地区先行先试,发挥示范带动作用。依托边境口岸城市,积极发展外向型经济,持续发展边境贸易。加强沿边地区与周边国家互联互通,扩大内陆开放,加快沿边开放,发展特色外向型经济,把黑龙江、吉林、辽宁、内蒙古建成东北亚开放的重要枢纽,把新疆建成向西开放的重要基地,把广西建成与东盟合作的新高地,把云南建成向西南开放的重要桥头堡,不断提升沿边地区对外开放水平。

四、新的时代,跨越阶段

2013年9月7日,习近平主席访问哈萨克斯坦,在哈萨克斯坦纳扎

---

① 中共中央 国务院关于深入实施西部大开发战略的若干意见:中发〔2010〕11号[EB/OL].(2016-04-13)[2021-08-30]. http://nx.people.com.cn/n2/2016/0413/c375866-28140414.html.

尔巴耶夫大学发表了题为"弘扬人民友谊 共创美好未来"的重要演讲,首次提出了"共同建设丝绸之路经济带"的倡议,并系统地阐述了"政策沟通、设施联通、贸易畅通、资金融通、民心相通"的深刻内涵。由此,中国建设"丝绸之路经济带"的倡议被首次提出。10 月 3 日,在中国与东盟建立战略伙伴关系十周年之际,习近平主席在印尼国会演讲时提出了东南亚地区自古以来就是"海上丝绸之路"的重要枢纽,中国愿同东盟国家加强海上合作,使用好中国政府设立的中国—东盟海上合作基金,发展海洋合作伙伴关系,共同建设"21 世纪海上丝绸之路"的倡议,扩大同东盟国家各领域务实合作,互通有无、优势互补,实现共同发展、共同繁荣。11 月,党的十八届三中全会通过了《中共中央关于全面深化改革若干重大问题的决定》[①],提出要加快同周边国家和地区基础设施互联互通建设,推进丝绸之路经济带、21 世纪海上丝绸之路的建设,形成全方位开放格局。至此,国家发改委原西部司牵头,会同外交部、商务部等相关部门起草了"一带一路"倡议规划。2014 年 11 月,习近平总书记先后主持召开中央财经领导小组会议和中央政治局常委会会议,研究和审议丝绸之路经济带和 21 世纪海上丝绸之路规划。2015 年 3 月 28 日,国家发改委、外交部、商务部联合印发了《推动共建丝绸之路经济带和 21 世纪海上丝绸之路的愿景与行动》(简称《推动共建"一带一路"的愿景与行动》)[②],正式向外界系统地阐述了中国倡导的"一带一路"。"一带一路"倡议的实施,为沿边地区发展注入了新的活力。

　　第一,实施"一带一路"倡议,为沿边地区加速发展带来了前所未有的机遇。 40 多年来,我国对外开放取得了举世瞩目的伟大成就,但对外开放总体呈现东快西慢、海强陆弱的格局。沿边大多数地区对外开放程度低,通过积极融入"一带一路"建设,加快向西开放步伐,促进开放型经济发展,沿边地区打开了战略空间,构筑起新一轮对外开放的"一

---

①　中共中央关于全面深化改革若干重大问题的决定[N].人民日报,2013-11-16(01).
②　推动共建丝绸之路经济带和 21 世纪海上丝绸之路的愿景与行动[N].人民日报,2015-03-29(04).

051

体两翼",在提升向东开放水平的同时加快向西开放步伐,基本形成了海陆统筹、东西互济、面向全球的开放格局。2015年12月24日,国务院印发的《国务院关于支持沿边重点地区开发开放若干政策措施的意见》(国发〔2015〕72号)①中指出,沿边重点地区是我国深化与周边国家和地区合作的重要平台,是沿边地区经济社会发展的重要支撑,是确保边境和国土安全的重要屏障,正在成为实施"一带一路"建设的先手棋和排头兵,在全国改革发展大局中具有十分重要的地位。

第二,沿边地区成为全方位开放新格局的前沿。打开世界地图,可以看见"一带一路"这条世界上最长的经济走廊发端于中国,贯穿亚欧非大陆,一头是活跃的东亚经济圈,一头是发达的欧洲经济圈,中间是发展潜力巨大的腹地国家。它是世界上最具发展潜力的经济带。"一带一路"建设将形成欧亚大陆经济整合的大趋势,沿边省区将与东北亚、东南亚、中亚等区域经济实现深度融合,"一带一路"建设将使我国与周边国家实现"五通",依托重点开发开放试验区、沿边国家级口岸、边境城市、边境经济合作区和跨境经济合作区等平台,不断提升开放能力,稳步推进边境贸易增长,因地制宜探索边境地区开放合作的新模式,开创全方位开放新局面。

第三,沿边地区成为开发开放制度创新的高地。截至2015年年底,我国沿边九省区总共有28个边境城市,72个经国家批准对外开放的陆路边境口岸,其中铁路口岸11个、公路口岸61个;共有4个自由贸易试验区、5个国家级新区、9个沿边重点开发开放试验区、49个国家级经开区、30个国家级高新区、17个边境经济合作区、3个跨境经济合作区、2个边境旅游试验区和3个金融改革试验区,开发开放平台资源较为丰富。这些平台为促进边境地区的开放发展、推动我国与周边国家的睦邻友好发挥出非常重要的作用,也成为"一带一路"六大经济走廊建设

---

① 国务院关于支持沿边重点地区开发开放若干政策措施的意见:国发〔2015〕72号[EB/OL].(2016.01.07)[2021-08-30]. http://www.gov.cn/zhengce/content/2016-01/07/content_10561.htm.

的重要依托。同时,"一带一路"倡议得到了周边国家的积极响应,陆地邻国积极谋求与"一带一路"对接,逐渐将发展方向转向我国并提出相应的规划,如哈萨克斯坦"光明之路"、蒙古国"草原之路"、越南"两廊一圈"、老挝"变陆锁国为陆联国"战略等,邻国纷纷制定或修改与中国的边境合作方案,为沿边开发开放创造了良好的周边环境。沿边地区加强与毗邻国家合作,在继续巩固提升已有合作平台的基础上,不断打造新的平台,在区域、次区域合作上迈出新步伐。如黑龙江、辽宁、内蒙古、广西、云南、新疆等省区及相关州(盟)市,通过加强与周边国家的合作,密切了与周边国家政府、民间、学术机构、企业的交流和沟通,建立了良好的合作关系,分步骤地在东南亚、南亚、中亚、西亚及重点经贸合作国家设立相应机构,为企业搭台服务,鼓励企业"走出去"参与国际竞争,提升了沿边地区对外开放水平。沿边地区加强了与内地交通沿线和沿海重点省区的省际合作力度,沿海地区发挥和利用经济技术领先、产业实力雄厚的优势,推进与沿边地区的对接,促进沿海地区产业向沿边地区转移,形成了"一带一路"国内外相互衔接、相互补充、相互促进的全方位开放新格局。

　　第四,沿边地区交通基础设施互联互通建设先行。交通运输对内陆沿边地区发展极其重要,是交流合作与发展的前提和基础。沿边地区开放最大的制约在交通。交通条件不改善,沿边和内陆地区远离经济中心、处于边缘地位的状况便难以改变,无法发挥区位优势。"一带一路"实施以来,沿边地区抓住交通基础设施的关键通道、关键节点和重点工程,优先打通缺失路段、畅通瓶颈路段,配套完善道路安全防护设施和交通管理设施设备,提升了道路通达水平。沿边地区以国际大通道为依托,加强与东南亚、南亚、东北亚、中亚、西亚国家的互联互通。如云南加快推进"七出省、五出境"的公路大通道建设以及"两出省、三出境"的水运通道建设,促进了与毗邻国家的互联互通;广西实行海陆"两条腿"走路,以建设北部湾区域性国际航运中心等为抓手,畅通与海上丝绸之路共建国家之间的贸易往来,同时以南宁为节点,打通北上、南下通道,推动形成衔接"一带一路"的南北大通道;新疆大力扩大交通运输基础设施网络规模,横跨亚欧大陆的综合运输通道国内段已全线贯通,进出境、进出疆、南北疆的交通变得更加便利,各族群众出行条件明显改善;内蒙古着力推进铁路、公路、民航、口岸、电力等基础设施建设,基础设施互联互通取得积极进展,策克—西伯库伦、二连浩特—锡林浩特铁路建成通车,满洲里至红石公路改造、甘其毛都至临河等一批公路竣工运行;黑龙江基础设施建设成绩明显,第一座与俄罗斯相通的跨境铁路大桥——同江中俄铁路大桥中方段工程已全部完成;吉林与浙江携手开通珲春—扎鲁比诺港—宁波舟山港内贸货物跨境运输航线,开创了中俄跨境运输新模式;辽宁积极建设东北亚国际航运枢纽,开通"辽海欧"第二条北极航线,全域加入"一带一路"建设。可见,沿边地区完善了一批重点口岸设施和功能,强化与周边国家口岸区域协作,建设起一批专业市场、仓储、配送、客货场等人流、物流基础设施,积极推进信息、能源的国际合作,为打造沿边地区开发开放新高地提供基础支撑。

第五,沿边地区在产能合作上取得新突破。加强产能合作和发展,是沿边沿路开放的根本支撑。按照优势互补、错位发展的要求,调整优化沿边地区产业结构,全面提升产业竞争力和市场占有率。"一带一路"建设 10 年来,沿边地区大力发展现代物流业、通道经济、口岸经济、会展业和边境贸易等,在贸易兴边上大有作为,带动了相关产业发展。满洲里以商贸物流为主,规划设立了扎赉诺尔能源重化工园区,重点发展以煤、电、化工、高载能和特种金属冶炼为主的能源转换及综合利用产业;进口资源加工园区重点发展以木材深加工为主的进口资源加工业和新型建材产业;综合产业园区重点发展对俄出口产品组装加工业、口岸物流业、生产服务业等;瑞丽试验区加大招商引资力度,截至 2018 年新增入驻企业 2000 户,主要涉及制造业、金融、批发零售及现代服务等行业,加工制造业从无到有,快速发展,建成投产了年产20万台的液晶面板、10万部的智能手机等项目,做大做强面向东南亚的橡胶精深加工、木材加工等产业;东兴试验区重点发展跨境汽车服务、电子商务、旅游文化、商贸物流、能源开发等项目;凭祥试验区重点发展加工制造、旅游业、电力、燃气、农林牧渔业以及租赁、商务服务等产业,依托与东盟进出口贸易以及完善的国际物流基础,大力发展跨境电商;绥芬河试验区建设了中俄绥—波格拉尼奇内跨境经济合作区和一批境外园区,形成境内外联动、上下游衔接的跨境产业合作基地,推动一批跨省、跨境合作区建设,提高了产业聚集度和聚集规模。

第六,沿边地区在加强民间交流与合作上取得新突破。促进民心相通,是沿边地区开发开放的社会根基。共建"一带一路"10年来,沿边地区大力传承和弘扬丝绸之路友好合作精神,积极推进文化交流、文化传播、文化贸易,不断完善人文交流机制,创新人文交流方式,与周边国家在跨国春晚、跨国影视、媒体互访、文化贸易等方面进行了积极探索,在学术研究、教育培训、人才交流等方面进行了深度合作,取得了显著成效。如广西充分利用独特的地缘优势与人文优势,积极与东盟国家在教育交流、影视合作、友好城市、科技、医药等人文交流领域展开合作,并取得了不俗的成绩。云南省在文化艺术、新闻出版广播电视、教育、卫生、体育、旅游、文化产业、智库等领域构建多种形式并举、多个平台互补、多种渠道联动的人文交流合作机制,加大与南亚、东南亚国家和地区的交流合作,扩大"朋友圈"。西藏不断扩大中尼两国旅游跨境合作,促进跨境自驾车等新业态旅游,积极探讨研究中尼双方直升机跨境紧急救援、专项漂流、探险旅游等项目合作。新疆全面加强文化、教育、医疗、科技、旅游等领域交流合作,人文交流不断深化。黑龙江与俄罗斯边境地区广泛开展了丰富的友好交流和旅游文化活动,通过举办中俄电影节、中俄旅游节、中俄文化节、国际雕塑展、油画展、集邮展、体育友谊赛事等多种形式的活动,加快中国文化和文化产品走进俄罗斯的步伐。吉林落实了东北亚地区各国地方政府合作机制,加强了在对外经贸、科技、教育、文化、旅游等领域的合作。辽宁积极推进友好省州及友城交往,深化与俄罗斯伊尔库茨克州、蒙古国苏赫巴托省等地区的友好合作关系;加强对外文化交流与合作,在莫斯科中国文化中心成功举办"中国汉字发展史图片展",赴蒙古国、俄罗斯举办"大美辽宁"精品艺术展交流活动,赴韩国国立大邱博物馆交流互访;深化旅游合作,与印度、巴基斯坦、罗马尼亚、捷克等国家建立了合作交流机制;参与联合国计划署大图们旅游合作项目,推动中俄、中蒙旅游项目落地实施。沿边地区积极参与区域教育合作交流,加大双边留学生交流力度,加大沿边语言、外贸、管理类人才培养力度,鼓励高层次人才到沿边地区工作。加强与周边国家在传染病疫情信息沟通、防治技术交流、专业人才培养等方面的合作,提高合作处理突发公共卫生事件的能力。加强科技合作,促进科技人员交流,合作开展重大科技攻关,共同提升科技创新能力。

　　第七,中央加大政策支持力度。为推进沿边地区开发开放,2013 年起,国务院先后出台了《国务院关于加快沿边地区开发开放若干意见》(国发〔2013〕50 号)[①]、《中共中央 国务院关于构建开放型经济新体制的若干意见》[②]、《国务院关于支持沿边重点地区开发开放若干政策措施的意见》(国发〔2015〕72 号)[③]和《关于加大边民支持力度促进守边固边的指导意见》等重要文件,把沿边地区的开发开放上升到国家战略,从"一带一路"建设战略高度阐述沿边地区开发开放的重要性,明确了沿边地区开发开放的战略定位,对其重点任务和目标提出了明确要求,加大了对沿边地区开发开放的政策支持力度。

---

① 内参。
② 中共中央 国务院关于构建开放型经济新体制的若干意见[EB/OL]. (2015-09-17)[2021-08-30]. http://www.gov.cn/xinwen/2015/09/17/content_2934172.htm.
③ 国务院关于支持沿边重点地区开发开放若干政策措施的意见:国发〔2015〕72 号[EB/OL]. (2016-01-07)[2021-08-30]. http://www.gov.cn/zhengce/content/2016/01/07/content_10561.htm.

第五章 合作方向:空间布局日渐清晰

新时代沿边地区在丝绸之路经济带建设中的空间地位日益凸显,沿边地区以国际大通道为依托,以开发开放试验区为重点,以沿边重要口岸城镇为支撑,以各级各类开放园区为载体,以沿边中心城市为腹地,形成沿边地区开发开放空间布局。

一、东盟合作高地

广西地处祖国南疆,与越南山水相连,是我国面向东盟开放的重要门户,是西部地区和大西南出海大通道,是互联互通南向通道国际物流枢纽,在我国沿边开发开放以及高质量共建"一带一路"中具有独特的战略地位。广西边境地区包括百色市、崇左市、防城港市3个地级市,那坡县、靖西市、龙州县、凭祥市、宁明县、东兴市、防城区、大新县8个县(市、区),其中东兴、凭祥、百色是重点开发开放试验区。2015年,全国两会期间,习近平总书记参加广西代表团讨论时明确提出了广西发展"三大定位"新使命,即"构建面向东盟的国际大通道,打造西南中南地区开放发展新的战略支点,形成'一带一路'有机衔接重要门户"①。随着"一带一路"建设的深入推进,广西边境地区已成为深度融入"一带一路"建设、加快"走出去"和"引进来"的前沿地带,是广西实现"三大定

---

① 广西:"三大定位"新使命引领改革开放新格局[EB/OL].(2018-04-28)[2021-08-30]. http://www.gov.cn/xinwen/2018-04/28/content_5286717.htm.

位"、加快形成"四维支撑、四沿联动"开放发展新格局的重点区域。广西紧紧抓住"一带一路"建设、粤港澳大湾区、海南自贸港、泛珠三角区域合作等国家重大政策机遇，积极融入粤港澳大湾区建设中，强化与泛珠三角、西南地区、港澳台地区的经济合作，以及与周边国家之间的次区域合作，包括泛北部湾经济合作、南宁—新加坡经济走廊、与越南之间的"两廊一圈"合作等。广西立足独特区位优势，进一步释放"海"的潜力，大力发展向海经济；激发"江"的活力，打通南向出海大通道；做足"边"的文章，构建对外开放新格局，实现沿海、沿江、沿边"三区统筹"发展。充分发挥中国—东盟自由贸易区平台作用，深化与东盟国家的经济合作，创新合作机制，丰富合作内容。广西加快推进东兴、凭祥、百色重点开发开放试验区以及沿边金融综合改革试验区、跨境经济合作区、边境经济合作区、跨境旅游合作区、边境旅游试验区、综合保税区、国检试验区等建设，在管理体制、边贸机制、投融资体制等方面先试先行，打造成为中国沿边地区经济增长极和国际通道重要枢纽。此外，还加快中新互联互通南向通道、中国—东盟信息港、中国—东盟港口城市合作网络等重点项目建设，推进靖西等重点边境口岸城镇加快发展，以西南出海大通道为依托，着力推进南宁—防城港—东兴—芒街、崇左—凭祥—谅山、重庆—贵阳—百色—龙邦口岸—越南高平—河内等重要对外开放大通道建设。加强边境地区道路、口岸、边民互市贸易点（区）基础设施及配套设施建设，提升沿边道路、口岸、边民互市贸易点（区）通行条件和通关水平。积极创新搭建东盟产业合作园区、跨境电子商务园区、进口商品创新示范区等新平台，深度融入全球产业链供应链，在"补链""扩链""强链"上下功夫。充分利用开放合作平台，推进金融、教育、文化、医疗等服务业领域有序开放，大力提升边境地区人民生产生活水平，促进边境地区经济社会持续健康发展，逐步形成海陆联动、优势互补、共同发展的边境地区开发开放空间布局。

二、西南开放桥头堡

云南、西藏是重要的沿边省区。云南陆路边境与越南、老挝、缅甸3个国家接壤，与泰国和柬埔寨通过澜沧江—湄公河相连，与孟加拉国、印度、不丹等南亚国家相近。云南边境有8个州市，包括：怒江傈僳族自治州、保山市、德宏傣族景颇族自治州、临沧市、普洱市、西双版纳傣族自治州、红河哈尼族彝族自治州、文山壮族苗族自治州，居住着壮、苗、哈尼、彝、傣、景颇、傈僳等23个民族。西藏地处青藏高原腹地，与缅甸、印度、不丹、尼泊尔、巴基斯坦接壤，历史上通过古丝绸之路、唐蕃古道、茶马古道穿越崇山峻岭连接世界，是"南方丝绸之路"的重要节点，拥有毗邻南亚国家的独特地缘优势，是中国通往南亚的重要门户。从"一带一路"建设的整体布局来看，云南是连接"一带"和"一路"的枢纽地区，是"开发开放桥头堡"，其战略地位十分重要。"一带一路"建设规划确定云南将利用自身的区位优势，推进与周边国家的国际运输通道建设，打造大湄公河次区域经济合作新高地，建设成为面向南亚、东南亚的辐射中心。根据"一带一路"倡议中提出的重点合作"三大方向"和"六大走廊"空间布局，云南开发开放涉及中国—中南半岛经济走廊、印中孟缅经济走廊以及中缅经济走廊，依托滇中城市群作为腹地，推动滇中与边境地区优势互补、资源共享、产业对接，逐步形成以滇中城市群为核心，以昆明—保山—芒市—瑞丽、昆明—磨憨、昆明—河口3条大通道为主线，以滇缅、滇老、滇越3个国际经济合作圈为支撑的开发开放空间结构。云南将加快建设边境自由贸易区、重点开发开放试验区和边境经济合作区。其中，瑞丽则重点面向缅甸开放合作，积极参与中缅经济走廊、孟中印缅经济走廊陆路通道建设，重点发展国际产能和装备制造合作，有序推进现代服务业开放发展，打造边境经济贸易中心、向西南开放的重要国际陆港、国际文化交流窗口和睦邻安邻富邻模范区;磨憨则重点面向老挝、泰国开放合作,积极推进泛亚铁路中线、昆曼大通道及澜沧江—湄公河黄金水道建设,重点发展面向东南亚的区域性进出口加工基地、商贸服务基地、物流配送基地、文化旅游胜地;河口重点面向越南开放合作,加快推进自由贸易区、红河综合保税区建设,依托泛亚铁路东线,重点加快发展跨境物流及保税相关产业,建设昆河经济走廊重要的口岸物流中心、保税物流基地、保税加工园区、生产性服务贸易基地。此外,还要积极推进澜沧江—大湄公河次区域合作,加强云南与东南亚、南亚国家合作,并进一步拓展与印度洋沿岸国家合作。促进滇中与边境地区生产要素合理配置、带动相关地区协同发展,形成"做强滇中,搞活沿边"的产业布局。西藏在"两屏四地"(国家安全屏障、生态安全屏障、战略资源储备基地、高原特色农产品基地、中华民族特色文化保护地和世界旅游目的地)的基础上,着力建设面向南亚开放的重要通道,重点建设吉隆、樟木、亚东口岸,逐步发展普兰和日屋口岸,加强口岸交通、能源等基础设施建设,支持亚东、聂拉木等重点边境口岸城市发展,推进西藏与尼泊尔等国家的边境贸易和旅游文化合作。以拉萨为中心,以日喀则为前沿,形成对外面向尼泊尔等南亚国家、扮演重要节点角色,对内连接陕甘宁青经济带、川渝经济圈等区域的开放新格局。

三、向西开放重要门户

新疆地处亚欧大陆腹地,位于亚太经济圈与欧洲经济圈两大经济圈的中间位置,与俄罗斯、哈萨克斯坦、吉尔吉斯斯坦、塔吉克斯坦、巴基斯坦、蒙古国、印度、阿富汗等国家接壤,在历史上是古丝绸之路的重要通道,是亚欧大陆桥的必经之地,战略位置十分重要。新疆加大开发开放,事关沿边乃至全疆的社会稳定和长治久安,也直接关系到我国新时期向西开放和经济社会的发展全局。"一带一路"建设规划中对新疆的规划为"发挥新疆独特的区位优势和向西开放重要窗口作用,深化与中亚、南亚、西亚等国家交流合作,形成丝绸之路经济带上重要的交通枢纽、商贸物流和文化科教中心,打造丝绸之路经济带核心区"①。要充分发挥新疆在丝绸之路经济带建设中的特殊地缘优势、交通资源优势和人文优势,围绕新疆维吾尔自治区党委确定的建设丝绸之路经济带交通枢纽中心、商贸物流集散中心、金融服务中心、科教文化中心、医疗服务中心的战略目标,重点推进新欧亚大陆桥、中巴、中国—中亚—西亚以及中蒙俄经济走廊建设,推进北、中、南三条国际大通道建设。丝绸之路北通道始于京津冀地区,经山西、内蒙古,由新疆吉木乃、布尔津口岸出境,经哈萨克斯坦至俄罗斯、北欧;丝绸之路中通道始于长三角经济圈,横穿中原地区,沿新欧亚大陆桥经新疆霍尔果斯或阿拉山口口岸出境,通向中亚至欧洲;丝绸之路南通道始于珠三角经济圈,经湖南、重庆、四川、青海,由新疆红其拉甫口岸出境至塔吉克斯坦,最终到达巴基斯坦瓜达尔港至印度洋沿岸等。因此,要加快建设新疆连接西部重要经济区以及东中部地区的公路干线,完善口岸和物流园区基础设施;积极推进霍尔果斯、阿拉山口、布尔津等边境口岸建设;着力推进和田市、喀什市、图木舒克市、阿克苏市、伊宁市、博乐市、塔城市、阿勒泰市、哈密市等边境城市加快发展;加快新疆塔城重点开发开放试验区、喀什、霍尔果斯经济区建设。积极推进产能领域开放合作,依托优势资源建设全国能源基地和大型石油天然气生产、炼化与储备基地,以及国际产能合作基地、新能源产业集群和特色农产品产业基地。大力发展向西开放的区域性现代服务业,加快发展现代物流业、商贸服务业和边境贸易,增强进出口货物集散功能,建设面向中亚、南亚的出口商品制造基地,探索设立中亚自由贸易区。加快发展跨境特色旅游和区域性文化旅游业,加快沿边地区重点旅游景区基础设施建设,建设好喀什、那

---

① 国家发展改革委,外交部,商务部.推动共建丝绸之路经济带和21世纪海上丝绸之路的愿景与行动[N].人民日报,2015-03-29(04).

拉提、喀纳斯等旅游景区,积极发展冬季冰雪旅游、沙漠风光游、民族风情体验游等旅游项目。创新区域和次区域合作机制,加强区域和次区域经济合作。坚持对内开放与对外开放相结合,以西陇海、兰新、南疆铁路为依托,加强新疆与中东部以及西部地区的合作。

四、向北开放重要窗口

向北开放重要窗口内蒙古地处中国北部边疆,北与蒙古国、俄罗斯接壤,南与黑、吉、辽、冀、晋、陕、宁、甘等省区相邻,边境线长达 4200 多公里。目前有二连浩特市、阿尔山市、满洲里市、额尔古纳市等 19 个边境旗市,18 个对外开放口岸,其中有 4 个对俄口岸,10 个对蒙口岸,4 个国际航空口岸。内蒙古在"一带一路"建设中具有重要地位,是"中蒙俄经济走廊"的重要支点。内蒙古深度融入"一带一路"建设,牢牢把握四个方向:建设向北开放的重要桥头堡;打造东北亚地区合作的重要枢纽;拓展向南开放的新空间;构筑向西开放的国际经贸大通道。对外开放的目标定位为"北上南下,东进西出,内外联动,八面来风"的新格局,实现东西南北协同共进。北上积极推进中蒙俄经济走廊建设,创新完善同俄蒙合作机制,以口岸开放为依托,加强经贸合作,重点发展国际物流、产品加工、服务贸易及旅游等产业,不断深化各领域合作构建欧亚大通道,拓宽产业发展空间,密切人文交流,巩固和提升开放水平;南下积极融入京津冀城市群、环渤海经济圈、长三角经济圈,南接天津港等重要港口及东南亚,密切同我国港澳台地区及东南亚的交流合作,拓展向南开放的新空间;东进加快推进与东三省、京津冀等地区的合作,加强能源、交通、水利、生态、环保和行政执法等方面合作,积极推进内蒙古与东北地区、东北亚国家的双边和多边区域合作,积极承接沿海地区先进产业转移,发展陆海联运模式,构建多层次对外开放格局;西出加强与陕甘宁、新疆等地区的经济合作,加快建设呼包银榆等经济合作区,加强同中亚、西亚和欧洲的经贸往来。以"呼包鄂"为腹地,依托以京包—包兰—兰新、临河—策克—哈密、包头—齐齐哈尔、银川—包头—集宁—通辽—沈阳为轴线的东西开放走廊,东接东北经济区,延伸至俄罗斯西部和日本、韩国,西接新疆,延伸至中亚、西亚;以集宁—二连浩特、策克—嘉峪关、锦州—朝阳—赤峰—锡林郭勒—珠恩嘎达布、满洲里—海拉尔—齐齐哈尔等为轴线,南接天津港等重要港口及东南亚,北接东北亚、中亚及欧洲,统筹国内国际两个大局,承东启西,构筑向西开放的国际经贸大通道,提升东西方向合作层级。加强交通基础设施建设,推进与俄蒙毗邻地区基础设施互联互通,对俄蒙重点推进 2 条出海通道、3 条能源资源通道和 3 条旅游通道建设。其中,出海通道一起二连浩特、珠恩嘎达布其等口岸,经二连浩特至天津港及环渤海地区;一起二连浩特,经锡林浩特、赤峰、凌源至绥中、锦州等港口。能源资源通道从策克、甘其毛都、满都拉口岸起,分别不同方向连接内陆省区互联互通资源能源通道建设。旅游通道则包括阿尔山、额布都格和阿日哈沙特等口岸,发展跨境特色旅游。内蒙古要加快推进满洲里和二连浩特开发开放试验区、呼伦贝尔中俄蒙合作先导区、二连浩特—扎门乌德跨境合作区建设;积极推动国际产能合作,加快承接高水平产业转移;进一步积极开展与俄蒙在教育、文化、医疗、体育、科技等方面的交流与合作。创新区域合作机制,开创沿边毗邻地区合作新模式。

五、东北亚开放枢纽

东北地区指黑龙江、吉林和辽宁三省以及内蒙古东四盟构成的区域,简称东北。黑龙江东部和北部以乌苏里江、黑龙江为界河与俄罗斯为邻;吉林东部与俄罗斯接壤,东南部以图们江、鸭绿江为界,与朝鲜隔江相望;辽宁南临黄海、渤海,东与朝鲜一江之隔,与日本、韩国隔海相望。黑龙江省对外开放国家一类口岸 27 个,其中水运口岸 13 个(哈尔滨、佳木斯、富锦、同江、抚远、饶河、萝北、嘉荫、逊克、孙吴、黑河、呼玛、漠河),公路口岸6个(东宁、绥芬河、密山、虎林、黑瞎子岛客运、黑河),航空口岸4个(哈尔滨、齐齐哈尔、牡丹江、佳木斯),铁路口岸3个(哈尔滨内陆港、绥芬河、同江)。吉林有对外开放一类口岸16个,其中包括长春、延吉2个航空口岸,古城里、珲春、长白、圈河、集安、临江、开山屯、三合、南坪、沙坨子、双目峰11个公路口岸,以及图们、珲春、集安3个铁路口岸。辽宁对外开放一类口岸13个,其中航空口岸2个(沈阳、大连),公路、铁路口岸各1个(丹东),水运口岸9个(葫芦岛、锦州、盘锦、营口、大连、长兴岛、旅顺新港、庄河、丹东)。东北地区是中国向北、向东北亚地区开放的重要阵地。2003年10月,中共中央国务院印发了《中共中央 国务院关于实施东北地区等老工业基地振兴战略的若干意见》(中发〔2003〕11号),指出进一步扩大开放领域、大力优化投资环境,是振兴老工业基地的重要途径。

根据国务院批复的《黑龙江和内蒙古东北部地区沿边开发开放规划》总体部署,黑龙江地区将根据区位优势、发展基础和资源环境承载能力,依托区域中心城市、边境口岸和开放通道,形成以边境地区为先导带、绥满铁路沿线地区为支撑带、其他区域为带动区的"两带一区"空间布局。

沿边开发开放先导带(四组团):牡绥组团包括牡丹江、绥芬河、穆棱、东宁和鸡西,依托毗邻俄罗斯远东重要经济中心和最大港口符拉迪沃斯托克的区位优势,大力发展跨境陆海联运,加快发展跨境经贸合作,扩大互市贸易规模,建成物流集散中心、贸易投资服务平台和进出口加工基地。三江组团包括佳木斯、抚远、桦川、同江、富锦、鹤岗、饶河,依托毗邻俄罗斯远东中心城市哈巴罗夫斯克和林木矿产资源富集地区的区位优势,大力建设边境城镇,加强跨境基础设施建设,深化产能合作和农业合作。兴安组团包括黑河、北安、五大连池、逊克、孙吴、伊春、嘉荫和大兴安岭地区,依托紧邻俄罗斯远东区域中心城市布拉戈维申斯克和科教资源集聚区的区位，发挥林木矿产丰富、旅游资源独特、人文交流密切、对外能源合作基础较好的优势，加强产能合作，重点发展硅基新材料、林木产品加工、矿产资源开发加工和旅游业，建设产业加工集聚区、商贸物流集散地和休闲度假胜地。呼满组团包括满洲里、额尔古纳、新巴尔虎左旗、新巴尔虎右旗和陈巴尔虎旗，依托毗邻俄罗斯东西伯利亚区域中心城市赤塔和资源富集地区的优势，加快口岸跨境通道建设，重点发展能源资源深加工、木材综合利用、冶金建材产业和商贸物流、文化旅游等，加强产业园区、跨境旅游基地和国际物流枢纽建设。

沿边开发开放支撑带：包括哈尔滨、齐齐哈尔、大庆、牡丹江市等市辖区（县市）。依托绥满铁路、绥满高速公路和哈大齐工业走廊，沿边开发开放支撑带充分发挥区域中心城市辐射带动能力强、产业基础雄厚、科技实力较强的优势，大力发展总部经济，重点发展高端装备制造、能源化工、食品医药、电子信息、冶金建材等制造业，积极发展金融服务、研发设计、信息咨询、现代物流、服务外包、文化创意等现代服务业，建设高端产业集聚区、开放合作综合服务平台和综合交通枢纽。

沿边开发开放带动区：包括哈尔滨市、齐齐哈尔市、佳木斯市、大庆市、双鸭山市、绥化市所辖县以及铁力市、七台河市、嫩江市。沿边开发开放带动区充分发挥自然资源丰富、农业综合生产能力较强、发展潜力较大的优势，统筹推进城乡一体化，加快城镇化进程，推进双鸭山、七台河等资源型城市可持续发展，大力发展现代农牧业，重点发展农畜和林产品加工、煤炭采掘和精深加工、新能源、建筑材料、装备和石化配套产业，建设全国重要的粮食生产、绿色农畜产品生产加工和承接产业转移基地。有关沿边开发开放先导带、支撑带和带动区之间的联系互动，先导带要强化对外开放门户和引领功能，加强与俄罗斯的合作交流，引导支撑带和带动区发展外向型经济；支撑带要强化区域辐射和带动功能，发挥对先导带和带动区的服务保障作用；带动区要强化密切联系先导带、支撑带的桥梁和纽带功能,加强协作对接,增强自我发展能力。沿边开发开放带动区需要优化口岸布局,统筹口岸发展,形成优势互补、分工合理、功能完善的口岸群。要加快境内合作平台建设,提升现有边境经济合作区、综合保税区、跨境经济合作区、互市贸易区和高新技术产业开发区、经济技术开发区的功能。同时,加快境外经济贸易合作区、工业园区、农业园区、木材加工园区和科技园区、物流园区建设。深化东北地区与东北亚国家的经贸技术交流,推进图们江区域(珲春)国际合作示范区建设,推进中俄珲春—哈桑跨境经济合作区建设,加快构建东北亚国际大通道。

　　吉林省是"一带一路"向北开放的重要窗口,需充分发挥区位地缘、人缘、资源等优势,主动融入中蒙俄经济走廊建设,积极推进与俄蒙政策沟通、设施联通、贸易畅通、资金融通和民心相通,全面扩大与俄蒙及东北亚国家的交流合作,全面对接东北振兴战略及国家相关重大规划,根据吉林确定的"长吉图"战略和"三个五"战略、中东西"三大板块"战略,依托长春城市群(长春、吉林、四平、辽源、松原),发挥创新引领、产业支撑和要素聚集等优势,沿图们江、鸭绿江和沿中蒙俄开发开放经济带,构建长白通(丹)大通道和长吉珲大通道。发挥图们江、鸭绿江以及与朝日韩俄相邻的区位优势,依托口岸、陆路、海路等通道建设,建立出口加工区、综合保税区、互市贸易区、边境合作区、跨境合作区等,扩大经贸交流合作,创新合作机制,加快对朝经贸大通道和沿边产业体系建设,打造对朝日韩俄的"沿图们江—鸭绿江开发开放经济带"。充分利用吉林地处中蒙俄大通道重要节点的区位优势,依托高速公路、高速铁路等基础设施以及哈大经济带,加强开放平台和对外通道建设。积极推进"两山"铁路前期工作,加快建设中俄跨境经济合作区和"滨海2号"国际运输走廊,支持珲春—扎鲁比诺—釜山航线常态化运营,构建"沿中蒙俄开发开放经济带"。构建长白通(丹)大通道,发挥通化内陆港与辽宁丹东港的作用,以高速公路为重点,推进东南部分铁路项目建设，逐步完善区域机场布局，建设综合交通枢纽集疏运体系，构建"长白通(丹)"综合运输大通道。建设长吉珲大通道，加强与周边国家基础设施互联互通建设，积极开展国际、省际多式联运合作，推进北京—符拉迪沃斯托克高铁、珲春—符拉迪沃斯托克高速公路建设，推进扎鲁比诺港新港建设、旧港改造以及珲春—扎鲁比诺港口公路、铁路建设和珲—马铁路扩能改造，实现双向多品类货物运输。推进"长满欧""中欧"等国际货运班列不断发展，扩大运量、提升效益，推进"长珲欧"班列与"长满欧"班列互补，协调推动"平蒙欧"班列开通，建设面向俄日韩及我国东部较发达地区的长吉珲大通道。畅通陆海联运、铁海联运通道，逐步形成比较完善的区域基础设施网络。加强口岸基础设施建设，加快推进对俄、对朝珲春、图们等口岸的基础设施、跨境桥建设和改造，推动内陆港口建设，积极参与"冰上丝绸之路"建设，打通经珲春、北冰洋至欧洲的陆海联运航线。

辽宁省是"一带一路"的重要节点，承担着重要的任务。为推进辽宁省积极融入"一带一路"建设，辽宁省委省政府印发了《辽宁"一带一路"综合试验区建设总体方案》，开启了以"一带一路"建设引领辽宁全面开放、推动全面振兴的篇章。《方案》确定了辽宁对外开放和"一带一路"综合试验区的空间布局，以辽宁沿海经济带开发开放为支撑，以大连东北亚国际航运中心和沈阳东北亚科技创新中心为龙头，全方位、全领域、全时空开放，加快建设东北亚开放大门户，全力构建内外联动、陆海互济的全面开放新格局；以高水平开放新理念构建"三核三区、两廊两沿、七港七路、双园双融、一网一桥"的空间布局。其中，"三核"是沈阳、大连、锦州—营口—盘锦等全面开放核心；"三区"是辽宁沿海经济带、沈阳经济区、辽西北地区；"两廊"是向北融入中蒙俄经济走廊，向东构建东北亚经济走廊；"两沿"是辽宁沿海经济带和东部沿边开发开放带；"七港七路"是推进大连、营口、丹东、锦州、盘锦、葫芦岛等沿海港口整合，打造大连东北亚国际航运中心和世界级港口集群，高质量建设沈阳国际陆港,构建"辽满欧""辽蒙欧""辽新欧""辽珲俄"铁路通道、"辽海欧"北极东北航道、"辽海欧"印度洋航道、辽宁"空中丝路"通道;"双园"是引进来建设产业合作园和走出去建设境外辽宁产业园;"双融"是加强融资和融智合作;"一网"是建设辽宁"数字丝路"全球信息服务网;"一桥"是架设辽宁与共建国家民心相通纽带桥梁。《方案》提出要把辽宁建设成为推进"一带一路"建设先行区、东北亚国际合作先导区、全面开放引领全面振兴示范区。大力推进辽宁沿海经济带全面开放,深化与东北亚国家的经济合作,提升辽宁对外开放水平。高水平建设辽宁自由贸易试验区,把大连建设成为辽宁面向东北亚开放的桥头堡和中国北方对外开放的重要门户。加快沈阳东北亚创新中心建设,打造"中国制造2025"国家级示范区,推进中德(沈阳)高端装备制造产业园建设,创建沈抚新区开放创新示范区,打造大连东北亚国际航运中心。推动"辽满欧""辽蒙欧""辽海欧"交通运输国际大通道建设,构建面向东北亚开放的多式联运国际物流体系。大力推进"辽蒙新"通道建设,融入丝绸之路经济带新通道,积极参与中蒙俄、中巴、中国—中亚—西亚等"一带一路"经济走廊建设。加强投资贸易和产能合作,打造一批优势成套设备出口基地。实施辽宁文化品牌走出去行动计划,加大人文交流力度。深度融入中蒙俄经济走廊,携手打造东北亚命运共同体。加强与俄罗斯远东地区经济合作,积极参与"冰上丝绸之路"建设。

第六章　战略要地：凸显沿边地缘价值

"一带一路"倡议陆上建设以六大经济走廊为重点，打造海上战略支点，并与共建国家实施战略对接，建立起一个得到广泛参与的区域经济一体化机制，防范并破解中国可能面临的海陆两个方向受到的战略围堵，延长我国的战略纵深，实现"一体两翼"的大国崛起布局，更加凸显了沿边地区在我国对外开放的总体布局中的战略价值。

一、西南地区：打造睦邻友好带

西南地区接壤南亚次大陆与中南半岛，直通印度洋，地处亚欧大陆中心，是陆路交通和海洋交通的交汇地带，也是中国南下东南亚，西进南亚、西亚的重要战略要道，这里有西南丝绸之路、茶马古道、马援古道（滇越商道）等，特别是位于喜马拉雅山脉北部的西藏，扼守南亚进出东亚青藏高原的重要通道，肩负着保卫边疆安全、保卫祖国安全和维护边疆稳固的重大责任，极具地缘战略价值。西南地区地缘环境与安全威胁异常复杂，安全威胁内外兼有，大国在东南亚、南亚与中南半岛的竞争加剧，中印边界争论犹存，传统与非传统安全威胁相互交织。近代以来，西南地区也与祖国的其他边疆地区一样，遭受到帝国主义的入侵和蚕食。我国西藏段南部、西部以及印度的萨地亚、穆尔贡塞莱格、提斯浦尔、伯尔贝达、库奇比哈尔、庞措林、大吉岭和克什米尔的久马登、列城、克伯卢、龙杜、萨罕等附近地区，早在唐代吐蕃时期已属西藏管辖。

《甲波迦塘》记载"赤松德赞攻破吐谷浑,把百姓移于门隅"。元朝设甲瓦万户管理门隅和珞瑜。清代,由于清朝廷护边不力,英国人蚕食了门达旺南部的部分领土。① 近代,西部边境领土屡遭割占。新中国成立后,我国挫败了帝国主义势力和部分邻国蚕食我国领土的野心,但印度仍在不断危害我国边疆,并与境外三股势力交织在一起,维护祖国边疆稳固和安全的斗争仍然艰巨。西南地区在我国对外开放总体布局中的战略价值体现在以下几点。

第一,西南地区是中国边疆的重要门户和"一带一路"国际大通道,地缘战略地位十分重要。党的十八大以来,以习近平同志为核心的党中央把边疆治理摆在治国理政的重要位置,提出"治国必治边,治边先稳藏"的战略思想,② 彰显了西藏工作在党和国家全局中的重要战略地位。西藏位于我国面向南亚的前沿地带,巍峨蜿蜒于青藏高原最南缘的喜马拉雅山高峻雄伟,是保障中国安全的天然屏障,更是我国乃至亚洲的生态安全屏障,作为我国和亚洲多条著名河流发源地,长江、澜沧江、雅鲁藏布江、怒江、印度河、恒河等都发源于此,冰川众多,水资源十分丰富。同时,西南地区也是我国战略资源储备基地和生物多样性宝库。

第二,西南地区是"一带一路"国际大通道的咽喉之地。西南地区所靠近的东亚、南亚及印度洋地处世界交通要冲,尤其是印度洋,扼守太平洋和大西洋之咽喉,东面马六甲海峡,西北控波斯湾、阿拉伯海,西向红海及地中海,西南临东非、南非等地区。中国虽属于太平洋国家,但也与印度洋有着密切关系。印度洋海上通道安全是中国能源和资源运输通畅的充分条件,对于大西洋和太平洋周边国家也具有重要意义。随着中国的迅速崛起,中国在全球范围内政治、经济、军事、文化和安全

① 谭其骧.中国历史地图集(清代卷)[M].北京:中国地图出版社,1987.
② 陈凡,蓝国华.治国必治边 治边先稳藏[EB/OL].(2019-09-03)[2020-08-30].http://theory.people.com.cn/n1/2018/0903/c40531-30268917.html;姜洁.万里边疆展新颜——党的十八大以来边疆地区发展成就综述[N].人民日报,2022-06-17(2).

利益日益增多,印度洋在中国全球战略中的地位也日益凸显。

第三,中国的迅速崛起及对能源的巨大需求越来越引起西方战略家的关注。2019 年我国原油进口量为 50572 万吨,同比增长 9.5%,原油对外依存度 70.8%,对外依存度持续攀升。随着我国经济的快速发展,对能源的依赖程度越来越大,国内的原油生产已经远远不能满足发展需要,能源已成为我国经济社会发展中的难点问题。中国原油进口通道虽然有中哈、中俄、中缅等原油管道,但原油进口过分依赖海上运输的局面仍然没有改变,其中 80% 都经由马六甲海峡。

第四,西南地区地缘政治影响日趋明显。美国高调"重返亚太",其战略重心向亚太转移,以南海为突破口,直接引起少数周边邻国借势抗衡我国,激化我周边领土海域争端,其目的是遏制中国的发展和崛起,且不断与我国周边国家联合进行军演以威慑中国。这不仅损害了中国与周边国家的睦邻友好关系,对我国西南边疆地区的安全、稳定与发展构成了多方面且较为严重的威胁,而且也将制约我国"一带一路"建设在西南方位的实施效果。

第五,西南地区是我国重要的国家安全屏障。如前所述,党中央不仅将西南地区特别是西藏放在关乎国家安全和稳定的重要战略地位,而且也考虑到了西南地区对于东亚、南亚及印度洋的地缘价值,历代党中央高度重视西南地区特别是西藏工作,非常重视西南地区的战略地位。以习近平同志为核心的党中央领导集体继承和发展了历代党中央对西南地区特别是西藏工作的高度重视。与此同时,《推动共建丝绸之路经济带和 21 世纪海上丝绸之路的愿景与行动》将广西定位为"构建面向东盟的国际大通道,打造西南中南地区开放发展新的战略支点,形成'一带一路'有机衔接重要门户",将云南定位为我国向西南开放的重要"桥头堡"和"面向南亚、东南亚的辐射中心"。① 这一定位彰显了广

---

① 推动共建丝绸之路经济带和 21 世纪海上丝绸之路的愿景与行动[N].人民日报,2015-03-29(04).

西、云南在中国面向西南开放中的前沿性、重要性和带动性。2013年3月，习近平总书记在参加十二届全国人大一次会议西藏代表团讨论时，发表重要讲话指出"我对祖国这片雪域高原和生活在那里的各族干部群众有很深的感情""西藏是我国重要的国家安全屏障和生态安全屏障，在党和国家战略全局中居于重要地位"，并提出了"治国必治边，治边先稳藏"的战略思想①。改革开放以来，中央先后召开七次西藏工作座谈会，每次都根据现实情况作出重大决策部署。2015年8月，中央召开第六次西藏工作座谈会，在这次会议上，习近平总书记特别强调西藏工作关系党和国家工作大局，并明确了新时期党的治藏方略。2020年8月28日至29日中央第七次西藏工作座谈会在北京召开，全面总结了中央第六次西藏工作座谈会以来的工作成绩和经验，深入分析了当前西藏工作面临的形势，阐释了新时代党的治藏方略和做好西藏工作的指导思想，明确了当前和今后一个时期西藏工作的目标任务、方针政策、战略举措。根据党的十八大以来西藏工作面临的形势和任务发生的深刻变化深化了对西藏工作的规律性认识，总结了党领导人民治藏、稳藏、兴藏的成功经验，形成了新时代党的治藏方略，即必须坚持中国共产党领导、中国特色社会主义制度、民族区域自治制度，必须坚持治国必治边、治边先稳藏的战略思想，必须把维护祖国统一、加强民族团结作为西藏工作的着眼点和着力点，必须坚持依法治藏、富民兴藏、长期建藏、凝聚人心、夯实基础的重要原则，必须统筹国内国际两个大局，必须把改善民生、凝聚人心作为经济社会发展的出发点和落脚点，必须促进各民族交往、交流、交融，必须坚持我国宗教中国化方向、依法管理宗教事务，必须坚持生态保护第一，必须加强党的建设特别是政治建设。新时代党的治藏方略是做好西藏工作的根本遵循，必须长期坚持、全面落实。这"十个"必须充分体现了以习近平同志为核心的党中央治边稳

---

① 社论.确保西藏长足发展和长治久安[N].人民日报,2015-09-06(04).

藏的战略思想。在新时代,面对新形势、新任务,赋予西藏工作以新的内容,为做好新时代西藏工作提供了根本遵循,是指导新时代西藏工作的纲领性文献。

第六,打造"睦邻友好带"是沿边开发开放的核心任务。百年变局,首看周边;大国之路,始于周边。西南地区的地缘战略价值对于营造和平发展所必需的国际环境意义重大,西南地区边境线长、邻国众多,无疑应当成为建设和谐周边的主要进取方向。在2013年召开的周边外交工作座谈会上,习近平总书记指出,我国周边外交的战略目标,就是服从和服务于实现"两个一百年"奋斗目标、实现中华民族伟大复兴,全面发展同周边国家的关系,巩固睦邻友好,深化互利合作,维护和利用好我国发展的重要战略机遇期,维护国家主权、安全、发展利益,努力使周边同我国政治关系更加友好、经济纽带更加牢固、安全合作更加深化、人文联系更加紧密。我国的历史发展进程与周边地区密切相连,与周边国家的战略利益、战略理念方向相近。加大沿边开发开放,有利于在周边建立起一个广泛参与的区域经济一体化机制、战略协作平台,集结起一支不同于西方世界的国际政治力量,这不仅有利于维护国内改革发展、稳定大局,为民族复兴营造良好外部环境,也有利于拓展深化对外合作,为我国走向世界舞台中央提供坚实依托。加大沿边开发开放,不断巩固睦邻友好与互利合作,有利于为我国建设海洋强国提供地缘战略纵深。要建设海洋强国,必须实现国家地缘战略定位由"陆上大国"向"陆海大国"的转变。而要实现这种转变,必须打造稳固的陆上战略纵深和战略后方,将扩大陆权与扩大海权相结合,最大限度发挥我国陆海兼备的地缘战略优势,构建周边区域安全架构。

二、西北地区:打造战略稳定带

西北地区位于亚欧大陆中部边缘,内连内陆省份,外接中亚诸国,自古以来就是保卫中原大地和国家安全的重要屏障和战略支撑。其中新疆位于我国西北边陲,与中亚五国同处欧亚大陆腹地,周边与俄罗斯、哈萨克斯坦、吉尔吉斯斯坦、塔吉克斯坦、巴基斯坦、蒙古国、印度、阿富汗8国接壤,在历史上是古丝绸之路的重要通道,也是亚欧大陆桥的必经之地,是丝绸之路经济带核心区,战略位置十分重要。中亚由于重要的地缘战略地位和丰富的自然资源,历来是各种政治力量竞相角逐的战略要地,特别是民族分裂势力、宗教极端势力、恐怖主义势力"三股势力"的泛滥,对我国西北地区安全、社会稳定及经济发展构成了极大的威胁和破坏。我国西北地区民族较多,民族宗教问题复杂。其中新疆独特的地理位置和地缘环境,使新疆处在西方敌对势力"西化""分化"我国的最前沿,目前新疆已经成为中国与中亚国家发展经济合作的重要承接地和聚合点,同时成为中国向西开放的前沿阵地。随着丝绸之路经济带建设的深入推进,中亚各国经济也得到快速发展。

新疆是我国在西北地区的重要安全屏障,是我国与中亚、西亚地区的重要国际通道,战略地位特殊,因此做好新疆工作意义重大。

第一,新疆是我国西北的战略安全屏障。新疆位于我国西北边陲,雄踞西北,地处亚洲腹心,是世界岛"心脏地带"的重要组成部分,是古丝绸之路和中西交通的必经之路,也是古代三大文明的交汇地,战略地位非常重要,向来为地缘政治学家所关注。从汉代控西域以"断匈奴之右臂",到清末左宗棠之"重新疆者所以保蒙古,保蒙古者所以卫京师,臂指相联",有虞必及于臂,进而影响心脏和全身,都证明了新疆的战略地位和价值,遂有左宗棠舆榇出关、湖湘子弟定天山的历史壮举。民国时期著名历史学家朱希祖在曾问吾《中国经营西域史》题序中指出:"西域一地,在吾国常人视之,以为边疆,无足轻重;而以亚洲全局观之,实为中枢。""吾国新疆为西域最要区域,吾国得之,足以保障中原、控制蒙古;俄国得之,可以东取中国、南略印度;英国得之,可以囊括中亚细亚,纵断西伯利亚,故在昔英俄二国,已各视此为禁脔。""盖汉弱匈奴,唐灭突厥，必先征定西域，巩固河湟；宋明失西域，则侵凌于辽金，灭亡于满蒙；若夫南宋南明，皆退婴南服，终至退无可退，或亡于粤海，或亡于滇边，立国之道，譬如逆水行舟，不进则退，势使之然也！"①由此可见，新疆是战略重地，得失须臾，攻守异势，生死攸关。新疆山脉与盆地相间排列，形成"三山夹二盆"，即北部有阿尔泰山，南部为昆仑山系，中部横亘着天山，把新疆分为南北两半。天山北部是准噶尔盆地，南部是塔里木盆地，塔里木盆地以西是青藏高原西北的帕米尔高原。青藏高原北部边缘的昆仑山脉、南部边缘的喜马拉雅山脉，还有东西走向横贯高原的冈底斯山、唐古拉山、喀喇昆仑山等山脉，朝向四面八方，纵横万里，犹如一条条拱起的脊梁，撑起了这块地球上最大的陆地，成为我国西部的天然的保护屏障。同时，新疆面积达166多万平方公里，有着巨大的战略纵深。2010年，笔者拜访了原兰州军区司令员李乾元上将，上将也表示西部的威胁最为复杂持久，最需以强大的军事实力和坚决的军事行动来维护西部稳定。

第二，新疆是丝绸之路经济带核心区。新疆地处新亚欧大陆大通道的咽喉，拥有独特的区位优势。丝绸之路经济带有三大走向：从中国西北、东北经中亚、俄罗斯至欧洲、波罗的海；从中国西北经中亚、西亚至波斯湾、地中海；从中国西南经中南半岛至印度洋。其中有两大方向涉及新疆。根据丝绸之路经济带的三大合作方向，按照共建"一带一路"的合作重点和空间布局所提出的"六大走廊"主体框架中有"三大走廊"涉及新疆，即新亚欧大陆桥、中国—中亚—西亚、中巴三大国际经济合作走廊。通过中国西出南下的战略通道，连接波斯湾、地中海和波罗的海的合作通道，为构建东西方高效畅通的亚欧大市场提供了可能。而新疆正是扼守东西方陆路的交通要道，是我国向西开放的重要门户。出河西走廊以后，由新疆进入中亚的线路依天山分为北疆和南疆两线：

---

① 朱希祖.序言[M]//曾问吾.中国经营西域史.北京：商务印书馆，1936：1.

北路西端有阿拉山口和伊犁河道等,在南路西端则有别迭里山口、乌孜别里山口、瓦罕走廊及和喀喇昆仑山口等。这些通道将充满活力的东亚经济圈与发达的欧洲经济圈联系在一起,促进了中国与中亚、南亚、西亚乃至欧洲的经济贸易交流,也为地处"一带一路"合作伙伴、位于亚欧大陆腹地的广大国家提供了发展机遇。

第三,新疆是全国重要的能源储备基地。新疆地域辽阔,能源资源富集,自然资源丰富,是我国重要的能源资源和矿产资源战略储备区。截至2022年10月,已发现各类矿产153种,位居全国各省区前列。其中矿产储量居全国首位的有12种,包括铍、钠硝石、白云母、陶瓷土、蛭石等,居全国前十位的有78种。新疆的石油、天然气、煤炭、铜镍、稀有金属、铬铁矿、盐类、建材非金属、宝玉石等资源具有明显的优势和远景。据全国第二次油气资源评价,新疆石油预测储量占全国陆上石油资源量的30%;天然气预测储量占全国陆上天然气资源量的34%;煤炭预测储量占全国预测储量的40%。新疆还具有丰富的自然旅游资源和人文旅游资源,被誉为"天然博物馆"。这里有丝路漫漫、驼铃声声,有大漠孤烟、长河落日,有浩浩长风、羌笛杨柳,有雄伟高山、浩瀚沙漠、茫茫戈壁;这里冰川雪峰与戈壁瀚海共生,浩瀚沙漠与青青绿洲相邻,炎炎火洲与高耸冰山相依,天光云影与山川湖泊相映;这里有驰名中外的高昌、交河、楼兰遗址,有天池、喀纳斯湖、赛里木湖、巴音布鲁克天鹅湖等多处高山湖泊,有许多温泉、热气泉、冰川等奇特自然景观,还有奇台将军戈壁的硅化木石林和典型雅丹地貌的乌尔禾魔鬼城、阜康五彩城、哈密五堡等古城堡及柯尔克孜千佛洞、库木吐拉千佛洞、龟兹古城遗址和古佛塔等旅游景区;这里是歌舞之乡、瓜果之乡、黄金玉石之乡;这里是东西方文化的交融地,民族风情浓郁,少数民族文化绚丽多彩,是中华民族文化宝库的重要组成部分。

第四,新疆是反恐怖、反渗透、反分裂的前沿阵地和主战场。反分裂斗争具有长期性、尖锐性、复杂性,"三股势力"在新疆的分裂破坏活动由来已久，从来就没有停止过。无论过去还是现在，"三股势力"把新疆从祖国的怀抱中分裂出去的企图没有改变。其总根源是"泛伊斯兰主义""泛突厥主义"在新疆的遗毒，在其影响下，民族分裂、宗教极端、暴力恐怖"三股势力"相互勾结、兴风作浪，成为危害社会的毒瘤。近年来，"三股势力"打着民族的幌子、披着宗教的外衣，编造歪理邪说蛊惑群众，鼓吹宗教狂热，煽动民族仇恨，制造暴力恐怖案件，妄图达到分裂祖国的罪恶目的。他们滥杀无辜，灭绝人性，严重威胁着各族群众的生命财产安全。这是对各族群众基本人权的严重践踏、是对法治尊严的严重损害、是对文明底线的严重挑战，充分暴露了其反人类、反社会、反文明的真实面目。因此，新疆社会稳定和长治久安，关系全国改革发展稳定大局，关系祖国统一、民族团结、国家安全，关系中华民族伟大复兴。习近平总书记指出，新疆工作做得好不好，最根本的是要看反分裂斗争搞得怎么样，是不是保持了安定团结的政治局面、和谐稳定的社会局面。①

　　党中央历来高度重视新疆工作。党的十八大以来，以习近平同志为核心的党中央统筹国内国际两个大局，三次召开中央新疆工作座谈会，多次召开中央政治局常委会会议、中央政治局会议研究新疆工作，科学分析新疆形势，深刻阐述新疆工作的一系列重大理论和实践问题。特别是习近平总书记于 2014 年和 2022 年亲临新疆考察，从战略和全局高度审视、谋划、部署新疆工作，丰富和发展了党的治疆方略，为做好新形势下新疆工作提供了根本遵循。2020 年 9 月 25 日至 26 日，第三次中央新疆工作座谈会在北京召开，这次中央新疆工作座谈会是在新疆工作面临新形势新任务的关键时刻召开的一次十分重要的会议，对于推动新疆社会稳定和长治久安、维护国家统一和安全具有重大现实意义和深远历史意义。习近平总书记的重要讲话全面总结了第二次中央新疆工作座谈会以来新疆工作取得的重大成效，深入分析了当前新疆

---

① 新疆日报评论员：坚定不移围绕总目标谋划推进新疆工作[EB/OL].（2018-05-31）[2021-07-01].
http://theory.people.com.cn/n1/2018/0531/c40531-30026525.html.

工作面临的形势,深化了对治疆规律的认识和把握,在继承和发扬我党70多年治疆经验的基础上,形成了新时代党的治疆方略,即坚持从战略上审视和谋划新疆工作,坚持把社会稳定和长治久安作为新疆工作总目标,坚持以凝聚人心为根本,坚持铸牢中华民族共同体意识,坚持我国宗教中国化方向,坚持弘扬和培育社会主义核心价值观,坚持紧贴民生推动高质量发展,坚持加强党对新疆工作的领导。这一方略蕴含着对新疆局势的深刻洞察和对新疆工作的深邃思考,揭示了新疆工作的内在规律,回答了一系列根本性、方向性、战略性问题,是做好新时代新疆工作的纲和魂,是指导新时代新疆工作的纲领性文献,为做好新时代新疆工作指明了前进方向,提供了根本遵循。

第五,打造西部地区战略稳定带。推进"一带一路"建设和沿边地区开发开放的过程,也是中国在推动西部周边安全稳定上发挥负责任大国的作用、打造西部周边战略稳定带的过程。中国应更加积极主动塑造周边安全环境,成为地区和平稳定之锚,加快西部地区战略稳定带的形成,积极同周边国家开展反恐等安全合作,共同防范和打击"三股势力"的渗透,抵御霸权国家给中国制造的安全威胁,提供安全保障,这有利于破解美国的战略围堵,建立稳固的地缘战略纵深。加快沿边地区开发开放,加强西部地区安全战略纵深的建立,将有效扩大中国的战略回旋空间,降低对抗,还可密切与中东海湾地区国家的关系,推动亚欧大陆经济的整合,牵制美国战略中心东移,维护国家边疆安全。

三、北方地区:打造经济合作带

位于沿边北部的内蒙古,处于我国正北方,与俄罗斯、蒙古国接壤,边境线长达4221公里。现有口岸19个,其中17个分布在边境旗、市,构筑起了全方位的向北开放口岸体系。内蒙古与甘肃、陕西等8个省份毗邻,紧靠京、津两大都市和京津冀、环渤海经济圈,是中蒙俄经济走廊建设的重点区域，是国家重要生态屏障和向北开放的重要窗口，也是祖国的"北大门"、首都的"护城河"，对保障国家生态安全以及促进北方地区民族团结、繁荣发展和边疆稳固具有不可替代的重要作用。

内蒙古自治区成立于 1947 年，统一区域自治的实现，结束了千百年来内蒙古地区被分割统治的局面和民族纷争的历史。内蒙古地区是中华民族古老历史的摇篮之一，也是古代中国北方少数民族生息繁衍的地方。秦汉时期的内蒙古地区具有重要的政治、军事地位，这里既是北方游牧民族繁衍生息的乐园，也是中原王朝与匈奴展开激烈军事争夺的主战场。居住在这里的汉人与匈奴等少数民族之间在经济、文化等方面的碰撞、融合始终没有中断，农耕文明与游牧文明交融，为多元一体的中华文明的最终形成做出了巨大贡献。纵观历史，横跨欧亚大陆的俄罗斯，从沙俄时期至今，一直是中国北方最大的邻国和影响中国国家安全最重要的因素之一，中俄之间有漫长的边境线，俄罗斯作为世界大国，拥有雄厚的军事技术实力和丰富的石油天然气资源，是中国全面建成社会主义现代化强国可以借助的力量。但与强国为邻就像一把双刃剑，俄罗斯对中国安全的影响是其他周边国家无法比拟的。中国必须警惕美日对蒙古的政治、军事、经济等方面的大力渗透，防止美日利用蒙古在东北亚地区的特殊地理位置"打蒙古牌"，防止蒙古成为美日两国监视中国、制衡中俄战略协作伙伴向纵深发展的桥头堡。要警惕泛蒙主义思潮在中国的影响，进一步加强中蒙政治、经济合作，使中蒙关系健康发展。因此，内蒙古是控制中国北方地区的战略制高点，是咽喉要地，肩负着我国向北开放的桥梁和窗口的使命，是北方重要的沿边经济带，也是祖国北部边疆的亮丽风景线，在中蒙俄经济走廊建设中将发挥更大作用。

内蒙古是中蒙俄经济走廊的重要组成部分，是向北开放的新引擎，要发挥内蒙古联通俄蒙的区位优势，《推动共建"一带一路"的愿景与行动》规划将中蒙俄经济走廊建设放在国际经济合作"六大走廊"中的首位,①内蒙古独特的区位优势,决定了内蒙古在中俄蒙经济走廊中具有举足轻重、不可替代的地位。首先,中蒙经济互补性及契合度非常强,这是深化合作的基础,中俄、中蒙存在产业结构、市场结构的差异性和经济技术的互补性,经济依存度及关联度较高,双边经济融合度较高,有进一步深化的潜力;同时,我国需要的能源矿产资源,正是蒙古国、俄罗斯的优势所在。这种经济互补将使双方互惠互利,实现双赢。中俄蒙开展产能合作是三方共同的发展诉求,无论是我国城镇化、工业化的纵深推进,还是俄罗斯远东开发或是蒙古国"草原之路"战略的提出,都从不同程度将三方产能方面的国际合作提上重要日程,并把产能合作作为各自增长的重要引擎。加强中俄蒙之间在产能方面的合作,并以产能合作为切入点,引领其他多领域深度合作,以期为各自的发展构筑和平稳定的内外发展环境。需积极推动清洁、可再生能源合作;促进农牧业产业合作、水资源合作、生态保护、新一代信息技术、生物制药、蒙医药、新材料等新兴行业产业领域的深入合作。其次,中俄、中蒙之间的友谊源远流长,我国的蒙古族与蒙古国人民语言相通、风俗习惯相近,民间交往频繁。内蒙古不仅有连接内地与蒙古国、俄罗斯的草原丝绸之路、古茶路、古盐路等历史古道,也有与两国之间在经贸往来、地区合作、文化交流等方面的密切认同。其三,内蒙古具有独特的区位交通优势。依托满洲里口岸,内联东北(黑吉辽、蒙东)经济区、大连港、锦州港,外接俄罗斯欧亚大铁路至欧洲腹地,打造满洲里开发开放试验区和呼伦贝尔中俄蒙合作先导区;依托二连浩特口岸,内联京津冀经济区、天津港、秦皇岛港,外接蒙古国乌兰巴托铁路,与俄罗斯欧亚大铁路连接,直至欧洲腹地,打造以呼包鄂为核心的沿黄河沿交通线经济带;依托京包、包兰、兰西铁路,共建中亚经贸大通道以及连通中国、中亚、西亚的经济走廊;依托甘其毛都口岸,共建向北连接蒙古国新计划的铁

---

① 国家发展改革委,外交部,商务部.推动共建丝绸之路经济带和21世纪海上丝绸之路的愿景与行动[N].人民日报,2015-03-29(04).

路，联通蒙古国南部集聚区；依托珠恩嘎达布其口岸和二连浩特口岸，共建二连浩特经锡林浩特至锦州港大通道，连接锦州港、营口港及环渤海经济区。同时，利用其独特的区位交通优势，打造内陆型经济开发开放高地、对蒙俄自由贸易区、陆路国际港务区和国际合作示范区。

党的十八大以来，以习近平同志为核心的党中央高瞻远瞩、情系草原，立足全局谋划内蒙古经济社会发展，为祖国北部边疆制定了清晰的行动纲领、提供了不竭的发展动力，指明了内蒙古的前进方向。习近平总书记对内蒙古的长远发展提出了清晰的战略指引，即"希望内蒙古各族干部群众守望相助"，把内蒙古建成"我国北方重要生态安全屏障""祖国北疆安全稳定屏障"，"把内蒙古建成我国向北开放的重要桥头堡"。① 守，就是守好家门，守好祖国边疆，守好内蒙古人民美好的精神家园；望，就是登高望远，规划事业、谋求发展要跳出当地、跳出自然条件限制、跳出内蒙古，要有宽广的世界眼光，有大局意识；相助，就是各族干部群众要牢固树立平等团结互助和谐的思想，各族人民要拧成一股绳，共同守卫祖国边疆，共同创造美好生活。要通过扩大开放促进改革发展，发展口岸经济，加强基础设施建设，完善同俄罗斯、蒙古国的合作机制，深化各领域合作，弘扬"蒙古马精神"，把内蒙古打造成为我国向北开放重要桥头堡，快马加鞭推动经济社会生态安全各项事业迈上新台阶，把祖国辽阔的北部边疆建设得更加亮丽。

加快沿边地区开发开放，推动中蒙俄经济走廊建设，对接"丝绸之路经济带"与俄罗斯的"跨欧亚发展带"、蒙古国的"草原之路"，打造向北经济合作带，将有利于深化中俄蒙三国友好合作，夯实三国国家关系的物质基础；有利于将三国间的经济合作推上新的高度，促进三国政治与安全关系的深化，激活我国的陆桥潜力。随着中蒙俄经济走廊建设合作的推进，三国间人员友好往来、人文交流必将更加频繁，从而增进相互理解、加深

① 习近平:内蒙古各族干部群众要守望相助[EB/OL]. (2017-08-08)[2020-10-24]. https://news.cctv.com/2017/08/08/ARTImrjryG8Gw5glUAlERUm2170808.shtml.

睦邻友好。中蒙俄经济走廊有望在"一带一路"建设合作中发挥示范和引领作用。中蒙俄经济走廊建设顺应区域经济一体化的大潮,有利于打造北亚新型区域经济板块,将极大地改变亚欧大陆的地缘战略格局。

四、东北地区:打造发展安全屏障

东北地区包括辽宁省、吉林省、黑龙江省和内蒙古自治区东部"三市一盟"(呼伦贝尔市、兴安盟、通辽市、赤峰市)。从地理位置看,东北地区西与蒙古国接壤,东北与俄罗斯隔江而邻,东南与朝鲜半岛为邻,地处东北亚的中心,是中国华北的门户和战略缓冲地区,向外可以辐射朝鲜半岛和俄罗斯远东地区,向内可以作为防御华北的安全屏障,战略位置十分重要,是安全战略上的"锁钥"。1945年在日本投降前夕,毛泽东就注意到东北的重要性,5月31日,毛泽东在党的七大报告中明确指出:"东北是一个极其重要的区域,将来可能在我们的领导下。如果东北能在我们领导之下,那对中国革命有什么意义呢?我看可以这样说,我们的胜利就有了基础,也就是说确定了我们的胜利。"①习近平总书记指出,东北地区是我国重要的工业和农业基地,维护国家国防安全、粮食安全、生态安全、能源安全、产业安全,战略地位十分重要,关乎国家发展大局。②

东北地区是我国向北开放的重要窗口以及和东北亚地区合作的中心枢纽。首先,东北地区具有较好的区位优势。从地理位置看,东北地区位于环渤海经济圈,处于东北亚地区核心地带,具有明显的区位优势。东北亚地区包括中国东北地区、朝鲜半岛、日本列岛、俄罗斯远东地区,地缘位置重要,发展空间广阔,在国际政治经济格局中占有举足轻重的战略地位,具有很大的发展潜力。从国家战略看,深入实施东北

---

① 中共中央文献研究室,编.毛泽东在七大的报告和讲话集.北京:中央文献出版社,1995:218.
② 2018-9-29新闻和报纸摘要全文[EB/OL].(2018-09-29)[2020-04-21].http://china.cnr.cn/news/20180929/t20180929_524373284_1.shtml.

振兴战略、推进"一带一路"建设和中蒙俄经济走廊建设,将进一步加强与东北亚的开放合作。近年来,中日韩积极推进自由贸易区的谈判,推进贸易投资自由化和便利化的意愿都明显增强,三国已经签署了区域全面经济伙伴关系等协定,这些对东北地区都是利好消息。黑龙江实施"大沿边"开放战略,加快建设沿边开发开放先导带、沿边开发开放支撑带、沿边开发开放带动区;吉林加快建设中国图们江区域(珲春)国际合作示范区,推动中朝陆海国际大通道建设;辽宁积极推进"一带一路"综合试验区建设,加快建设东北亚开放门户。其次,东北地区具有丰富的自然资源。在东北广袤的黑土地上,有一望无际的森林、丰富的石油和煤炭等资源。铁矿、金矿、钼矿、镍矿和铝土矿等矿产资源都居全国前列;硼、菱美石、金刚石、滑石、玉石等矿藏储量更是居全国首位。在目前全国已探明的主要矿藏储量中,东北地区的铁矿石储量占22%,石油储量占45%,原煤储量占10%,镁矿、金矿、钼矿、镍矿和铝土矿都居全国前列;东北地区的森林面积8.67亿亩,约占全国森林面积总和的50%。东北地区的农业在全国具有重要地位,是实现国家粮食安全的重要保障,东北三省粮食产量约占全国粮食总产量的20%。第三,东北地区有较好的重型工业基础,是新中国工业的摇篮,种类繁多,而且处于国内领先地位,石油开采、石油化工、钢铁和有色金属冶炼、重型机械制造、发电设备制造、造船、机车、汽车和飞机制造、机床制造等资本与技术密集型工业在全国都占有重要地位,是全国工业行业最全的地区之一,为国家的改革开放和现代化建设做出了历史性的重大贡献。第四,东北地区具有发达的交通运输条件,铁路营业里程占全国的18.3%,铁路的密度高于全国平均密度,公路通车里程占全国公路总里程的8.8%,大连港和营口港的货物吞吐量占主要港口吞吐能力的8.8%。"一带一路"建设有助于东北地区实现沿海、沿边、内陆开放的有效对接,为东北老工业基地振兴、沿边开发开放建设提供重要的发展机遇。深入推进沿边开发开放建设与"一带一路"建设相结合,借力丝绸之路经济带建设和中蒙俄经济走廊建设,实现沿边开放与向东北亚开放的衔接与叠加,打造对外开放新格局。

党的十八大以来,以习近平同志为核心的党中央高度重视东北老工业基地振兴发展,习近平总书记多次到东北三省考察,实地了解东北经济社会发展情况,就深入推进东北振兴提出了6个方面的重点要求:以优化营商环境为基础,全面深化改革;以培育壮大新动能为重点,激发创新驱动内生动力;科学统筹精准施策,构建协调发展新格局;更好支持生态建设和粮食生产,巩固提升绿色发展优势;深度融入共建"一带一路",建设开放合作高地;更加关注补齐民生领域短板,让人民群众共享东北振兴成果。^① 这一讲话为推进新时代东北全面振兴和开发开放指明了前进方向、提供了根本遵循。东北地区广大干部群众应以习近平新时代中国特色社会主义思想为指导,一以贯之学习贯彻习近平总书记在深入推进东北振兴座谈会上的重要讲话和考察东北做出的一系列重要指示精神,坚守初心担使命,重振雄风再出发,奋力谱写中华民族伟大复兴中国梦的东北雄起新篇章。

深入推进沿边地区开发开放,需要打造发展与安全屏障。东北亚是大国集中的地区,是中国利益集中区,同时也是安全机制薄弱的地区,既有冷战遗留的问题,也存在现实隐患问题,这都直接影响中国的发展与安全。高质量推进共建"一带一路",推进东北全面振兴,加大对外开放,保持经济社会持续健康发展,增强自我发展实力,提升中国对外影响力,将有利于处理东北亚热点问题,避免突发事件干扰中国和平发展的大局。要倡导新发展格局的发展与安全观,推动东北亚安全机制建设,营造中国和平发展的地缘环境。积极发展与东北亚各国的双边经济合作与安全合作,加强对话与交流,进一步增进互信,促进地区和平发展与稳定,构建东北发展与安全屏障。

---

① 习近平在东北三省考察并主持召开深入推进东北振兴座谈会[EB/OL]. (2018-09-28)[2020-08-08]. https://www.gov.cn/xinwen/2018-09/28/content_5326563.htm.

第七章　携手并进:沿边开放成效显著

2013 年以来,共建"一带一路"倡议以政策沟通、设施联通、贸易畅通、资金融通、民心相通为主要内容,扎实推进,取得了明显成效,一批具有标志性的项目开始建成,参与国家得到了看得见的益处,人民得到了实实在在的好处,提升了参与"一带一路"的认同感、获得感,参与度不断增强。

一、政策沟通:战略对接谋共识

政策沟通是共建"一带一路"的重要保障,是形成携手共建行动的重要先导。中国有句古话:"夫物之不齐,物之情也"(《孟子·滕文公上》)。每个国家都有符合自己利益的发展战略规划,而好的发展战略之间应该是"道并行而不相悖"的。2016 年 4 月 29 日,习近平总书记在中共中央政治局第三十一次集体学习上的讲话中指出,"'一带一路'建设不应仅仅着眼于我国自身发展,而是要以我国发展为契机,让更多国家搭上我国发展快车,帮助他们实现发展目标"[1]。中国提出的"一带一路"倡议是一个开放体系,其目的不仅是实现自身发展,更考虑和照顾了其他国家的利益,最终实现共赢共享发展。随着各国政策沟通走向深入,"一带一路"倡议的共建也正在形成无缝对接。

---

[1]　习近平:借鉴历史经验创新合作理念 让"一带一路"建设推动各国共同发展(2016 年 4 月 30 日)[EB/OL].(2016-4-30)[2023-06-08]. http://www.gov.cn/xinwen/2016-04/30/content_5069523.htm.

第一,共建"一带一路"倡议已经载入国际组织重要文件。共建"一带一路"倡议及其核心理念已写入联合国、二十国集团、亚太经合组织以及其他区域组织等有关文件中。2015 年 7 月,上海合作组织发表了《上海合作组织成员国元首乌法宣言》,支持关于建设"丝绸之路经济带"的倡议,利用该倡议为推进上合组织经济合作创造有利条件。2016 年 9 月,《二十国集团领导人杭州峰会公报》通过关于建立"全球基础设施互联互通联盟"倡议,以加强基础设施互联互通项目的整体协调和合作。2016 年 11 月,联合国 193 个会员国协商一致通过决议,欢迎共建"一带一路"等经济合作倡议,呼吁国际社会为"一带一路"建设提供安全保障环境。2017 年 3 月,联合国安理会一致通过了第 2344 号决议,呼吁国际社会通过"一带一路"建设加强区域经济合作,敦促各方为"一带一路"建设提供安全保障环境、加强发展政策战略对接、推进互联互通务实合作等,并首次载入"人类命运共同体"的重要理念,体现了国际社会的共识,彰显了中国理念和中国方案对全球治理的重要贡献。

2017 年 9 月,博鳌亚洲论坛巴黎会议的主题是"'一带一路':亚欧战略对接"。会议旨在推动共建"一带一路"倡议同欧盟欧亚互联互通战略对接,致力于尽早达成中欧投资协定,全面有效落实应对气候变化《巴黎协定》,推动世界贸易组织改革朝着有利于各方的正确方向发展。

2018 年,中拉论坛第二届部长级会议、中国—阿拉伯国家合作论坛第八届部长级会议、中非合作论坛峰会先后召开,分别形成了中拉《关于"一带一路"倡议的特别声明》《中国和阿拉伯国家合作共建"一带一路"行动宣言》和《关于构建更加紧密的中非命运共同体的北京宣言》等重要成果文件。将"一带一路"倡议同阿拉伯、拉美发展战略对接,推动中拉各领域务实合作,携手开创发展新空间;与非洲各个层面的发展战略全面对接,推动中非共建"一带一路"再升级;同《东盟互联互通总体规划 2025》对接,促进东亚经济一体化;同时与欧盟的"容克计划"、非洲国家的工业化战略等对接。签署共建"一带一路"政府间合作文件的国家和国际组织数量逐年增加。在共建"一带一路"的框架下,各参与国和国际组织本着求同存异原则,就经济发展规划和政策进行充分交流,协商制定经济合作规划和措施。新冠疫情暴发期间,我国及时同世界卫生组织和国际社会加强沟通协作,分享信息和经验,为全球抗击疫情做出重要贡献,得到国际社会普遍认同和高度评价。

第二,"一带一路"倡议与中国—中亚—西亚、中蒙俄经济走廊方向对接。 通过与哈萨克斯坦的"光明大道"发展战略、俄罗斯的跨欧亚大通道建设、蒙古国的"草原之路"倡议以及塔吉克斯坦2030年前国家发展战略等进行对接,不断夯实命运共同体构建的根基。

哈萨克斯坦"光明大道"发展战略的一个核心是基础设施建设,加强运输基础设施建设,以重点口岸带动周边地区发展,加强地区间公路、铁路和航空运输能力,包括在2015年完成霍尔果斯口岸经济特区基础设施第一期工程以及阿克套等地油气设施建设。"一带一路"倡议同"光明大道"新经济计划目标高度契合,得到哈萨克斯坦积极响应。双方两大构想的互补性将促进中哈经贸和投资合作全方位发展,稳步推动产能和投资合作,积极发展经贸合作,深化能源资源合作,扩大人文合作,加大安全合作力度,加强信息沟通和政策协调,推动更多竞争力强、附加值高的项目落地。

欧亚经济联盟(EAEU)成立于2015年1月1日,成员国包括俄罗斯、哈萨克斯坦、白俄罗斯、吉尔吉斯斯坦和亚美尼亚,五国均是"一带一路"建设的重要合作伙伴。最初成员有俄罗斯、哈萨克斯坦、白俄罗斯,联盟建立后将保障商品、服务、资本和劳动力在三国境内自由流通,并推行协调一致的经济政策。之后又吸收亚美尼亚、吉尔吉斯斯坦加入。2015年5月8日,中俄两国元首签署《关于丝绸之路经济带建设和欧亚经济联盟建设对接合作的联合声明》,开启"一带一路"与欧亚经济联盟对接进程。

蒙古国"草原之路"计划具体包括建设长达997公里的高速公路直

通中俄,同时新建输电线路 1100 公里,并在蒙古国现有铁路基础上进行扩展,对天然气和石油管道进行扩建。蒙古国政府认为,"草原之路"计划将为蒙古国新建交通干道沿线地区带来更多的商机,并可带动当地各类产业的升级改造,促进能源产业和矿业得到新的腾飞。中蒙两国领导人多次表示,"一带一路"倡议与"草原之路"计划高度契合,符合双方共同发展利益。通过丝绸之路经济带与蒙古国草原之路、俄罗斯跨欧亚大铁路的对接,能够打造出一条贯通三国、横跨亚欧大陆的合作新通道,为各国共同发展搭建新的平台。

"一带一路"倡议对接塔吉克斯坦 2030 年前国家发展战略。塔吉克斯坦是中亚地区东部的山地国家,曾是苏联时期最困难的加盟共和国之一。1991 年独立后,塔吉克斯坦曾经历五年的内战,原本便脆弱的经济更是雪上加霜,1999 年时 83% 的塔吉克斯坦民众生活在贫困线以下。为走出经济困境,塔吉克斯坦制定了"实现能源独立、摆脱交通困境、保障粮食安全"三大国家发展战略。中国作为塔吉克斯坦的传统友好邻邦,高度重视与塔吉克斯坦的关系。2013 年 9 月,中国国家主席习近平提出建设"丝绸之路经济带"的倡议,立刻得到了塔吉克斯坦的积极支持和响应。塔吉克斯坦官员多次表示,塔全力支持建设"丝绸之路经济带",将参与"丝绸之路经济带"作为本国摆脱交通困境、保障粮食安全和实现能源独立的重要契机。"一带一路"建设与塔国家战略高度契合,有助于帮助塔吉克斯坦实现稳定和发展。

多年来,对接合作初见成效,中俄在能源、交通、航空航天等领域大项目合作硕果累累,哈萨克斯坦成为"一带一路"产能合作的典范,中白最大经贸合作项目"巨石"工业园建设顺利推进,中吉、中亚的发展战略对接也呈现出新面貌,矿业开采、电力、交通通信基础设施、农业生产等领域一大批重大项目在塔吉克斯坦落地。2015 年 7 月 9 日,中、蒙、俄三国有关部门签署了《关于编制建设中蒙俄经济走廊规划纲要的谅解备忘录》;2016 年 6 月 23 日,三国元首共同见证签署了《建设中蒙俄经济走廊规划纲要》，这是共建"一带一路"框架下的首个多边合作规划纲要，在三方的共同努力下，《规划纲要》已进入具体实施阶段。

第三，"一带一路"倡议与中国—中南半岛经济走廊、孟中印缅经济走廊方向对接。通过与越南"两廊一圈"、老挝"变陆锁国为陆联国"，以及与印度"季风计划"对接，塑造中国与周边国家共创"一带一路"的良好开局。

（一）与《东盟互联互通总体规划 2025》对接

2016 年 9 月 6 日，东盟在老挝万象通过了《东盟互联互通总体规划2025》（MPAC2025）。该规划主要涉及五个方面战略领域：可持续基础设施建设、数字创新、物流、进出口、旅游信息并简化签证申请流程。与东盟互联互通总体规划对接是中国同东盟在共建"一带一路"合作中取得的重要进展，"一带一路"倡议有助于东盟实现互联互通规划愿景，双方未来将大幅加快在这些方面的推进速度。

（二）与越南"两廊一圈"构想对接

越南是东南亚国家中唯一一个与中国海陆相连的国家，陆上与中国广西、云南接壤；海上在北部湾及湾口外与中国广西、海南存在重叠海域，是中国西南出海通道的必经之地，在"一带一路"建设中具有显著的地缘优势。"两廊一圈"指"昆明—老街—河内—海防—广宁"和"南宁—谅山—河内—海防—广宁"经济走廊以及环北部湾经济圈。合作范围包括中国的云南、广西、广东、海南四省区和越南的老街、谅山、广宁、河内及海防五省市，总面积 86.9 万平方公里，两条走廊跨度共有 14万平方公里，总人口 3900 万。2017 年，越南和中国签署了关于共同实施"一带一路"和"两廊一圈"计划的合作文件，即加强产能合作、地方合作、人文交流、管控好海上分歧。"一带一路"建设与越南"两廊一圈"构想高度吻合。中越两国产业互补性强，通过"一带一路"和"两廊一圈"的对接，中越可发挥出在建材、工业配套、装备制造、电力、可再生能源等领域产能合作的较大潜力。

(三)中国与老挝"变陆锁国为陆联国"战略对接

老挝作为东南亚国家的唯一内陆国,有"印度支那屋脊"之称,其境内 80% 为山地高原,有着丰富的森林、矿产和旅游资源。但是,长期以来,封闭的交通和落后的基础设施阻碍了老挝的对外贸易和交流,使这个位于中国、越南、泰国和柬埔寨中央的国家沦为"陆锁国"。为了突破发展困境,老挝积极响应中国"一带一路"倡议,老挝政府制定了摆脱最不发达国家行列的战略规划,提出了老挝"变陆锁国为陆联国"的战略,即让老挝通过互联互通成为连接周边国家的枢纽,特别是成为中国与东盟地区互联互通的关键节点。中老在水资源利用、澜湄合作机制和其他机制的各项交流等方面都取得了很大的进展,中老铁路项目如期、保质实施完成,对老挝实现多年的铁路梦想、由"陆锁国"变为"陆联国"起到积极作用。

(四)与印度"季风计划"对接

印度"季风计划"由莫迪政府在上台后于 2014 年提出,同年 6 月在联合国教科文组织第 38 届世界遗产委员会会议上,印度正式提出"季风计划:海上航路与文化景观"。"季风计划"规划了一个"由印度主导的海洋世界",向西穿过伊朗,经阿拉伯半岛至东非,向西则通过马六甲海峡延伸到整个东南亚地区。但不能忽视的是,印度提出"季风计划"相当大程度上是为了反制中国。中国提出"21 世纪海上丝绸之路"倡议后,印度并没有清晰而明确地支持"一带一路"。"季风计划"是印度莫迪政府尝试"借古谋今"的一种外交战略新构想,设想在从南亚次大陆到整个环印度洋的广大区域内,打造以印度为主导的环印度洋地区互利合作新平台。"季风计划"以深受印度文化影响的环印度洋地区以及该地区国家间悠久的贸易往来历史为依托,以印度为主力,推进环印度洋地区国家间在共同开发海洋资源、促进经贸往来等领域的合作。莫迪政府的"季风计划"从最初的文化项目定位发展成为具有外交、经济功能的准战略规划。印度是古代"海上丝绸之路"的重要驿站,也是中国共建"一带一路"的重要伙伴。"季风计划"与"一带一路"在结构和本质上并不具有天然的对抗性,反而能实现相互对接甚至融合,但印度官方对"一带一路"倡议一直没有表态。两国实现战略对接,将有助于实现双方利益,促进地区经济发展,对全球经济和地缘政治产生重要影响。

"一带一路"提出 10 年来,中国连续 13 年保持东盟第一大贸易伙伴的地位,东盟于 2019 年超过美国成为中国第二大贸易伙伴。越南的"两廊一圈"发展战略与中国"一带一路"倡议的对接也在东盟国家中形成一个比较好的样本,中国已经连续 18 年是越南最大的贸易合作伙伴,中国企业在越南注册的就有 1500 多家,累计投资超过 100 亿美元,涉及电力、纺织、钢铁、化工等众多领域。中越北仑河二桥、南宁—凭祥、南宁—东兴—百色—龙邦高速公路已建成通车。2021 年 12 月 3 日,中老铁路全线开通运营,中老铁路项目将极大改善老挝的交通,不仅会增强老挝吸引外资、经济发展的能力,也会带动当地旅游业的发展,中国与老挝在交通、旅游、经贸、电力、教育等多个领域合作不断加深。中泰铁路也已进入全面建设阶段。

第四,"一带一路"倡议与新亚欧大陆桥、中巴经济走廊方向对接。 新亚欧大陆桥,又名"第二亚欧大陆桥",新亚欧大陆桥经济走廊由中国江苏连云港向西延伸,经中国西北地区和中亚、俄罗斯抵达中东欧。新亚欧大陆桥经济走廊建设以中欧班列等现代化国际物流体系为依托,重点发展经贸和产能合作,拓展能源资源合作空间,构建畅通高效的区域大市场。2022 年,中欧班列开行 1.6 万列,再次创造新纪录;运送集装箱 160 万标箱,同比增长 10%;通达欧洲 25 个国家、208 个城市,战略通道作用更加凸显,成为沿途国家促进互联互通、提升经贸合作水平的重要平台。中欧班列呈逆势增长势头,有力、高效地促进了中欧及共建"一带一路"国家的抗疫合作,降低了疫情对中欧产业链、供应链合作带来的冲击和影响。

中巴经济走廊是共建"一带一路"的旗舰项目,中巴两国政府高度重视,积极开展远景规划的联合编制工作。2015 年 4 月 20 日,两国领导人出席中巴经济走廊部分重大项目动工仪式,签订了 51 项合作协议和备忘录,其中近 40 项涉及中巴经济走廊建设。"中巴友谊路"——巴基斯坦喀喇昆仑公路升级改造二期,中巴经济走廊规模最大的公路基础设施项目——白沙瓦至卡拉奇高速公路竣工并通车。瓜达尔港及自由区配套设施的建设已取得积极成效,创造了多个第一:首次系统性开展阿富汗中转货物,为当地创造了近千个工作岗位;首次开展液化石油气(LPG)业务;首次实现商业化运营。2020 年,瓜达尔自由区投资热潮持续高涨,已有 12 家企业在自由区注册,其中 4 家中国企业在该区域开设工厂,并计划于当年年底投产。中国和平发展基金会捐助的法曲尔教学楼建设完成。中巴博爱医院扩建项目也投入使用。新冠疫情暴发后,瓜达尔东湾快速路、新国际机场、中巴友好医院、中巴职业培训中心等项目坚持施工,保障项目进程。同时,当地推出"共建绿色与清洁巴基斯坦"种植计划和"瓜达尔百万棵树"计划等,进展顺利。未来瓜达尔将成为一个现代化的新兴城市,成为中巴友谊的象征。

总之,中国与周边许多国家实现战略对接,同有关国家提出的发展规划协调衔接起来,建立政策协调对接机制,相互学习借鉴,并在这一基础上共同制定合作方案,共同采取合作行动,形成规划衔接、发展融合、利益共享的局面,产生"一加一大于二"的效果,促进经济要素有序自由流动、资源高效配置、市场深度融合。俄罗斯独联体研究所高级研究员叶夫谢耶夫认为,丝绸之路经济带与欧亚经济联盟的对接,使俄中两国向"双赢"迈出了一大步,对整个欧亚大陆都有着举足轻重的意义。

二、设施联通:纵横通衢连八方

基础设施互联互通是"一带一路"建设的优先领域,在"一带一路"

建设中扮演着先导性作用。"一带一路"基础设施建设既包括公路、铁路、机场、港口、电力、通信等交通设施,还包括文化教育、医疗卫生、商贸服务、金融保险等社会公共服务设施。"一带一路"提出的设施联通中,"设施"是指交通、电力、管道、电信等领域的"硬件","联通"是指"硬件"使用能够实现技术标准体系无障碍对接,也就是"软件"的联通,即《推动共建"一带一路"的愿景与行动》规划提出的"在尊重相关国家主权和安全关切的基础上,共建国家宜加强基础设施建设规划、技术标准体系的对接,共同推进国际骨干通道建设,逐步形成连接亚洲各次区域以及亚欧非之间的基础设施网络"[①],既注重硬件的联通,也强调软件的衔接。但我国周边区域次区域的基础设施,无论是在质量还是数量上,都存在明显不足,在运输和能源网络上尤其如此,基础设施仍然是区域一体化融合的瓶颈。同时,还存在通道沿线国家之间地缘政治复杂、陆路运输通道往返运量差异大等问题。

"一带一路"倡议提出以来,我国与周边国家基础设施的互联互通取得了显著成效。中国与周边国家签署了共建"一带一路"合作备忘录,启动编制双边合作规划纲要。在对接基础设施建设规划方面,建立由主管部门牵头的双多边互联互通政策协商和对话机制。东盟通过了《东盟互联互通总体规划 2025》,在基础设施、物流、口岸等领域与中国进行对接。中国、老挝、缅甸和泰国等四国共同编制了《澜沧江—湄公河国际航运发展规划(2015—2025 年)》。中国与共建"一带一路"的 15个国家签署了包括《上海合作组织成员国政府间国际道路运输便利化协定》《关于沿亚洲公路网国际道路运输政府间协定》在内的 16 个双多边运输便利化协定,启动《大湄公河次区域便利货物及人员跨境运输协定》,通过 73 个陆路口岸开通了 356 条国际道路运输线路。此外,中国政府部门发布了《标准联通"一带一路"行动计划(2015—2017 年)》《共

---

① 推动共建丝绸之路经济带和 21 世纪海上丝绸之路的愿景与行动[N].人民日报,2015-03-29(04).

同推动认证认可服务"一带一路"建设的愿景与行动》《"一带一路"计量合作愿景和行动》,推进认证认可和标准体系对接,共同制定国际标准和认证认可规则。中国政府有关部门还发布了《关于贯彻落实"一带一路"倡议加快推进国际道路运输便利化的意见》,推动各国互联互通法规和体系对接,增进"软联通"。此外,积极开展项目对接,中老铁路全线开通运营,这是第一个以中方为主投资建设并运营、与中国铁路网直接连通的境外铁路项目,承载着老挝从"陆锁国"到"陆联国"的转变之梦;雅万高铁试验运行圆满成功;俄罗斯莫斯科—喀山高铁项目稳步推进;中吉乌铁路重启了三方联合工作机制;巴基斯坦白沙瓦至卡拉奇高速公路、中巴喀喇昆仑公路二期升级改造竣工并通车;中尼互联互通项目扎实推进;汉班托塔港、瓜达尔港等标志性项目建设取得积极进展;哈萨克斯坦南北大通道 TKU 公路、白俄罗斯铁路电气化改造,以及中国企业在乌兹别克斯坦、塔吉克斯坦实施的铁路隧道等项目竣工投产,将有效提升所在国的运输能力。中哈跨境公路铁路、边境口岸与国际合作中心、石油天然气管道等构筑起立体交叉的互联互通网络,将有力支撑中哈合作全面发展与深化。2014 年 3 月,习近平主席在杜伊斯堡港见证了渝新欧班列到达。随着渝新欧、汉新欧、义新欧等班列相继开通,中欧班列发展进入加挡提速新阶段,效益不断提高,中欧之间互联互通的故事愈加丰满生动,中欧班列成为国际物流新品牌。中国将与周边国家一道,继续打造连接亚洲各次区域以及亚欧非之间的交通基础设施网络,提升互联互通水平和区域次区域物流运输效率。中国还将积极推动与周边国家的能源互联互通合作,推进油气、电力等能源基础设施建设,共同维护跨境油气管网安全运营,促进国家和地区之间的能源资源优化配置。中俄原油管道、中缅原油管道、中国—中亚天然气管道 A/B/C 线保持稳定运营,中国—中亚天然气管道 D 线和中俄天然气管道东线进展顺利,中巴经济走廊确定的 16 项能源领域优先实施项目顺利启动建设,其中萨西瓦尔、卡西姆、瓜达尔 30 万千瓦燃煤电站顺利投产。中国与俄罗斯、老挝、缅甸、越南等周边国家开展跨境电力贸易取得实质性进展。中国企业积极参与共建"一带一路"国家电力资源开发和电网建设改造,中兴能源巴基斯坦 QA 光伏发电项目建成后将成为全球规模最大的单体光伏发电项目,吉尔吉斯斯坦达特卡—克明输变电、老挝胡埃兰潘格雷河水电站、巴基斯坦卡洛特水电站等项目建成,极大缓解了当地电力不足的矛盾。我国与共建"一带一路"国家共同推进跨境光缆等通信网络建设,提高了国际通信互联互通水平。目前,中国通过国际陆缆连接俄罗斯、蒙古国、哈萨克斯坦、吉尔吉斯斯坦、塔吉克斯坦、越南、老挝、缅甸、尼泊尔、印度等国,延伸覆盖中亚、东南亚、北欧地区。此外,还完善了空中(卫星)信息通道,建设中缅、中巴等跨境光缆,中国—东盟跨境陆缆 CSC 系统扩容基本完成,打通了"信息丝绸之路"。

总体上看,"一带一路"倡议以交通基础设施建设为重点和优先合作领域,契合周边国家的实际需要,对于许多国家和地区亟须升级改造的基础设施加强投资,其本身能够形成新的经济增长点,带动区域内各国的经济发展,还可以促进投资和消费,创造需求和就业,为区域各国未来发展打下坚实的基础。

三、贸易畅通:商贸流通拓市场

贸易合作是推进"一带一路"建设的传统领域,也是大有可为的重中之重,是"压舱石",需要各方着力消除贸易壁垒,构建良好的营商环境,共同商建自由贸易区,激发释放合作潜力,做大做好合作"蛋糕"。共建"一带一路"促进了周边国家贸易投资自由化、便利化,降低了交易成本和营商成本,释放了发展潜力。中国发起的《推进"一带一路"贸易畅通合作倡议》,已经有 80 多个国家和国际组织积极参与。中国积极推进与哈萨克斯坦、吉尔吉斯斯坦、塔吉克斯坦农产品快速通关"绿色通道"建设,农产品通关时间大大缩短;持续优化与共建"一带一路"国家贸易规模与结构,货物贸易平稳增长,服务贸易合作出现新亮点。在全球贸易持续低迷的背景下,据中国商务部的信息,2019年中国对外货物进出口贸易总额为315505亿元,同比增长3.4%。其中,出口172342亿元,增长5.0%;进口143162亿元,增长1.6%。贸易顺差为29180亿元,比上年增加5932亿元。对共建"一带一路"国家进出口总额为92690亿元,比上年增长10.8%,其中,出口52585亿元,增长13.2%,进口40105亿元,增长7.9%。中国周边地区货物进出口增长速度最快的是东盟,增长17.8%,已取代美国成为中国第二大贸易伙伴,也是中国"一带一路"贸易最活跃的地区。越南、俄罗斯、印度贸易位居前十位。在东盟国家以及共建"一带一路"国家中,越南继续保持中国第一大贸易伙伴的地位,而中国也继续成为越南最大的贸易国。2019年,中俄双边贸易额再次突破1000亿美元,达到1107.9亿美元,较2018年增长3.4%。中印双边贸易也在快速发展,进出口贸易额不断刷新纪录。从总体上看,"一带一路"倡议提出以来,中国与共建"一带一路"国家贸易规模持续扩大,尤其是2018年中美贸易战爆发以来,中国企业加快了到共建"一带一路"国家开拓市场的步伐,这也使得共建"一带一路"国家在中国对外贸易中的份额不断提升。

贸易方式创新进程加快,跨境电商加快发展,成为贸易畅通的重要新生力量。"一带一路"的民间商贸通过电商平台不断发展,中国商品随之销往俄罗斯、泰国、埃及、沙特阿拉伯等"一带一路"沿线国家,同时,共建"一带一路"国家的商品通过电商走进了中国。通过"网上丝绸之路",民间商贸往来在世界地图上构成的连接线日益繁密,形成了进一步扩大文化和商品流通、实现共同繁荣的交流支点。中国电商将目光锁定"一带一路"的商业机会,加快布局步伐。2018年5月8日,巴基斯坦电商公司Daraz宣布被阿里巴巴集团全资收购,Daraz在孟加拉国、缅甸、斯里兰卡和尼泊尔、巴基斯坦等国都开展业务,5个市场总人口超过 4.6 亿,而其中 60% 人口的年龄在 35 岁以下。南亚拥有庞大的消费市场,印度有 13 亿多人口,巴基斯坦有 2 亿多人口,人口结构相对年轻,消费市场十分活跃,年轻人能更好地接受新的消费方式,是十分被看好的电商市场。为抢占市场先机,中国金融科技巨头加快了在南亚的布局速度。2018 年 3 月,蚂蚁金服宣布将出资 1.8 亿美元投资巴基斯坦排名第一、拥有 2000 多万用户的移动支付平台 Easypaisa;4 月,蚂蚁金服与孟加拉国最大的移动支付公司 bKash 达成战略合作,打造本地版"支付宝";蚂蚁金服此前还投资了印度最大的移动支付和商务平台 Paytm。在南亚市场,支付宝的主要落地形式是"合作小伙伴+技术输出"模式,即赋能本地钱包模式。印度 Paytm 的用户量从 3 年前的2300 万提升到了 2.5 亿,跻身全球第三大电子钱包,中国常见的二维码也出现在印度街头。在巴基斯坦,Easypaisa 虽然还在功能机时代,但也能给没有银行账户的人用作电子工资卡。在孟加拉国,支付宝将让bKash 从功能机时代升级到智能机时代。"丝路电商"合作蓬勃兴起,中国与周边多个国家建立了双边电子商务合作机制,加快了企业对接和走出去步伐。

四、资金融通:疏通血脉强支撑

"一带一路"建设需要大量的融资支持,经贸合作也将形成大量的货币流转,因此,资金融通是推进"一带一路"建设的重要支撑。要深化金融合作,推进亚洲货币稳定体系、投融资体系和信用体系建设。扩大沿线国家双边本币互换、结算的范围和规模,推动亚洲债券市场的开放和发展。中国与"一带一路"沿线国家及有关机构开展了多种形式的金融合作,创新融资机制支持"一带一路"建设。共同推进亚洲基础设施投资银行建设,推进上海合作组织银行筹建,加快丝路基金建设;深化中国—东盟银行联合体、上合组织银行联合体务实合作,以银团贷款、银行授信等方式开展多边金融合作。要充分发挥丝路基金以及各国主权基金作用,引导商业性股权投资基金和社会资金共同参与"一带一路"重点项目建设。例如,亚投行成立以来,成员已由最初的 57 个发展到 106 个(2023 年 1 月)。截至 2023 年 1 月,亚投行的项目分布在全球 33 个国家,涉及能源、交通、水务、通信、教育、公共卫生等行业领域。丝路基金先期签约了 17 个项目,承诺投资约 70 亿美元,支持的项目所涉及的总投资额达 800 多亿美元,项目覆盖俄罗斯、蒙古国以及中亚、南亚、东南亚等地区,涵盖基础设施、资源利用、产能合作、金融合作等领域。丝路基金还出资 20 亿美元设立了中哈产能合作基金,与上海合作组织银联体签署了关于伙伴关系基础的备忘录,与乌兹别克斯坦国家对外经济银行签署了合作协议。中国国家发展和改革委员会设立中俄地区合作发展投资基金,总规模 1000 亿元人民币,首期 100 亿元人民币,推动中国东北地区与俄罗斯远东开发合作。中国财政部与亚洲开发银行、亚洲基础设施投资银行、欧洲复兴开发银行、欧洲投资银行、新开发银行、世界银行集团 6 家多边开发机构签署了关于加强在"一带一路"倡议下相关领域合作的谅解备忘录,并联合多边开发银行将设立多边开发融资合作中心。中哈产能合作基金投入实际运作,签署支持中国电信企业参与"数字哈萨克斯坦 2020"规划合作框架协议。中国国家开发银行设立"一带一路"基础设施专项贷款 1000 亿元(等值人民币,下同)、"一带一路"产能合作专项贷款 1000 亿元、"一带一路"金融合作专项贷款 500 亿元;中国进出口银行设立"一带一路"专项贷款额度 1000 亿元、"一带一路"基础设施专项贷款额度 300 亿元。中国金融机构与沿线国家金融机构开展融资、债券承销等领域的务实合作。中国与越南、蒙古国、老挝、吉尔吉斯斯坦签订了边贸本币结算协定,与俄罗斯、哈萨克斯坦、尼泊尔签署了一般贸易和投资本币结算协定。通过中国银行间外汇市场开展人民币对 21 种非美元货币的直接交易。建立人民币跨境支付系统(CIPS),为境内外金融机构从事人民币业务提供服务。

积极推进金融机构和金融服务的网络化布局,提高金融服务能力。推动股票和债券市场等资本市场发展,扩大股权、债券融资市场的连通性,通过发行长期稳定的债券,包括绿色金融债券等,筹集稳定资金,为基础设施建设提供不同期限的多样金融服务。推进在区域内建立高效监管协调机制,积极与有关国家共同完善风险应对和危机处置制度安排,构建区域性金融风险预警系统;加强征信管理部门、征信机构和评级机构之间的跨境交流与合作。

五、民心相通:民心交融实根基

人文交流在推进"一带一路"建设中具有国家关系稳定锚、务实合作推进器、人民友谊催化剂的重要作用,有助于增强政治互信、深化经贸合作。10年来,我国秉持丝绸之路精神,积极与"一带一路"沿线国家开展人文交流与合作,有力推进了科技、教育、文化、卫生、旅游、政党、智库、青年、城市、社会组织等各领域合作,不断拓展人文交流的宽度和深度,系牢人文交流纽带,强化"一带一路"人文交流的要素支撑,夯实"一带一路"建设的民意基础。

(一)加强教育政策沟通

我国为沿线各国政府推进教育政策互通提供决策建议,为沿线各学校和社会力量开展教育合作交流提供政策咨询。签署了双边、多边和次区域教育合作框架协议,制定了沿线各国教育合作交流国际公约,实现学分互认、学位互授联授,协力推进教育共同体建设。还举办沿线国家校长论坛,推进学校间开展多层次多领域的务实合作,建立产学研用结合的国际合作联合实验室(研究中心)、国际技术转移中心,推进"一带一路"优质教育资源共享。积极拓展政府间语言学习交换项目,联合培养、相互培养高层次语言人才。推动学历学位认证标准联通,推动落实联合国教科文组织《亚太地区承认高等教育资历公约》,支持教科文组织建立世界范围学历互认机制,实现区域内双边多边学历学位关联互认。10年来,我国每年向共建"一带一路"国家公派留学生2500人,每年资助1万名"一带一路"沿线国家新生来华学习或研修。新冠疫情发生后,中国向巴基斯坦、老挝、缅甸等国家派遣医疗专家组,同当地医护人员交流抗疫经验,帮助他们提高疫情防控和诊疗能力,提升共同战胜疫情的信心,得到有关国家政府和人民的好评。在巴基斯坦,中国红十字援外医疗队进驻瓜达尔港,捐赠防疫物资,传授抗疫知识,共抗疫情,增进了两国人民的深厚友谊。

(二)中国与周边地区互办艺术节、电影节、音乐节、胞波节等活动,开展形式多样的文化交流

例如,在云南开展中国—南亚企业家交流会、中国—南亚商务论坛青年分论坛、东盟青年企业家云南行、中越青年大联欢、魅力云南——中老青年友好交流、第十届中泰青年友好交流、云南省国际留学生文化交流周等一系列活动,又在各边境地区开展"边交会""胞波节""手拉手、心连心"活动,共邀请和接待来自欧美、南亚、东南亚国家以及港澳台地区的1000余名青年代表,不断扩大知华友华朋友圈。此外,广西防城港成功举办或承办的重大涉外活动达10项之多,包括海上龙舟节、国际文化交流活动、中越青年大联欢、中越跨境经济合作金滩论坛、"魅力东盟·走入中国"文化之旅、中越(东兴—芒街)国际商贸旅游博览会、京族哈节、中国—东盟国际青少年足球邀请赛等。通过大型涉外活动的成功举办,这些地区充分发挥了沿边沿海优势,推动形成中国与东盟尤其是与越南交流合作的重要平台。另外,中国与俄罗斯、东盟、尼泊尔等国家和地区共同举办文化年活动,形成"丝路之旅"。"丝路之旅"主要包括"丝绸之路(敦煌)国际文化博览会""丝绸之路国际艺术节""海上丝绸之路国际艺术节"等活动。中国与哈萨克斯坦、吉尔吉斯斯坦联合申报世界文化遗产"丝绸之路:长安—天山廊道的路网"也获得成功。

(三)积极推进科技合作

科技部、发展改革委、外交部、商务部会同有关部门编制了《推进"一带一路"建设科技创新合作专项规划》,顺利推进科技人文交流、共建联合实验室、科技园区合作、技术转移等四项行动。建设中国—东盟海水养殖技术联合研究与推广中心、中国—南亚和中国—阿拉伯国家技术转移中心等一批合作实体,发挥科技对共建"一带一路"的提升和促进作用。通过"杰出青年科学家来华工作计划",资助来自印度、巴基斯坦、缅甸、蒙古国、尼泊尔等国100多名科研人员在华开展科研工作。西北农林科技大学发起成立了由14个国家76所涉农大学、研究机构和企业组成的"丝绸之路农业教育科技创新联盟",并先后与哈萨克斯坦3所高校签订了科技人才长期合作协议。中国科学院东南亚生物多样性研究中心与缅甸自然资源和环境保护部等建立了合作关系,共同保护生物多样性。

中国还与周边国家互办"旅游年",创办丝绸之路旅游市场推广联盟、"万里茶道"国际旅游联盟等旅游合作机制,开展各类旅游推广与交流活动,相互扩大旅游合作规模。举办中国—南亚国家旅游部长会议、中俄蒙旅游部长会议、中国—东盟旅游部门高官会等对话合作;初步形成了覆盖多层次、多区域的"一带一路"旅游合作机制,联合举办中印孟缅四国汽车集结赛、中俄朝环形跨国旅游、延吉—平壤—金刚山包机游等创新旅游产品,打造旅游品牌。

六、产能合作:互惠互利结硕果

开展国际产能和装备制造合作,扩大相互投资,是共建"一带一路"的另一优先合作方向。中国是世界制造业大国,一些产业具有较强的国际竞争力,近年来,中国同共建"一带一路"国家和地区推动产能合作,取得了丰硕成果。

从产能合作机制看,目前中国已同 38 个国家建立了产能合作机制,与 10 个发达国家开展第三方市场合作,与东盟等区域组织开展多边产能合作。并且与周边一些国家签署了产能合作有关文件,把产能合作纳入机制化轨道。同东盟等区域组织进行合作对接,开展机制化产能合作。与东盟十国发表《中国—东盟产能合作联合声明》,与湄公河五国发表《澜沧江—湄公河国家产能合作联合声明》,开展了规划、政策、信息、项目等多种形式的对接合作。2019 年,中国企业对柬投资 6.9 亿美元,同比增长 7.2%;对泰投资 9 亿美元,同比增长 40.9%;对越投资 13 亿美元,同比增长 5.3%。还与俄罗斯在总理定期会晤机制下成立了中俄投资合作委员会,协调两国非能源产业的投资合作。在形成共识的基础上,中国按照市场主导和互利共赢原则,与有关国家围绕原材料、装备制造、轻工业、清洁能源、绿色环保和高技术产业等领域,实施了一系列合作项目,提升东道国产业发展水平,创造税收和就业岗位。

从产能合作方式来看,我国企业积极探索开展"工程承包＋融资""工程承包＋融资＋运营"的合作新模式,采用 EP(设计—采购)、EPC(设计—采购—建设)、BOT(建设—运营—移交)、BOO(建设—拥有—运营)、PPP(公私合营)、并购和融资租赁等多种形式,在继续发挥传统承包优势的同时,充分发挥资金、技术优势,与"一带一路"沿线国家产能合作的方式日益多样化,推进同沿线国家和地区多领域产能合作,实现国际共享发展、双赢乃至多赢。

从产能结构来看,目前"一带一路"产能合作模式形成了贸易的双向溢出板块、经纪人板块、主溢出板块和主受益板块。从富裕产能转出去方式看,大量富余优势产能是中国开展对外产能合作的产业基础。中国具有 200 多种工业产品,产量位居世界第一,对外既有钢铁、水泥、平板玻璃、工程机械、电解铝等传统产业的产能合作,也有多晶硅、光伏电池、风电设备等新兴产业的产能合作,还有对外开展铁路、公路、航空、电网、电信等领域的互联互通合作。如中兴能源巴基斯坦 900 兆瓦光伏发电项目,项目位于巴基斯坦旁遮普省巴哈瓦尔布尔市真纳光伏产业园,全部建成后将成为全世界单体最大光伏发电项目,每年可提供清洁电力近 13 亿度。又如中越不断加强在光伏、建材、辅助工业、装备制造、电力、可再生能源等领域的产能合作,产能合作领域不断扩展。

从共建产业园区看,中国与有关国家积极探索建设产能合作示范园区,打造面向中亚及东南亚、对接周边的现代国际贸易聚集平台。例如,广西在推进国际产能合作方面成效显著,中马钦州产业园区和马中关丹产业园区开创了中马两国政府跨国产业合作新模式,形成可复制推广经验。加快建设的中巴经济走廊瓜达尔自由经济区、面向阿拉伯国家的中国—沙特(吉赞)产业园、中国—阿曼(杜库姆)产业园等,积极探索"两国双园"模式,创新产能合作新机制。同时,中国还分别于哈萨克斯坦、老挝建立了中哈霍尔果斯国际边境合作中心、中老磨憨—磨丁经济合作区和跨境经济合作区,促进了当地经济的发展。

"一带一路"倡议提出以来,中国的国际产能合作在不少领域取得了突破性进展,如中国通过不断深化简政放权、放管结合改革,使得95％以上的外商投资项目和98％以上的境外投资项目实现网上备案管理,企业跨境投融资和对外贸易便利化程度持续提高。中国还充分发挥政策性、开放性和商业性金融作用,发起设立产能合作基金等金融平台,推动各类金融机构采取多种方式支持产能合作项目,为企业开展产能合作提供有力支撑。在大湄公河区域(GMS),中国对相关国家的投资也在不断上升,已成为老挝、缅甸等国的第一大外资来源国。次区域国家目前已全部成为中国发起成立的亚洲基础设施投资银行的成员国,也必将成为主要受益方。GMS 还每年举办金融合作论坛,为次区域国家间的金融合作与货币自由流通创造良好条件。随着"一带一路"产能合作不断深入,外溢效应将惠及更广泛的区域,惠及更多国家,必将为世界经济增长注入新的动力,为世界和平发展增添新的正能量。

七、生态保护:丝路古道展新姿

生态环境保护是目前国际社会最为关心的问题之一,绿色发展也早已被列入中国新发展理念,中国国家主席习近平在国内、国际的重大会议中强调"一带一路"绿色发展。生态环境国际合作是"一带一路"建设优先要考虑的重要任务之一,是"一带一路"建设可持续发展的重要切入点。多年来,中国与"一带一路"沿线国家的生态保护合作取得了显著成就。

中国坚持推进《巴黎协定》,积极倡导并推动将绿色生态理念贯穿于共建"一带一路"倡议全过程;与联合国环境规划署签署了关于建设绿色"一带一路"的谅解备忘录,与沿线 30 多个国家签署了生态环境保护的合作协议。2017 年,中国环境保护部等 4 部委联合发布《关于推进绿色"一带一路"建设的指导意见》,旨在搭建环保合作平台,构建绿色丝绸之路。2017 年,环境保护部印发了《"一带一路"生态环境保护合作规划》,为共建绿色"一带一路"提供了行动纲领和建设指南。2016 年 3 月 23 日,澜沧江—湄公河合作首次领导人会议发布《三亚宣言》,提出水资源是合作的 5 个优先领域之一,并鼓励可持续与绿色发展,加强环保和自然资源管理,可持续地有效开发利用清洁能源等。2017 年 9 月 21 日,中国—小岛屿国家《平潭宣言》提出开展海岛生态环境保护,在海岛生态环境长期监测、海洋生物多样性保护以及相关湿地生态系统监测与研究等领域加强务实交流与合作,促进海岛及周边海域生态系统健康。积极推进六大经济走廊生态环境国际合作。2018 年 7 月 4 日,环境保护部与柬埔寨环境部在金边签署《共同设立中国—柬埔寨环境合作中心筹备办公室谅解备忘录》,并启动中国—柬埔寨环境合作中心筹备办公室。当前我国有 44 个环保企业在世界 54 个国家签订了 149 份合同订单,超六成的订单分布在共建"一带一路"国家。

"一带一路"沿线大陆腹地的生态相对敏感脆弱,沿线地区面临共同应对全球气候变化、缓解水资源危机、防治沙漠化、治理跨境污染、消除贫困、预防自然灾害及疫情传播等重大资源环境风险和可持续发展难题。因此,要推进中国—东盟、中亚地区等在林业区域的合作机制建设,拓宽在国家公园建设、自然保护地管理、湿地保护、候鸟保护等方面的交流合作;有序推进大熊猫、朱鹮等特有物种保护研究的国际合作,妥善应对木材非法采伐、野生动植物非法贸易等国际热点问题,支持国际竹藤组织和亚太森林组织发挥引领作用,推动"全球森林资金网络"加快落户我国。"一带一路"沿线地区荒漠化问题严重,据资料显示,全球一半以上的荒漠化土地集中于此,主要包括中亚、西亚、北非和中国,这些地区气候干燥、植被稀疏,环境比较恶劣,荒漠化率较高。西亚、北非地区由于气候地理原因,荒漠化率达到了 65.20%;南亚地区人口众多和过度开垦导致水土流失情况严重,荒漠化率较高;中亚地区虽然草地资源丰富,但由于近年来的过度放牧,草地植被退化现象严重,这也成为未来土地荒漠化的潜在隐患。咸海危机是建设绿色丝绸之路经济带在中亚面临的最大环境问题,对此,中科院新疆生态与地理研究所发挥多年来积累的有效荒漠化防治经验,与乌兹别克斯坦携手对世界生态难点咸海流域进行生态综合治理合作研究,在生态修复、节水灌溉、水资源管理等领域取得了多项成果,并通过咸海治理走向中亚。

沿边地区积极对接沿线国家、周边国家发展战略,在沿线重点国别、海外典型城市、产业园、生态旅游区建立生态文明和绿色发展示范区,建设绿色"一带一路"样板。在俄罗斯贝加尔湖流域城市群、白俄罗斯明斯克中白工业园、巴基斯坦瓜达尔港等典型地区共建绿色低碳生态城市试点,辐射带动沿线地区绿色发展。合理控制开发强度,严格保护生态环境,给自然留下更多修复空间,借助丝绸之路申遗过程,开展多种形式的环境合作,共建跨境自然保护区,筑牢绿色"一带一路"的生态安全屏障。

八、全球治理:机制创新引领者

党的十八大以来,中国秉持创新、协调、绿色、开放、共享的新发展理念,推动经济高质量发展。习近平主席结合中国发展实践经验,为世界经济"把脉开方",多次在重要的国际场合阐释中国关于全球治理的理念和主张。党的十九大报告指出,中国将继续发挥负责任大国作用,积极参与全球治理体系改革和建设,不断贡献中国智慧和力量。党的十九届四中全会进一步提出高举构建人类命运共同体旗帜,秉持共商共建共享的全球治理观,倡导多边主义和国际关系民主化,推动全球经济治理机制变革。党的二十大报告指出,当前,世界百年未有之大变局加速演进,新一轮科技革命和产业变革深入发展,国际力量对比深刻调整,我国发展面临新的战略机遇。同时,世纪疫情影响深远,逆全球化思潮抬头,单边主义、保护主义明显上升,世界经济复苏乏力,局部冲突和动荡频发,全球性问题加剧,世界进入新的动荡变革期。我们必须增强忧患意识,坚持底线思维,做到居安思危、未雨绸缪,准备经受风高浪急甚至惊涛骇浪的重大考验。

共建"一带一路"倡议着眼构建人类命运共同体,为推动全球治理体系变革和经济全球化做出了中国贡献。中国以"一带一路"为核心,借全球气候峰会、G20峰会、WTO改革等机遇传递中国思路和中国方案,通过APEC会议、G20峰会、联合国大会等平台发声,倡议建设持久和平、普遍安全、共同繁荣、开放包容、清洁美丽的世界,从经济、政治、外交等多层面共建人类命运共同体。中国积极参与联合国、G20和三大经济组织改革等全球治理机制,在2016年至2019年连续4届G20

峰会上，习近平主席都明确提出以团结谋发展、联动 G20 力量、合力推动全球治理，如 2016 年杭州峰会发表了《二十国集团领导人杭州峰会公报》和 28 份具体成果文件，2018 年 G20 第十三次峰会发布了《二十国集团领导人布宜诺斯艾利斯峰会宣言》，强调多边贸易，支持 WTO 改革。在当前全球经济低迷、地区冲突不断的形势下，中国以联合国、G20 和三大经济组织改革等全球治理机制为契机，构建利益共享、风险共担的利益共同体，支持发展中国家增强发展能力，更好融入全球供应链和产业链。2019 年 4 月，第二届"一带一路"国际合作高峰论坛在北京举办，这成为各参与国家和国际组织深化交往、增进互信、密切往来的重要平台。中国充分利用亚洲合作对话、亚信会议、中国—东盟（10＋1）、澜湄合作机制、大湄公河次区域经济合作、大图们倡议、中亚区域经济合作、博鳌亚洲论坛等现有多边合作机制，积极同各国开展共建"一带一路"实质性对接与合作，并践行亲诚惠容的周边外交理念，坚持与邻为善、以邻为伴，与周边国家深化友好合作，积极参与亚洲地区的多边合作机制。澜沧江—湄公河合作的倡议由中国首次提出，并形成了湄公河区域内第一个由中国主导的区域性合作机制，中国与湄公河五国围绕政治互信、互联互通、产能合作、人文交流等诸多领域达成了一系列共识，成为亚洲命运共同体的先行版，彰显了中国作为区域合作引领者、地区和平发展守望者的大国担当。2019 年 12 月，第八次中日韩领导人会议取得重要成果，三国一致同意要致力于促进区域经济一体化进程，推动区域全面经济伙伴关系协定（RCEP）签署；同时，加快中日韩自贸区谈判，早日建成更高标准的自贸区，为实现亚太多边自贸体制（FTAAP）奠定基础。

2019 年，上合组织峰会在青岛举行，中国利用此次主场外交积极建言献策，提出了发展观、安全观、合作观、文明观和全球治理观五大观念，以推动上合组织在新阶段迎来大发展。2020 年 11 月 10 日，上合组织峰会以视频方式举行。在新冠大流行对全球政治和社会经济造成巨大影响的背景下,峰会就进一步深化合作,推动上合国家在安全、贸易与经济、人文领域的切实协作,加强政治对话,维护上合国家的稳定,提高经贸合作效率等内容进行了交流。习近平主席着眼当前形势和上合组织的长远发展,发表了题为"弘扬'上海精神'深化团结协作 构建更加紧密的命运共同体"的重要讲话,首次在上合组织框架内提出构建"卫生健康共同体""安全共同体""发展共同体""人文共同体"的重大倡议,提出了促进上合组织发展的"中国方案",为上合组织下阶段的发展擘画了蓝图,指明了方向。

2020 年 11 月 15 日,《区域全面经济伙伴关系协定》(RCEP)签署仪式以视频方式举行,15 个成员国的经贸部长正式签署该协定,标志着世界上人口数量最多、成员结构最多元、发展潜力最大的东亚自贸区成功启动,对维护多边贸易体制、深化区域经济一体化、稳定全球经济具有重要意义。RCEP 自贸区的建成将为中国在新时期构建开放型经济新体制,形成以国内大循环为主体、国内国际双循环相互促进的新发展格局提供巨大助力。

第八章　开放平台:改革创新排头兵

2013 年,"一带一路"倡议提出,为沿边地区发展提供了新动力。为推进沿边地区开发开放,2015 年国务院印发了《国务院关于支持沿边重点地区开发开放若干政策措施的意见》(国发〔2015〕72 号)[①],明确指出,重点开发开放试验区、沿边国家级口岸、边境城市、边境经济合作区和跨境经济合作区等沿边重点地区是我国深化与周边国家和地区合作的重要平台,是沿边地区经济社会发展的重要支撑,是确保边境和国土安全的重要屏障,正在成为实施"一带一路"倡议的先手棋和排头兵,在全国改革发展大局中具有十分重要的地位。

一、重点试验区成效明显

2012 年以来,国家先后在沿边地区设立了广西东兴、凭祥、百色,云南瑞丽、勐腊(磨憨),内蒙古满洲里、二连浩特,黑龙江绥芬河—东宁,新疆塔城等 9 个重点开发开放试验区(见表 8-1)。在一系列优惠政策和创新体制的促进下,试验区在探索沿边开发开放、加快与周边国家互利共赢共同发展等方面取得了重要进展和明显成效,已经成为我国沿边地区经济社会发展的重要支撑。

---

① 国务院关于支持沿边重点地区开发开放若干政策措施的意见:国发〔2015〕72 号[EB/OL].(2016-01-07)[2021-08-30].http://www.gov.cn/zhengce/content/2016/01/07/content_10561.htm.

表 8-1　国家重点开发开放试验区基本情况

名称	获批时间	基本情况
满洲里	2012 年 7 月	满洲里试验区规划面积 732 平方公里,总人口 30 万。战略定位:建设成为面向东北亚的区域性国际贸易基地、跨境旅游基地、进出口加工制造基地、能源开发转化基地、国际物流中心和科技孵化合作平台。主要区域:国际商贸服务区、国际物流区、边境经济合作区、资源加工转化区和生态建设示范区等。
东兴	2012 年 7 月	东兴试验区范围包括广西防城港市所辖的东兴市、港口区,以及防城区的防城镇、江山乡、茅岭乡等,规划面积 1226 平方公里,总人口 43.3 万。战略地位:建设成为深化我国与东盟战略合作的重要平台、沿边地区重要的经济增长极、通往东南亚的国际通道重要枢纽和睦邻安邻富邻示范区。主要区域:国际经贸区、港口物流区、国际商务区、临港工业区和生态农业区。
瑞丽	2012 年 7 月	瑞丽试验区包括瑞丽市全境以及芒市和陇川县,规划总面积 2133 平方公里,总人口 35 万。战略定位:中缅边境经济贸易中心、西南开放重要国际陆港、国际文化交流窗口、沿边统筹城乡发展示范区、睦邻安邻富邻示范区。主要分为六个区域:边境经济合作区、国际仓储区、国际商贸旅游服务区、进出口加工产业区、特色农业示范区、生态屏障区。
二连浩特	2014 年 6 月	二连浩特试验区规划面积 4015.1 平方公里,总人口 10 万。战略定位:向北开放国际通道的重要枢纽、深化中蒙战略合作的重要平台、沿边地区重要经济增长极和睦邻安邻富邻示范区。主要区域:国际贸易区、物流仓储区、进出口加工区、电子商务区、旅游娱乐区及金融服务区等。
勐腊(磨憨)	2015 年 7 月	磨憨试验区包括勐腊县所辖磨憨镇、勐腊镇、勐满镇、勐仑镇、勐捧镇、关累镇全境以及部分乡镇的部分区域,核心面积 190 平方公里,总人口 30.6 万。战略定位:建设成为中老战略合作的重要平台、联通我国与中南半岛各国的综合性交通枢纽、沿边地区重要的经济增长极、生态文明建设的排头兵和睦邻安邻富邻的示范区。主要区域:水港经济功能区、进出口加工功能区、文化旅游功能区、特色农业功能区、生态屏障功能区。

续表

名称	获批时间	基本情况
绥芬河—东宁	2016 年 4 月	绥芬河—东宁试验区范围为绥芬河市全境和东宁市东宁镇、绥阳镇、三岔口镇部分区域,国土面积 1284 平方公里,总人口 50 万。战略定位:中俄战略合作及东北亚开放合作的重要平台、联通我国与俄罗斯远东地区的综合性交通枢纽、沿边地区重要的经济增长点、睦邻安邻富邻示范区。主要区域:绥芬河现代服务业集聚区、东宁产业发展集聚区、进出口加工、特色农业区、旅游产业区。
凭祥	2016 年 8 月	凭祥试验区规划面积 2028 平方公里,总人口 48.3 万。以凭祥市为核心,以"南宁—崇左—凭祥重要对外开放经济带(崇左段)、沿边经济合作、重点边境城镇建设示范带"为主线,战略定位:建设成为我国面向东盟的国际大通道、打造西南中南开放发展新的战略支点、形成"一带一路"沿线国家有机衔接的重要门户。主要区域包括国际经贸商务区、投资合作开发区、重点边境经济区、文化旅游合作区、现代农业合作区、边境村镇建设先行区等六大功能区,以形成"一核两带六区"的"126"空间布局。
塔城	2020 年 12 月	试验区位于新疆维吾尔自治区西北部,与哈萨克斯坦接壤,是我国对中亚合作,向西开放的重要窗口。规划面积 1.6 万平方公里,以塔城市主城区、口岸为主体,打造国际商贸服务区、国际仓储物流区、国际休闲旅游区、国际产能合作区、生态建设示范区。
百色	2020 年 4 月	百色试验区位于广西壮族自治区西部,规划面积 3.63 万平方公里,总人口 357.15 万,与越南高平省、河江省接壤,拥有龙邦、平孟 2 个国家边境口岸和岳圩等 7 个边民互市贸易区(点),是我国对东盟国家开放合作的重要前沿。战略定位:建设成为我国与东盟高质量共建"一带一路"的重要平台、辐射带动周边经济发展的重要引擎、稳边安边兴边模范区、生态文明建设示范区。主要区域:开放引领区、重点开发区、绿色发展区、联动发展轴。试验区建设八大主要任务:推进体制机制创新;提升设施互联互通水平;推进产业深度开放合作;构建沿边高质量开放型经济体系;全力推进脱贫攻坚和乡村振兴;促进边境地区繁荣发展;加强生态环境保护修复与跨境合作;开展人文交流合作。

国家沿边重点开发开放试验区成为改革创新的排头兵,在区域经济发展过程中起到引导示范带动作用。多年来,各地方、各部门切实加强组织领导和政策支持,大胆实践,推动试验区体制机制创新取得突破,基础设施互联互通水平明显提升,特色优势产业加快发展,对外贸易规模扩大,民心相通不断深化,正在成为沿边地区经济发展的增长极、全方位对外开放的新高地、"一带一路"建设与周边国家合作交流的重要窗口。

多年以来,有关省区充分认识沿边开放的特殊性,牢牢把握沿边开放的基本规律和内在要求,坚持把对外开放与对内开放、沿边开放与内陆开放结合起来;坚持正确处理加快发展与动能转换的关系;坚持树立正确的义利观,处理好与周边国家的关系;坚持以改革创新助推沿边开放,坚持把深化改革、扩大开放作为推动试验区发展的活力之源、动力之本,切实加强组织领导,及时出台政策措施,大胆探索实践,有力有序推进试验区各项建设工作,经济社会发展逐步进入快车道。在体制机制创新、综合经济实力提升、基础设施互联互通、产业发展、经贸合作水平提高等方面不断加快步伐,为沿边开放探索新途径、积累新经验。

第一,综合经济实力大幅提升。各个试验区均实现了地区生产总值与财政收入连年稳定增长,城乡居民收入逐年增加,其中 2019 年上半年瑞丽、磨憨、凭祥试验区生产总值增速分别达到 10.0%、9.0%、8.4%,领先全国平均水平。脱贫任务如期完成,社会事业取得长足进步,干部群众热情高涨,成为沿边地区发展的经济增长点。

第二,体制机制创新迈出坚实步伐。创新联检联运监管模式,促进投资贸易和人员往来便利化。加大金融改革创新力度,在人民币跨境贸易结算、外汇管理、多种所有制企业准入等方面探索出一些新的经验做法,扩展了国际金融合作领域。广西、云南依托边合区等开放平台,开展了个人跨境贸易人民币结算、中越货币特许兑换和中缅币结算中心建设等金融创新工作,促进了边境两侧的资金融通。

第三,基础设施互联互通水平明显提高。着力构建面向东南亚、南亚、东亚、东北亚等方向的国际综合运输通道,积极加强对外通道和内陆通道的衔接,实现与国内中心城市公路、铁路、口岸联通,加大口岸基础设施投入,口岸基础设施获得极大改善。试验区的发展带动了所在口岸、城市的基础设施建设,优化了沿边地区投资环境,加快了所在地的城镇化步伐,不少边境小镇依托边合区逐步发展成为繁荣现代化的口岸城市。

第四,产业发展形成新格局。试验区与周边国家产能合作不断深入,有序承接了东部沿海发达地区产业转移,逐步培育起一批特色优势产业和外向型产业,资源深加工、口岸物流、组装加工、建筑材料、纺织加工、木材加工以及跨境电商等发展迅速,一批知名企业在试验区落地生根。旅游设施大大改善,旅游区功能不断完善,跨境旅游产业蓬勃发展,培育出一批具有一定知名度和影响力的旅游精品路线和旅游品牌,对外交流合作不断深化。

第五,与周边国家经贸合作持续深化。推进边民互市贸易改革,探索组建合作社和互助组,整合资源抱团参与边境贸易洽谈、签订合同、采购结算,探索实施跨境劳务合作。创新自贸区新机制,统筹利用两种资源、两个市场,复制推广国内自贸区经验,对接周边国家相关制度,打造国际化、市场化、法制化的营商环境,实现贸易领域向多边合作拓展,进一步深化与周边国家经贸合作。同时,进一步深化与周边国家地区在经济社会领域的合作,形成睦邻、安邻、富邻的良好环境。

二、边境经济合作区长足进步

中国沿边开发开放最早的经济合作模式是设立国家级边境经济合

作区。国家级边境经济合作区是指经国务院批准设立的边境经济合作区(见表 8-2),具体包括内蒙古、广西、云南、新疆、黑龙江、吉林、辽宁等省区。目前,我国已在沿边地区建设了 17 个边境经济合作区,与哈萨克斯坦合作设立了中哈霍尔果斯国际边境合作中心,正在与老挝、越南、蒙古等国推进跨境经济合作区建设。

表 8-2　边境经济合作区

省区	名称	省区	名称
广西	东兴边境经济合作区、凭祥边境经济合作区	黑龙江	黑河边境经济合作区、绥芬河边境经济合作区
云南	河口边境经济合作区、临沧边境经济合作区、畹町边境经济合作区、瑞丽边境经济合作区	吉林	珲春边境经济合作区、和龙边境经济合作区
新疆	伊宁边境经济合作区、博乐边境经济合作区、塔城边境经济合作区、吉木乃边境经济合作区	辽宁	丹东边境经济合作区
内蒙古	二连浩特边境经济合作区、满洲里边境经济合作区		

边境经济合作区是中国沿边开放城市发展边境贸易和加工出口的区域。沿边开发开放是中国西部地区对外开放的重要一环,对发展中国与周边国家的经济贸易和技术合作、繁荣边疆地区经济发挥着积极作用。历经 20 多年的建设发展,边境经济合作区建设取得了显著成绩。边境经济合作区和跨境经济合作区经济发展总体态势良好,产业发展成效显著,对外贸易加速发展,基础设施不断完善,投资产出效益提升,营商环境持续改善,跨境合作创新发展,对所在地的辐射带动和引领作用日益增强。边境经济合作区已成为沿边地区经济的重要增长点,部分边境合作区的经济总量达到所在城市的 50% 以上。实现经济

发展的同时,各个边境经济合作区充分发挥产业优势,在促进边境地区脱贫方面成效显著,如满洲里边境经济合作区的俄罗斯木材进口深加工业务、东兴的跨境电子商务、珲春纺织服装生产基地、瑞丽及畹町机电和 IT 产业发展迅速,据商务部不完全统计,目前边境经济合作区已吸纳就业人员 16.68 万人,就业人员的收入水平大幅提高,有效增加边民经济收入。

三、跨境合作区开局良好

目前,跨境经济合作区的建设已然成为"一带一路"建设的重要抓手,是推动我国边境地区发展的重要方式。随着"一带一路"倡议的推进,跨境经济合作的重要性也愈发凸显。目前,中国跨境经济合作区(见表 8-3)主要以东北边境地区与东北亚国家、西北边境地区与中亚五国、西南边境地区与东南亚开展的跨境经济合作为主。

表 8-3 跨境经济合作区

名称	基本情况
中哈霍尔果斯国际边境合作中心	中哈霍尔果斯国际边境合作中心是上海合作组织框架下区域合作的示范区。合作中心沿界河跨中哈两国边境线,实际规划面积 5.28 平方公里。同时,中方还在霍尔果斯规划了 9.73 平方公里的配套区。根据 2004 年 9 月 24 日《中华人民共和国和哈萨克斯坦共和国政府关于建立中哈霍尔果斯国际边境合作中心的框架协议》以及 2005 年 7 月 4 日《中华人民共和国和哈萨克斯坦政府关于霍尔果斯国际边境合作中心活动管理的协定》,中国政府于 2006 年 3 月 7 日正式批准霍尔果斯国际边境合作中心设立。中方于 2006 年开工建设,哈方成立了由工贸部直接领导的国家股份公司。合作中心建成后,霍尔果斯将成为新疆最大口岸,同时也是中国通往中亚、西亚、欧洲的重要枢纽。

续表

名称	基本情况
中俄绥芬河—波格拉尼奇内贸易综合体	中俄绥芬河—波格拉尼奇内贸易综合体位于黑龙江绥芬河市公路口岸与俄罗斯滨海边疆区波格拉尼奇内边境线,区域总面积4.53平方公里,是1999年6月经中俄两国外交换文确立的第一个全封闭式跨国边境贸易区,也是中俄边境地区最大的经济合作项目。2002年,黑龙江省政府与俄滨海边疆区政府签署《建设中俄绥芬河—波格拉尼奇内贸易综合体协议》。2004年3月,世茂集团与俄滨海公司达成《合作开发中俄绥芬河—波格拉尼奇内贸易综合体框架协议》。2004年8月,贸易综合体建设全面启动,总投资100亿元人民币。绥芬河综合保税区和绥芬河—东宁国家重点开发开放试验区正式得到国务院的批准设立,进一步推动了东北边境地区跨境经济合作进程。
中越凭祥—同登跨境经济合作区	中越凭祥—同登跨境经济合作区以中国—东盟自由贸易区为合作框架,位于中国广西凭祥的普寨边贸区与越南谅山同登的新青口岸区交界处,合作区总体规划面积17平方公里。2007年初,广西与越南谅山两省区共同签署了《建立中越边境跨境经济合作区备忘录》。2007年10月,联合国开发计划署援助中国—越南跨境经济合作区项目启动工作动员会在南宁举行,标志着中越边境经济合作项目正式启动。2008年谅山省商贸旅游厅上报同登边境经济合作区方案,得到谅山人民委员会审批。2008年12月19日,广西凭祥综合保税区得到国务院批准设立,标志着中越跨境经济合作区中方项目启动。2015年,凭祥市与越南同登—谅山口岸经济区管理委员会共同签署了《关于建立凭祥(中国)—同登(越南)跨境经济合作区定期会晤机制的备忘录》。凭祥市紧紧抓住"一带一路"建设的重大机遇,全力推进中越凭祥—同登跨境经济合作区建设。双方建立定期会晤机制,协商推进中越凭祥—同登跨境经济合作区建设;互相通报中越凭祥—同登跨境经济合作区各自区域发展规划及建设情况;加强在经济、贸易、投资、旅游、文化、教育等领域的交流;互相通报各自有关进出口贸易、投资引资等方面的政策及调整情况;及时商谈解决双方合作关系中存在的重大问题等,实现优势互补、互利共赢。

续表

名称	基本情况
中国东兴—越南芒街跨境经济合作区	2013 年 10 月,中越两国达成共识,决定在北仑河的两岸各规划 10 平方公里左右的特殊监管区,建设中国东兴—越南芒街跨境经济合作区,双方共同确定跨境经济合作区的空间布局、产业规划、基础设施安排等,各自负责实施本方区域的开发与建设。中国东兴—越南芒街跨境经济合作区规划总面积 84.2 平方公里,中方区域由围网区及围网区外功能协调区两部分构成,其中围网区规划面积 10.2 平方公里,西起兴悦大道,南至北仑河北岸现状国防栏,东至竹山进港大道及竹山村,北至罗浮大道及防东一级路,围网区起步区 2.06 平方公里;配套区 74 平方公里,包括七大产业园区。跨境经济合作区内的路网、供水、污水处理、口岸联检等基础设施总投资约 50 亿元。用三到五年时间开发完成。实行"两国一区、境内关外、自由贸易、封关运作"的管理方式,实现"一线放开、自由流动、二线管住、高效运行"。目前,中方园区产业开发模式、功能布局规划、片区开发时序等顶层设计已经确定;完成"一区两园"(金融商贸区、香港纺织服装产业园、深圳电子科技产业园)的布局;北仑河二桥(中方侧)已交工验收,国门楼主楼已封顶,一批路网项目加快建成,起步区环形路网基本成形;标准厂房已开工;东兴利嘉国门商务中心、东兴国际金融城等总投资额近 60 亿元的项目基本建成。
中老磨憨—磨丁跨境经济合作区	2010 年 9 月,中国磨憨经济开发区与老挝磨丁经济特区签订了《中国磨憨—老挝磨丁跨境经济合作框架性协议》,同意成立联合协调领导小组,建立交流会晤机制。2012 年 3 月,云南政府代表团出访次区域五国,在老挝分别拜会朱马里主席和通邢总理,双方就共同研究建设中老跨境经济合作区达成共识。老挝总理通邢明确表示希望加快磨憨—磨丁跨境经济合作区建设,使其成为老滇边境发展典范。2013 年 6 月至 9 月,云南省与老挝南塔省协商建立了两省联合工作组机制,于 10 月 25 日在西双版纳州景洪市举行了第一次联合工作组会议。2013 年 10 月 16 日,云南省政府与老挝国家经济特区和经济专区管理委员在普洱市召开的"中国云南—老挝北部合作特别会议暨工作组第六次会议"上签署《加快中国磨憨—老挝磨丁经济合作区建设合作备忘录》。2014 年 6 月 6 日第二届南博会期间,中老两国签署了《关于建设磨憨—磨丁经济合作区的谅解备忘录》。2015 年 8 月 31 日,中国和老挝就边境口岸云南磨憨—老挝磨丁建设中老磨憨—磨丁经济合作区建设总体方案达成协议,决定共建跨境经济合作区。

续表

名称	基本情况
中国龙邦—越南茶岭跨境经济合作区	2007年,中国广西百色市与越南高平省多次互访,共同商议推进跨境经济合作区申报建设,签署了《中国广西百色市与越南高平省加快中国龙邦—越南茶岭跨境经济合作区试点项目建设的协议》。越南总理阮春福、相关部委和高平省领导多次到项目区考察指导。2013年10月,中国商务部和越南工贸部签署《关于建设跨境经济合作区的谅解备忘录》。2015年,我国编制完成《中越跨境经济合作区建设共同总体方案》中方草案。2015年底,广西百色开发投资集团有限公司与广西靖西万生隆投资有限公司建立合作伙伴关系,共同开发、建设、运营万生隆国际商贸物流中心。2017年修订的《中越跨境经济合作区建设共同总体方案》中方草案已经将龙邦—茶岭跨境经济合作区列入其中。中越方共同建设跨合区围网区域约28.63平方公里,其中中方区域14.57平方公里,越方区域14.06平方公里。重点发展跨境商贸、跨境电商、跨境物流、铝锰铜精深加工、跨境金融和跨境旅游业,以及进出口加工、高新技术产业、会展、教育培训、商业零售、酒店、休闲娱乐业。
中缅瑞丽—木姐跨境经济合作区	本合作区于2011年5月国务院出台了《关于支持云南省加快建设面向西南开放重要桥头堡的意见》后由云南省政府上报国务院,并列入商务部与云南省政府对外开放合作备忘录。以中国瑞丽和缅甸木姐各300平方千米,共计约600平方千米的范围共同构成跨境经济合作区,使之成为立足滇缅、服务两国,面向东南亚、辐射南亚次大陆,集出口加工装配、进口资源加工、仓储物流、金融服务创新、服务贸易和边境事务合作功能为一体的综合型跨境经济合作区。2017年5月16日北京"一带一路"国际高峰论坛期间,中国与缅甸政府达成《中缅边境经济合作区谅解备忘录》,探索边境经济融合发展的新模式。
中越红河—老街跨境经济合作区	云南省红河哈尼族彝族自治州是中国的一级口岸,建设中国红河—越南老街跨境经济合作区,是中国云南省积极参与实施中国和越南"两廊一圈"的战略构想,也是大湄公河次区域经济合作和中国—东盟自由贸易区建设的重要措施。本合作区与沿海经济开发区一样,主要吸引中国东部沿海地区企业和国外企业在沿边投资兴业,与周边国家开展进出口贸易和投资合作。

　　跨境经济合作区随着"一带一路"建设深入而兴起,较之于传统的区域经济一体化形态,具有自身的一些特征,比如只覆盖相邻国家特定的毗连区域而非整个国家疆域,合作的主体是毗邻区域的地方政府而非中央政府,合作内容以贸易和投资为主,并可以根据需要扩展到交

通、通信、旅游、环境等领域。目前中国跨境经济合作区发展主要具有五个特点：

从地缘特殊性来看，主要是"一区跨两国"模式，具有突破地缘政治与地缘经济边界的特点，实现边境区域由安全防御功能为主逐步向经济功能为主转化，形成跨国次区域范围内的生产要素集聚，加快边境城市经济发展。但由于国家间政治、法律、文化、经济发展水平、管理体制等方面的差异，一定程度上阻碍了其发展，边界屏蔽效应仍然存在。

从地方政府的自主性看，地方政府的自主权相对薄弱，在进行相关事务操作时势必会受到掣肘。一方面，地方政府提出的跨境经济合作计划需要经过中央政府的严格审批，程序复杂、周期较长，容易延误边境地区的发展时机；另一方面，边境地区参与跨境经济合作时具有各自的特殊性。在发挥中央政府宏观调控作用的同时要发挥地方政府自主能动性，优化各跨境合作区的经济资源配置，全方位推动我国跨境经济合作的发展。

从构建共同治理机制看，建立跨境经济合作区往往涉及主权让渡问题。中国周边的大多数邻国国力较弱、经济水平较为落后，易对中方构建跨境经济合作区的动机产生疑虑，导致中国与周边国家的跨境经济合作呈现出中方"一头热"的状况。为了打消周边国家的疑虑，可由两国中央政府或两国边境地区政府的代表联合组建执行、管理、监督、审计等一系列跨境合作机构，并以此为基础构建一套行之有效的运行机制，这样既确保了边境地区的主权不向任何一方让渡，又能够促进跨境合作各方的交流与合作。

从特殊政策的倾向性看，跨境经济合作区目前尚没有可执行的特殊优惠政策，几乎都存在土地、金融、财税政策等支持不足的问题，项目缺乏推动力，从而使合作区功能发挥受到限制。与现有位于边境的互市贸易区、出口加工区、综合保税区和边境经济合作区等区域相比，跨境经济合作区所拥有的经济优势、产业功能和发展前景尚不明确,特别是如何实现与上述区域的错位发展仍需进一步准确定位和分析。

从开发开放角度看,跨境经济合作区主要着眼于地区的发展和比较优势的发挥,主要基于国家之间的次区域经贸合作,具有"两国一区,境内关外,封闭运作,协调管理"的特点,并且是享受出口保税区、出口加工区、自由贸易区等特殊优惠政策的总化经济区。跨境经济合作区可以说是封闭边界经济体与开放边界经济体的"连接通道"。建设跨境经济合作区在我国仍是新生事物,没有可复制的范例。跨境经济合作区作为"一带一路"建设中的新兴经济合作模式,因跨越了双方领土边界,在开发过程中可能产生域外影响,与国内经济开发区在规划、建设和管理等方面存在着较大的差别,并涉及众多的外交、法律、经济、管理和技术难题以及如何实现经济利益最大化的问题,仍处于摸索阶段。但从总体而言,这些问题都是跨境经济合作区建设前进中的问题。随着"一带一路"建设推进,区域次区域经济合作已成为当今世界经济发展的主题之一,也是"一带一路"建设的题中应有之义,对沿边地区开发开放和经济发展具有重要的意义。

四、自贸区建设开始起步

2015年,国务院下发了《国务院关于加快实施自由贸易区战略的若干意见》(国发〔2015〕69号)[①],明确提出"加快构建周边自由贸易区。力争与所有毗邻国家和地区建立自由贸易区,不断深化经贸关系,构建合作共赢的周边大市场";"继续深化自由贸易试验区试点,与周边国家和地区建立友好合作伙伴关系,加快推进自由贸易区战略实施,形成面向全球的高标准、高层次的自由贸易区网络";"继续深化自由贸易试验区

---

① 国务院关于加快实施自由贸易区战略的若干意见:国发〔2015〕69号[EB/OL].(2015-12-17)[2021-08-30]. http://www.gov.cn/zhengce/content/2015/12/17/content_10424.htm.

试点,与周边国家和地区建立友好合作伙伴关系,加快推进自由贸易区战略实施,形成面向全球的高标准、高层次的自由贸易区网络"。在沿边地区建设自由贸易区,结合沿边地区发展实际进行创新与升级,积极利用"两个市场、两种资源",借鉴国际先进经验,对标国家重大区域发展战略、"一带一路"建设和国内外高标准经贸规则,形成具有国际竞争力的开放政策和制度安排,构建我国对外开放新格局,引领我国对外开放向纵深推进,可以为全国更高水平的改革开放探索新路径、积累新经验。设立沿边自由贸易试验区是国家兴边富民的战略举措,有助于推动区域经济实现均衡发展,促进繁荣发展和维护边疆稳定。2019 年 8 月,国务院印发了《中国(山东)(江苏)(广西)(河北)(云南)(黑龙江)自由贸易试验区总体方案》[①],其中在广西、云南、黑龙江等 3 省区设立 6 个沿边自由贸易试验区(见表 8-4),这是党中央、国务院做出的重大决策,是新时代推进改革开放的战略举措,必将推动沿边地区高质量发展和开发开放迈向新的阶段。

表 8-4　沿边自由贸易试验区

名称	主要内容
云南红河片区	实施范围 14.12 平方公里。加强与红河综合保税区、蒙自经济技术开发区联动发展,重点发展加工及贸易、大健康服务、跨境旅游、跨境电商等产业,全力打造面向东盟的加工制造基地、商贸物流中心和中越经济走廊创新合作示范区。
云南德宏片区	实施范围 29.74 平方公里。重点发展跨境电商、跨境产能合作、跨境金融等产业,打造沿边开放先行区、中缅经济走廊的门户枢纽。
广西钦州港片区	实施范围 58.19 平方公里。重点发展港航物流、国际贸易、绿色化工、新能源汽车关键零部件、电子信息、生物医药等产业,打造国际陆海贸易新通道门户港和向海经济集聚区。

---

①　国务院印发关于六个新设自由贸易试验区总体方案的通知[N].人民日报,2019-08-27(01).

续表

名称	主要内容
广西崇左片区	实施范围15平方公里。重点发展跨境贸易、跨境物流、跨境金融、跨境旅游和跨境劳务合作,打造跨境产业合作示范区,构建国际陆海贸易新通道陆路门户。
黑龙江黑河片区	实施范围20平方公里。重点发展跨境能源资源综合加工利用、绿色食品、商贸物流、旅游、健康、沿边金融等产业,建设跨境产业集聚区和边境城市合作示范区,打造沿边口岸物流枢纽和中俄交流合作重要基地。
黑龙江绥芬河片区	实施范围19.99平方公里。重点发展木材、粮食、清洁能源等进口加工业和商贸金融、现代物流等服务业,建设商品进出口储运加工集散中心和面向国际陆海通道的陆上边境口岸型国家物流枢纽,打造中俄战略合作及东北亚开放合作的重要平台。

五、重点口岸城市展新貌

边境口岸城镇化是国家新型城镇化的重要组成部分,自20世纪90年代以来,随着沿边地区的开发开放,口岸成为边境地区城镇化最主要的动力。随着对外开放程度的深入,中国的睦邻外交取得了丰硕的成果,实现了同周边国家关系的全面改善和发展,国务院先后批准28个边境城市为沿边开放城市,相继设立了一批国家一类口岸(见表8-5),推动边境地区迈入发展的新时代。边境口岸城市(见表8-6)受地理、自然条件、民族分布、文化形态、社会经济发展水平等诸多方面影响,功能各有千秋,呈现出异彩纷呈、风光绮丽的各种形态。

表8-5 沿边国家一类口岸(72个)

类型	名称
铁路口岸(11个)	广西凭祥,云南河口,新疆霍尔果斯、阿拉山口,内蒙古二连浩特、满洲里,黑龙江绥芬河,吉林珲春、图们、集安,辽宁丹东

类型	名称
公路口岸 (61个)	广西东兴、爱店、友谊关、水口、龙邦、平孟,云南天保、都龙、河口、金水河、勐康、磨憨、打洛、孟定、畹町、瑞丽、腾冲,西藏樟木、吉隆、普兰,新疆红其拉甫、卡拉苏、伊尔克什坦、吐尔尕特、木扎尔特、都拉塔、霍尔果斯、巴克图、吉木乃、阿黑土别克、红山嘴、塔克什肯、乌拉斯台、老爷庙,甘肃马鬃山、内蒙古策克、甘其毛都、满都拉、二连浩特、珠恩嘎达布其、阿尔山、额布都格、阿日哈沙特、满洲里、黑山头、室韦,黑龙江虎林、密山、绥芬河、东宁,吉林珲春、圈河、沙坨子、开山屯、三合、南坪、古城里、长白、临江、集安,辽宁丹东

表8-6　边境口岸城市(28个)

省区	城市	省区	城市
广西	东兴市、凭祥市	黑龙江	黑河市、同江市、虎林市、密山市、穆棱市、绥芬河市
云南	景洪市、芒市、瑞丽市	吉林	珲春市、图们市、龙井市、和龙市、临江市、集安市
新疆	阿图什市、伊宁市、博乐市、塔城市、阿勒泰市、哈密市	辽宁	丹东市
内蒙古	二连浩特市、阿尔山市、满洲里市、额尔古纳市		

西南地区渔歌唱晚,红树林边鸟鸣阵阵,海尽陆始,五洲通衢汽笛声声;有彩云之南,孔雀舞原始林绮丽秘境,傣族人家,象鼓舞泼水节恭祝吉祥;有景颇万人目瑙,傈僳赤足上刀杆。西北边境冰川雪岭与戈壁瀚海共生,有"大漠孤烟直,长河落日圆"的辽阔壮美。北方有热情奔放的蒙古风情、雄浑厚重,有中西交融的城市风格、优美和谐。东北有东亚之窗、东望邻邦之郡,有避暑胜地、国境商都怡人。沿边万里边境构成一道道各具特色的靓丽的风景线。

从改革开放初期"积极发展小城镇"到20世纪末"促进小城镇健康

发展",再到当前国家新型城镇化以"特色小镇"为主要内容,中国城镇化的进程不断深化,且定位更加准确、内涵更加深刻。随着国家综合国力的提升,原本发展滞后的边境口岸城市,如今不仅成为"一带一路"建设的重要组成部分,亦是未来最具发展空间和活力的区域。这些城市充分发挥边贸经济的优势,大力发展口岸经济,促进城镇的可持续发展。多年来,边境口岸城市的发展获得长足进步,并辐射到内陆多个腹地城市,聚集了各类资源,成为区域内人流、物流、信息流、资金流的交汇之地,城市呈现出十分明显的商业性、流动性等特点。边贸经济发展和口岸建设也带动了运输、商贸等一系列服务产业的兴起,边境双方边民日常往来更为频繁。如著名的边贸集散地东兴、凭祥,珠宝玉石集散地瑞丽,水果集散地河口,木材和矿产资源集散地满洲里、绥芬河等,都有力地带动了城市的发展。边境城市加工区、专业市场的发展一方面增大了口岸的通货流量,推动了边贸经济的快速发展;另一方面丰富优化了口岸功能,促进了口岸自身的发展,并有助于当地特色产业的培育,进一步壮大口岸城市经济。

六、次区域合作进展顺利

20世纪90年代以来,特别是"一带一路"建设以来,我国国际次区域经济合作呈现出蓬勃发展的态势,在我国陆路周边初步形成了以中国—东盟自由贸易区(CAFTA)、大湄公河次区域经济合作(GMS)、澜沧江—湄公河合作(LMC)、大图们江区域合作(GTI)、中亚区域经济合作(CAREC)等同"一带一路"倡议对接的国际次区域合作(见表8-7)开放格局。在深入推进"一带一路"建设和经济全球化、区域一体化日益加快的形势下,广泛参与区域经济合作,加强同周边邻国的经济联系,利用沿边地区区位优势进一步加大开发开放力度,开展跨境次区域经济合作,既是我国边疆地区民族地区外向型经济发展的迫切需要,也是实现区域经济同国际大市场接轨的必然选择。要充分利用沿边地区的区域独特性,挖掘边境地区的发展潜力,推动跨境次区域经济合作,将沿边地区由一个国家内的"边缘区"转化为具有发展潜力的"核心区"、由"沿边"转化为"枢纽",取得双边或多边合作共赢的目标。

表 8-7 区域次区域合作

名称	基本情况
中国—东盟自由贸易区(CAFTA)	1967 年 8 月东盟成立。1991 年 5 月,中国与东盟建立正式联系。1996 年 7 月,第 29 届东盟外长会议在雅加达举行,中国正式成为东盟的全面对话伙伴国。1997 年开始形成东盟—中国"10+1"机制,中国与东盟双方领导人实行定期会晤,共同发表《联合宣言》,又签署《中国与东盟全面经济合作框架协议》。2007 年 1 月 14 日,中国与东盟签署了中国—东盟自贸区《投资协议》,标志着中国—东盟自贸区协议的主要谈判成功完成。2010 年 1 月 1 日,中国—东盟自由贸易区正式建成。2013 年中国与东盟发表了《纪念中国—东盟建立战略伙伴关系 10 周年联合声明》。
大湄公河次区域经济合作(GMS)	1992 年,在亚洲开发银行的倡议下,发起了大湄公河次区域经济合作机制。在此合作框架下,中国、老挝、泰国、缅甸、柬埔寨和越南 6 个国家在交通、能源、贸易、旅游、通讯、公共卫生和人力资源、环境等多个领域开展了合作。成员国签署了便利客货运输、动物疫病防控、信息高速公路建设和电力贸易等多项合作文件,批准了贸易投资便利化行动框架和生物多样性保护走廊建设等多项合作倡议。
澜沧江—湄公河合作(LMC)	澜沧江—湄公河合作,简称"澜湄合作",是 2014 年 11 月中国在第 17 次中国—东盟领导人会议上提出建立的合作机制,参与成员包括中国、柬埔寨、老挝、缅甸、泰国、越南。2015 年 11 月 12 日,首次外长会议在云南景洪举行。中国、泰国、柬埔寨、老挝、缅甸、越南六国外长就进一步加强澜沧江—湄公河国家合作进行深入探讨,达成广泛共识,一致同意正式启动澜湄合作进程,宣布澜湄合作机制正式建立,并将在政治安全,经济和可持续发展,社会人文三个重点领域开展合作,优先推进互联互通、产能、跨境经济、水资源和农业减贫领域,全面对接东盟共同体建设。

续表

名称	基本情况
大图们江区域合作(GTI)	图们江开发于 20 世纪 80 年代中期由中国首先提出。1991 年,联合国开发计划署(UNDP)启动了图们江开发项目（TRADP),主要是为促进东北亚地区开发合作,由中国、俄罗斯、朝鲜、韩国、蒙古国五个国家共同启动。但由于相关国家体制的差异和不确定性、战略着眼点不同,以及经济差距问题、融资困难等,大部分规划开发项目一直停留在规划设想阶段,实施进度非常缓慢。2005 年,UNDP 召开 5 国协调委员会会议,将图们江开发更名为大图们江区域合作(GTI),其区域范围也从原来的中朝俄三国边境地区扩大到韩国的东海沿岸及蒙古东部地区。图们江开发计划涉及的合作领域主要有物流及基础设施建设方面的合作、能源合作、旅游合作、人员交往、环境合作、融资等。2009 年中国将大图们江开发与振兴东北老工业基地,特别是长吉图开发开放先导区规划联系在一起,大图们江开发开始呈现出新的活力。大图们江区域合作是我国参与并主导的三个国际次区域合作机制之一,2015 年,经过区域内各国的共同推进,大图们江区域合作开发内涵日益深化,规模不断扩大,层次明显提高,已经成为东北亚区域各国交流、合作、发展的良好平台和便捷通道。
中亚区域经济合作（CAREC）	2000 年 7 月,在"中、俄、哈、蒙阿尔泰区域科技合作与经济发展国际研讨会"上,"四国六方"代表签署了《阿尔泰区域合作倡议》。2003 年 4 月,中、俄、哈、蒙阿尔泰区域合作国际协调委员会正式成立,从而建立起"四国六方"合作的机制,中国新疆是该机制的重要参与主体。该机制旨在探索新的合作方式,扩大合作领域,突出区域的共同利益,发挥各自的优势,促进区域的经济繁荣、社会进步和可持续发展。

中国积极参与区域次区域合作已经进入了成熟期,合作已进入快车道,这不仅有力地促进了中国与周边各国自身经济社会发展,也对促进本地区乃至整个世界的和平和稳定繁荣做出了重要贡献,同时总结出不少经验。一是强化政治互信,这是双多边合作的坚实基础。战略互信对于加强中国与周边合作至关重要,如中国领导人高度重视同东盟国家的关系,一直把东盟作为周边外交的优先方向,从最初的部分磋商伙伴关系,到全面对话伙伴国,再到睦邻互信战略伙伴关系,中国与东盟之间的双边关系快速提升,不断迈上新的台阶,不断巩固政治和战略互信,促进、保障了双方的经贸合作,增进了睦邻友好关系,坚定了共

同发展、共担风险、互利共赢的信心,铸就了中国—东盟合作的"黄金十年"。二是搭建多样化合作平台,这是中国与周边国家合作的有利条件。如大湄公河次区域经济合作有领导人会议、部长级会议、高官会议、秘书处等多层次的对话平台,参与主体既有代表官方的政府组织,也有非官方的民间组织和私营部门,涵盖了次区域内的国家的中央政府、地方政府及其联合体,以及区域性多样化的非政府组织、自愿组织,这也是次区域合作的一个突出亮点。三是推动人文交流,这是深化中国与周边国家合作的桥梁纽带。人文交流在中国与周边国家的密切合作中起到了越来越显著的作用。中国与周边国家山水相连,人员交往历史悠久、友谊深厚,中国通过缔结友好城市、互派留学生、语言教学、青少年交流、组织文化艺术团体演出、边民友好大联欢以及旅游等多种形式,增进了与周边国家人民的互相了解,培养了一批对华友好、感情深厚的各界人士,为中国与周边国家合作创造了良好和谐的外部环境,巩固和发展了双方的传统友谊,拓展和深化了合作领域。四是创新合作机制,这是中国与周边国家合作的有效途径。如创新园区建设模式和次区域合作是过去十年中国东盟合作的最大亮点,开创境外经贸合作区、跨境经济合作区、两国双园合作和两国共建产业园等模式,提升合作水平,实现中国与东盟经贸投资快速增长。五是坚持稳步推进、循序渐进。如大湄公河次区域经济合作在建立合作框架阶段就确定了优先领域,并批准了相应的一批重点项目,也建立起了合作机制;项目准备阶段,亚行和大湄公河次区域经济合作各国动员了大量资金,开展可行性研究,优选项目;全面实施阶段各个领域合作分步骤逐步推进。

第九章 沿边省区:对外开放再谱新篇

目前,我国沿边地区开发开放已经形成你追我赶的态势,掀起了融入"一带一路"和加快沿边地区开发开放的热潮。如今,广西积极建设成为中国—东盟战略合作新高地、西南中南地区开放发展新的战略支点;云南努力打造成为国际重要战略通道和桥头堡;新疆建设成为"丝绸之路经济带"的核心区和向西开放的前沿地带;内蒙古奋力打造成为中国北疆开放窗口以及联通俄、蒙的重要节点;黑龙江实施"大沿边"开放战略,吉林主动融入"一带一路"建设,实施长吉图战略,辽宁探索沿海沿江沿边内陆开放互动型等开放新模式。

一、八桂大地:陆海统筹、边海协同

广西区位优势独特,为西南出海门户,控扼要冲,居东盟贸易前沿,引领商潮,集沿海、沿江、沿边于一体,是多个区域合作的交汇点,对外开放潜力巨大。广西与东盟国家山水相连、民族相近、语言相通、习俗相似,交往历史悠久。早在汉武帝时,广西合浦就开辟了通往印度、斯里兰卡的航线,成为走向东南亚、南亚的古代海上丝绸之路的重要始发港。"一带一路"倡议实施以来,广西与东盟国家的经贸和人文交流更加密切,渠道更加畅通,形式更加丰富多样。海陆兼备的独特区位使广西成为"一带一路"有机衔接的重要门户,广西拥有钦州保税港区、凭祥综合保税区、南宁保税物流中心、北海出口加工区等开放合作平台,具有为西南、中南地区乃至中亚各国开拓东盟市场,以及为东盟国家进军中国乃至中亚市场提供服务的良好条件,并有中国—东盟博览会、中国—东盟商务与投资峰会和泛北部湾经济合作论坛,促使中国与东盟国家政治外交、高层对话、政策沟通机制不断完善,形成了中国—东盟合作对话平台。广西在"一带一路"建设中的独特优势,为广西开放发展带来前所未有的历史机遇。2015年3月,习近平总书记在参加十二届全国人大第三次会议广西代表团审议时指出:发挥广西与东盟国家陆海相邻的独特优势,加快北部湾经济区和珠江—西江经济带开放发展,构建面向东盟的国际大通道,打造西南、中南地区开放发展新的战略支点,形成21世纪海上丝绸之路与丝绸之路经济带有机衔接的重要门户。[①] 这深刻指明了广西在国家实施"一带一路"倡议中的定位。推进"一带一路"建设,广西有条件、有基础也有责任、有义务发挥更大作用。笔者在20世纪80年代初就去过广西,此后由于工作关系,也经常去广西调研,每次都能看到广西不断发生的变化。今日的广西,更加气象恢宏,广大干部群众谋发展大略,绘崭新宏图,沿边开发开放、北部湾经济区风生水起,八桂大地意气风发、昂扬向上。开发开放携改革创新精神同行,经济发展与生态环保并举,合作前沿经贸交流繁花盛开,八桂壮乡对外开放展现新画卷。

(一)政策沟通,完善高层对话平台

中国—东盟合作正从"黄金十年"迈向"钻石十年"。广西坚持高层引领,打造中国—东盟博览会、中国—东盟商务与投资峰会、泛北部湾经济合作论坛升级版,赋予"一带一路"更多研讨、宣介的功能,加强顶层设计和战略谋划,促进政治互信,达成合作新共识。将有更多涉及"一带一路"的东盟国家、泛北合作的交流合作机制平台落户广西南宁,与沿线国家、东盟各国创新开展多层次、多领域的合作对话,形成各有侧重、主题鲜明、特色突出的高层对话平台以及专业合作平台,建立更

---

① 彭清华:着力打造"一带一路"有机衔接的重要门户[EB/OL].(2015-05-18)[2020-08-08].http://theory.people.com.cn/n/2015/0518/c83846-27015044.html.

紧密的联系,务实深入推进各领域交流合作。

(二)设施联通,构建陆海国际大通道

坚持江海陆空并进,优先发展交通,依托与东盟陆海相连的有利条件,积极建设面向东盟的港口联盟、陆路通道和航空枢纽,现代交通网络主骨架基本形成。建设珠江—西江黄金水道,内河通航能力得到较快提升。航空网、高铁网、高速公路网、珠江—西江黄金水道建设的不断完善,北通南达、东进西联的现代立体交通网络,将使广西战略支点的服务功能更加凸显。

贸易畅通,深化投资贸易合作。广西已逐渐成为面向东盟开放的前沿窗口。近年来,广西与东盟的贸易和投资规模不断扩大,进出口从2002年的43.5亿元提高到2019年的4694.7亿美元,比2018年增长14.4%,增幅较全国高11个百分点。随着贸易产业合作深入推进,广西与马来西亚、印度尼西亚、柬埔寨、泰国等国家共同建设了产业合作园区,正积极推进跨境经济合作区建设。

(三)资金融通,加快沿边金融综合改革

广西着力金融主体建设,如今已有中外多家金融机构入驻,特别是与"一带一路"和中国—东盟自贸区密切相关的国际性、区域性新型金融机构落户南宁,这将推动国内大型金融机构加快组建面向东盟的货币清算、结算及相关业务中心,完善银行、保险、信托、证券、金融租赁公司等各类金融组织体系,发展地方多层次资本市场。并将建设具有广西特色、面向东盟的大宗商品现货和期货交易中心、股权交易中心和电商平台。积极与东盟国家开展金融合作,创新跨境人民币业务,扩大人民币跨境流动和使用规模,在推进中国与东盟货币稳定体系、投融资体系和信用建设上发挥重要作用。

(四)民心相通,深化人文交流

广西佳景如画,有桂林山水、北海银滩、黄姚古镇,蜚声国际;物华天宝,有荔浦芋头、合浦珍珠、平果铝业,驰名中外;风情浓郁,有山歌、铜鼓、绣球，迷醉八方。广西发挥旅游资源优势，扩大与"一带一路"沿线国家在教育卫生、文化体育、广播影视、新闻出版等方面的交流合作，互办文化年、艺术节等活动，弘扬和传承丝路精神。同时，加强与沿线国家在历史文化旅游资源保护开发、海洋资源开发利用、生态环境保护、海洋环境监测、应对气候变化等方面的合作，共建绿色丝绸之路。

进入新时代，八桂儿女正以历史的担当、时代的豪迈，以更开放的胸怀、更自信的姿态、更豪迈的步伐热情拥抱世界。

二、彩云之南：辐射中心、双向开放

2015年1月，习近平总书记在考察云南时指出，"云南经济要发展，优势在区位，出路在开放"，希望云南努力成为我国"面向南亚东南亚辐射中心"。[①] 习近平总书记对云南提出的要求及新的定位，赋予了云南崭新的发展空间，这是云南新的使命，也是新的路径和方向。

从区位优势而言，云南处在我国西南边陲，位于亚洲的中心地带。北上连接丝绸之路经济带，南下印度洋连接海上丝绸之路，中国—中南半岛、孟中印缅两大经济走廊在云南交汇连接，同时沟通两亚（东南亚、南亚）两洋（印度洋、太平洋）；是对外开放辐射中心，往来关键节点。云南身为古蜀身毒道之要隘，西南丝路之喉咽；今陆水联运之通衢，文化交汇之源泉。独特的区位优势凸显出云南在"一带一路"建设中的独特地位，如今云南融入"一带一路"、西部大开发、长江经济带建设战略，正以崭新的姿态在新一轮改革开放发展之路砥砺前行，再立春潮。

"一带一路"建设以来，云南全力推进对外开放，积极推进孟中印缅经济走廊、澜沧江—湄公河合作、大湄公河次区域经济合作等机制建设；中国—南亚博览会暨中国昆明进出口商品交易会品牌影响力逐步

---

① 云南日报评论员：用大开放推动新跨越[EB/OL]. (2015-04-09)[2020-04-21]. http://cpc.people.com.cn/pinglun/n/2015/0409/c78779-26820622.html.

提升;滇中新区、瑞丽、磨憨重点开发开放试验区、边(跨)境经济合作区、综合保税区等各类开放平台引领和带动作用明显增强,口岸城市(城镇)功能显著提升,通关便利化水平大幅提高。开放型经济实力明显增强,2012 年以来,全省地区生产总值年均增长 9.4%,经济总量从2012 年的 1.03 万亿元增长到 2019 年的 2.3 万亿元;电力、冶金、化工、建材等领域的国际产能合作不断取得新进展。此外,文化、教育、卫生、旅游、科技、减贫等人文领域国际交流合作也不断深化,如新冠疫情期间,云南向周边国家派出医疗专家组,介绍中国抗疫经验,对疫情防控、患者治疗和实验室工作提供咨询,为医务人员和社区防控人员提供培训和指导等,深受周边国家人民赞誉。

(一)战略对接亮点纷呈

云南加大了与越南"两廊一圈"、老挝变"陆锁国"为"陆联国"构想的对接,塑造了中国与周边国家共建"一带一路"的良好开局。此外,还努力不断完善国际多双边合作机制,成为澜湄合作、大湄公河次区域合作、孟中印缅地区合作的重要参与方和推动者。并且设立了澜湄合作中国秘书处联络办公室,发起成立了"孟中印缅地区经济合作与发展论坛"(BCIM),以南亚国家为重点合作对象,先后举办了 5 届中国—南亚博览会。2018 年,云南举办首届中国—南亚合作论坛,构建了我国与南亚各国对话、投资和交流合作的新平台。

(二)互联互通成效显著

云南基础设施不断完善和延伸,铁路运输提速增效,沪昆客专、云桂铁路运行良好,中越、中老、中缅(瑞丽方向)高速公路境内段全部建成通车;中越铁路境内段建成通车,中老铁路全线隧道实现贯通,中缅铁路境内段加快建设。澜沧江—湄公河航道整治、中越红河水运、中缅伊洛瓦底江陆水联运项目有序推进。与越南、老挝、缅甸实现局部电力联网贸易。全面建设或改造升级口岸联检楼、查验货场及相关设施;边民互市贸易场所规范化建设试点积极推进。

（三）经贸往来不断扩大

对外贸易进出口总额从 2012 年的 210 亿美元增加到 2019 年的 352 亿美元，增长 1.6 倍。截至 2019 年，云南省在全球 58 个国家和地区投资设立了 788 个企业和机构，直接投资总额达 104.21 亿美元。在产能合作、金融创新等领域不断取得新突破，助推了与周边国家的共同发展。不断加快跨境通道的建设力度，形成了中缅通道以瑞丽口岸为核心、中越通道以河口口岸为核心、中老泰通道以磨憨口岸为核心的跨境物流体系。实施了电子商务进农村示范试点和电子商务兴边富民三年行动计划，形成了"互联网＋流通"电子商务发展新业态。

（四）资金融通成效初显

云南在全国首批试点个人经常项下跨境人民币业务，业务范围已覆盖至 43 个国家和地区。云南富滇银行与老挝大众外贸银行合资成立老中银行，成为地方商业银行率先走出国门的典范。云南资金支持在老挝、越南、柬埔寨建设了 5 个海外农业科技合作示范园，还设立了中老可再生能源、中斯（斯里兰卡）生物资源开发利用联合实验室等一批外向型公共技术服务平台，可谓硕果累累。

（五）民心相通睦邻友好

云南充分发挥地缘优势，用心栽培"民心相通之花"。云南有多彩淳朴的少数民族风情，壮丽巍峨的山河美景，各种国际文化交流活动绚丽多彩，有景颇族目瑙纵歌，傣族泼水狂欢；有白族三月赶街朝山会，彝族火把东方狂欢；还通过扩大留学生交流规模，创建国际小学堂、国门书社、"光明行"公益医疗、共建柬埔寨金边、缅甸仰光中国文化中心等交流活动，架民心相通之桥，达睦邻友好之效，胞波情深，命运与共。

在新起点上，云南干部群众万众一心，将以更大的开放决心、更坚定的开放信念，继续在辐射中心建设的征程上奋勇前进，满怀激情、斗志昂扬地拥抱世界，为描绘好"一带一路"的"工笔画"贡献力量。

三、雪域高原：稳藏治疆、再创辉煌

西藏，一个令人向往的地方，这是一片神奇的高原，千山耸立，万水奔腾；这是一片浑厚的土地，沧海桑田，见证奇迹。如今拉萨河畔，鸥鸰矫翼，白云漫天；城市街区，绿树成荫，霓虹迷眼。一幅幅风景画见证和记录着在中国共产党领导下的雪域高原所发生的巨变。藏区改天换地，人民幸福安康。

党中央历来高度重视西藏工作，改革开放以来先后已召开七次西藏工作座谈会，每次都根据现实情况做出重大决策部署。党的十八大以来，以习近平同志为核心的党中央科学分析西藏工作面临的形势，深刻阐释一系列重大理论和实践问题，在党和国家工作全局中部署和推进西藏工作，为新时代西藏工作指明了前进方向、提供了根本遵循。西藏各族儿女正意气风发、携手同行，阔步走在新时代开发开放的康庄大道上。西藏人民紧紧抓住"一带一路"建设给西藏的开放发展带来的新机遇，讲好"一带一路"故事，开启开放发展新格局。曾任西藏自治区主席的齐扎拉在"2019·中国西藏发展论坛"作主旨演讲时说道，"不管在历史上还是现实中，喜马拉雅山从来不是阻隔，每一条奔腾的河流，都是交流的纽带；每一个险峻的山口，都是友谊的走廊"[①]。

西藏地处中国西南边疆，与印度、尼泊尔等国接壤，具有独特的区位优势和地缘优势，自古便是"南方丝绸之路""唐蕃古道""茶马古道""蕃尼古道"的重要参与者，是中国与南亚各国交往的重要门户。"一带一路"倡议实施以来，西藏面向南亚开放的区位优势日益凸显。

多年来，南亚区域内国家受制于低水平的互联互通，难以形成有活力的经济活动。因此，西藏着力补齐交通短板，积极推进基础设施建

---

① 来自37个国家及地区的近160名各界人士认为——西藏迎来"一带一路"重大历史机遇.人民日报,2019-06-18(06).

设,瓶颈制约问题得到了极大缓解,为西藏经济社会发展注入强劲动力。青藏铁路运行提升也给沿线带来巨大的改变。川藏铁路建设稳步推进,滇藏铁路、中尼铁路、新藏铁路前期工作进展顺利,中尼两国签署跨境铁路合作协议;拉林高等级公路基本建成通车,拉日铁路建成运营,拉林铁路已于2021年6月开通运营。联通中尼边境贸易的吉隆口岸已建成国际性公路口岸;"兰州号"南亚公铁联运国际货运列车和粤藏中南亚班列已开通运行;以拉萨贡嘎机场为干线,以昌都邦达、林芝米林、阿里昆莎、日喀则机场为支线的航空网络基本形成;中尼陆上跨境光缆开通,尼泊尔正式接入中国互联网服务。

交通基础设施的改善,促进了经济增长和贸易畅通。2019年,全区实现地区生产总值1697.82亿元,增长8.1%,增速位居全国第二。西藏对尼泊尔进出口总值达31.65亿元,同比增长26.7%,尼泊尔是西藏最大出口市场。此外,西藏还成立了南亚标准化(拉萨)研究中心,积极探索设立拉萨综合保税区,启动中尼跨境经济合作区建设。同时,"一带一路"倡议为西藏带来了更多与周边国家交流的机会。

自2014年至2019年,西藏已成功举办4届中国西藏旅游文化国际博览会,包括了环喜马拉雅"一带一路"合作论坛、南亚标准化论坛等国际交流活动,同时,独具魅力的西藏文化不断走出高原、走向世界。史诗《格萨尔王传》吟唱千年,藏戏《顿月顿珠》享誉中外;藏文化"活化石"的藏戏、古老的藏族弹拨乐器在莫斯科焕发生机;"中国西藏文化·加德满都论坛"促进了民心相通,从不同角度阐述中尼文化渊源,牢牢系紧西藏自治区与"一带一路"参与国家的友谊纽带。西藏还充分利用"藏博会""珠峰文化节"等平台,加强与尼泊尔、印度等南亚国家在教育、文化等领域的交流合作。雪域高原不断融入世界,独具魅力的西藏特色文化正走出高原、走向全球,西藏的开放交流发展之路越走越宽广、越走越坚定。西藏正在迅速改变过去相对落后的边陲形象,成为中国面向南亚开放的前沿。

四、大美新疆：安边固疆、向西开放

大美新疆，周边与八国接壤，扼战略之要塞，是祖国西北的安全屏障；历史悠久，民族众多，文化多样，源远流长；巍巍天山，壮美昆仑，旖旎风光，遍地宝藏；是丝绸之路经济带核心区，亚欧国际之通衢，向西开放之门窗。如今的新疆，抢抓历史机遇，主动担当作为，充分发挥区位优势，积极推进"一带一路"建设与对外开放。

党的十八大以来，党中央深化对治疆规律的认识和把握，形成了新时代党的治疆方略。新疆经济社会发展和民生改善取得了前所未有的成就，各族群众的获得感、幸福感、安全感不断增强。其原因体现在以下几个方面。

一是综合经济实力逐步增强。2014 年至 2019 年，新疆地区生产总值由 9195.9 亿元增长到 13597.1 亿元，年均增长 7.2%。新疆的基础设施不断完善，高速公路里程超过 4800 公里，所有地州市均迈入高速公路时代。新疆还开通了从乌鲁木齐到和田、从北疆到南疆的特快旅客列车"民族团结一家亲号"，架起了一座各民族群众交往交流交融的"连心桥"。二是人民生活水平明显提高。2014 年至 2019 年，新疆居民人均可支配收入年均增长 9.1%。城乡基本公共服务水平不断提升，社会保障体系日趋完善，农牧区医疗设施条件明显改善，乡镇卫生院和村卫生室标准化率均达 100%，居民基本医疗保险参保率达到 99.7%。三是脱贫攻坚取得决定性成就。截至 2020 年底，新疆实现 261 万农村贫困人口全部脱贫、3029 个贫困村全部退出、35 个重点贫困县全部摘帽。"两不愁三保障"突出问题基本得到解决，贫困群众生产生活条件得到大幅改善。四是中央支持和全国对口援疆力度不断加大。2014 年至 2019 年，中央财政对新疆维吾尔自治区和兵团转移支付从 2636.9 亿元增长到 4224.8 亿元，年均增长 10.4%，6 年合计支持新疆 2 万多亿元。

19个援疆省市全面加强全方位对口支援,累计投入援疆(含兵团)资金964亿元,实施援疆项目1万余个,引进援疆省市企业到位资金16840亿元,中央企业投资超过7000亿元。总的看,新疆呈现出社会稳定、人民安居乐业的良好局面,为迈向长治久安奠定了坚实基础。

近年来,特别是第二次中央新疆工作座谈会以来,新疆抢抓历史机遇,主动担当作为,充分发挥区位优势,积极推进丝绸之路经济带核心区建设,成为国家向西开放的前沿,释放出巨大发展潜力。今日大美新疆,古丝绸之路上的昆莫(哈密)、龟兹(库车)、白水涧道(达坂城)等驿站,已建成为"一带一路"上的条条通道;悠扬清脆的声声驼铃,已变换为中欧班列的阵阵笛声;茫茫大漠丝路古道,已蜕变为四通八达的立体交通网。大美新疆,正用实际行动传承千年的丝绸之路精神,奏响更为动听悦耳的新乐章。新疆紧紧围绕核心区建设的"一港、两区、五大中心、口岸经济带"为重点,其中,"一港"是乌鲁木齐国际陆路港;"两区"是霍尔果斯经济开发区、喀什经济开发区;"五大中心"是新疆向西开放的陆路国际通道上,以乌鲁木齐为核心,建设交通枢纽中心、商贸物流中心、文化科教中心、区域金融中心和覆盖中亚的医疗服务中心;"口岸经济带"是依托19个国家级对外开放口岸,大力发展进出口商品加工产业、边境(跨境)旅游、边民互市贸易、电子商务等外向型经济。目前,各项工作均取得了重要进展,为"一带一路"注入了更多新动能。新疆积极融入"一带一路"倡议,与哈萨克斯坦"光明之路"新经济政策、乌兹别克斯坦2030年发展战略、吉尔吉斯斯坦2040年国家发展战略、塔吉克斯坦2030年前国家发展战略深度对接,寻找双方合作契合点。2011年3月19日,我国首列中欧班列从新疆开出。作为中欧班列西部通道的重要节点,阿拉山口市见证了中欧班列的"加速度"。截至2020年11月5日,中欧班列开行达10180列,一列列班列联通欧亚,丝路汽笛长鸣,延续着古丝绸之路的传奇。此外,新疆还致力于加快重点口岸城镇化建设,推动边境口岸经济发展,大幅度提升沿边开放程度。中哈霍尔果斯国际边境合作中心加快建设,初步形成了以国际贸易、免税购物、跨境金融、跨境旅游为主的外向型产业体系,成为全区对外开放的重要窗口。新疆着力打造霍阿(霍尔果斯—阿拉山口)、喀阿(喀什—阿图什)、阿北(阿勒泰—北屯)、中哈国际经济合作示范区等区域经济增长极,加快新疆沿边经济带发展,构建沿边地区全方位开发开放新格局。特变电工、华凌集团、中泰集团等一批本土企业积极"走出去",在"一带一路"周边和沿线国家实施了一批农业、农产品加工、纺织、能源、医药等项目。中泰新丝路塔吉克斯坦农业纺织产业园、中乌(乌兹别克斯坦)医药城两项目入选第二届"一带一路"国际合作高峰论坛成果清单。

大美新疆,莽莽昆仑纵横千万里,天山雪莲情意绵又长;高山湖水与蓝天一色,茵茵草原与毡房映辉;巴音布鲁克大草原,天鹅湖九曲十八弯;特克斯县八卦城,坎离兑巽环环外展;果子沟大桥,云遮雾绕,鹰飞雀翔,赛里木湖,碧波荡漾,动人心弦;喀拉峻景区望玉台、叠浪谷、饮马湾美景诱人,著名景点五花草甸、鲜花台、库尔代、猎鹰台山花烂漫;喀纳斯驼颈湾、变色湖、卧龙湾仿佛上帝的调色盘,珍珠滩、神仙湾、额尔齐斯河,无一不在向世人展现新疆的极致之美。麦西来普铿锵,冬不拉悠扬;十二木卡姆弹不完,江格尔史诗荡心房。新疆充分发挥其人文旅游资源优势,大力发展全域旅游和"旅游+",稳步发展跨境、边境旅游,旅游业整体发展水平不断提升。2019年,新疆接待游客突破2亿人次,实现旅游收入3452.65亿元。

新疆还积极开展多层次、多领域人文交流,以及科技、教育、文化旅游、医疗卫生等国际交流合作,并取得积极成效,民心相通不断深入。新疆举办了中哈文化节、中国新疆国际民族舞蹈节、新疆发展论坛、走进丝绸之路经济带核心区主题采访、中国—亚欧博览会"中外文化展示周",以及周边国家智库交流等大型活动。2015年2月至2019年5月,新疆累计招收外国留学生1.25万人,在周边6个国家建成孔子学院10

所。新疆5家医院启动了国际医疗服务，累计接诊外籍患者2万余人次；开展跨境远程医疗服务平台建设试点，疆内29所医院与周边3个国家、24所大型医院建立了跨境远程医疗服务平台。这些活动的举办，促进了不同文明、不同文化的交流互鉴。

为进一步贯彻落实党的十九大报告关于对外开放提出的"推动形成全面开放新格局，主动参与和推动经济全球化进程，发展更高层次的开放型经济"的要求和第三次中央新疆工作座谈会精神，以及党的二十大报告提出的"推动共建'一带一路'高质量发展。优化区域开放布局"的新要求，新疆加快推进新疆丝绸之路经济带核心区建设；促进外贸创新发展；坚持"引进来"和"走出去"并重，促进双向投资协调发展；加快全方位对外开放平台建设；切实提升旅游开放水平。在以习近平同志为核心的党中央坚强领导下，在新时代党的治疆方略引领下，新疆各族儿女正勠力同心、砥砺前行，奋力把祖国的新疆建设得更加美好，谱写新时代新疆发展进步的壮丽篇章。

五、陇原大地：迸发奋起、跨越追赶

千里陇原，悠悠丝路。东西绵延1600多公里的甘肃，犹如一柄如意镶嵌在中国大西北，见证了张骞出使西域、霍去病西征、古丝绸之路的贸易往来，也见证了隋炀帝御驾焉支山，谒见西域二十七国使臣，举行"万国博览会"的传奇，见证了"黄金通道"的繁华。甘肃是古丝绸之路的咽喉要道，也是中国与欧亚各国经贸往来、文化交流、交通运输的必经之地。"一带一路"建设的实施，将甘肃由改革开放的内陆腹地转为向西开放的前沿，再次凸显出甘肃东西绵延千里的"黄金通道"优势。甘肃抢抓"一带一路"建设机遇，认真贯彻落实习近平总书记视察甘肃时的重要讲话和指示精神，紧紧围绕国家对甘肃在丝绸之路经济带建设中的战略定位，以建设丝绸之路经济带黄金段为统领，发挥通道优势,加大交流合作,全力打造向西开放"新高地",推动全省对外开放不断取得重大进展。

(一)丝路黄金通道定位加速实现

甘肃 14 个市州政府所在地开通高速公路,并与周边省份实现了高速公路联通,进一步提升了出行通达能力。铁路建设得到跨越发展,兰新高铁、宝兰客运专线通车运营;中新南向通道货运班列和兰州至孟加拉国达卡国际货运航线"兰州号"国际货运班列累计发运近 400 列。兰州国际陆港南亚公铁联运货运班列和兰州新区空铁海公多式联运项目获批国家多式联运示范工程。兰州、武威、天水等国际陆港和兰州、敦煌、嘉峪关等国际空港建设进展顺利,已经成为丝绸之路经济带的物流通道和枢纽。

(二)经济贸易往来成果逐步扩大

在推进"一带一路"建设中,甘肃立足资源、能源和产业优势,主动"走出去、请进来",加强与中亚、西亚等丝绸之路沿线国家的经贸合作,国际贸易合作日益活跃,取得了一系列实质成果。2019 年,甘肃与"一带一路"沿线国家进出口额为 200.9 亿元,同比增长 2.8%。在扩大贸易交流合作的同时,甘肃积极开展国际产能合作。金川公司、白银公司和酒钢集团等资源加工型骨干外贸企业加快"走出去"步伐,加大对外项目投资合作,初步形成了国际化经营格局;兰州海默科技公司在美国、阿联酋、阿曼、哥伦比亚等国家拥有 6 家海外子公司及分支机构;天水星火机床公司在法国并购成立法国索玛(SOMAB)公司;甘肃聚馨农业科技集团在白俄罗斯中白工业园投资建设啤酒麦芽加工项目等。

(三)人文交流领域不断拓展

甘肃是华夏文明的重要发祥地之一,沧海桑田,岁月悠久,留下了众多的历史遗迹和人文景观,有八千年大地湾,河岳根源,羲轩桑梓;有石器文化,西夏碑文,敦煌遗书;有骊轩古城,汉明长城,红西路军纪念地,丝路文化、长城文化、民俗文化和红色革命等多元文化在这里交融荟萃；还有大漠戈壁，冰川雪峰，森林草原等多类地貌，风光无限。这里也是古丝绸之路历史序列最为完整、遗存比较丰富的路段。因此，甘肃充分发挥文化旅游资源优势，加大与丝绸之路沿线国家的人员往来和文化交流，先后与 80 多个国家和地区开展了文化交流活动，出访、来访项目达 340 多个，全方位、多角度地展现甘肃文化风采。先后组织《丝路花雨》《大梦敦煌》《敦煌韵》《甘肃非遗展演》等一系列具有陇原风韵的艺术精品在国外展出演出；引导甘南唐卡、天水漆器、庆阳皮影、定西草编、平凉剪纸等众多具有浓郁特色的非遗文化产品积极"走出去"，亮相海外市场，使其成为宣传甘肃的文化使者；举办丝绸之路（敦煌）国际文化博览会、敦煌行·丝绸之路国际旅游节、公祭中华人文始祖伏羲大典、嘉峪关国际短片展等一系列重要展会节会活动，打造成为国际性的文化交流平台，扩大贸易合作。

站在新的历史起点上，在以习近平同志为核心的党中央的坚强领导下，2600 万陇原儿女将牢记嘱托，不辱使命，继续深入践行习近平总书记在视察甘肃时的重要讲话和指示精神，共同参与到"一带一路"伟大事业和伟大实践建设中去，一步一个脚印推进实施，一点一滴抓出成果，让丝绸之路经济带甘肃黄金段绽放出绚丽的光彩。

六、壮丽内蒙古：内外联动、八面来风

内蒙古高原莽莽，五千年长河泱泱；跨三北而邻接八省，横东西而联通四方；内守京畿而扼边关，拱卫中国而镇北疆；地大物博，东林西矿，百矿贮富，是中国畜牧之都、世界稀土之谷；天堂草原，歌舞之乡，奶酒溢觞，蓝天白云怡情，马头琴牧歌悠扬。

内蒙古全面贯彻落实习近平总书记对内蒙古重要讲话的重要指示精神，积极融入"一带一路"建设，扎实做好改革发展稳定各项工作，经济增长平稳运行，结构调整不断深化，质量效益持续向好，改革开放深

入推进,中蒙俄经济走廊建设进展良好,重点口岸和合作园区及重点沿边开发开放实验区建设加快推进,开放型经济水平全面提升,构建"北上南下、东进西出、内外联动、八面来风"之开放格局,建设"经济繁荣、社会进步、生活安定、民族团结、山川秀美"之北疆,经济社会发展再上新台阶。

(一)加强政策和规划对接

内蒙古将推进"一带一路"建设与俄罗斯跨欧亚大通道建设、蒙古国"草原之路"倡议紧密对接,加快建设中蒙俄经济走廊。根据中蒙俄三国签署的规划纲要,内蒙古开展规划对接、政策对接、项目对接,研究设立投资项目中心,加强项目前期工作和协调,先后出台了 12 项配套政策文件,为加强与周边国家合作建立了良好的政策保障。此外,还建立和完善了与俄蒙合作机制,与蒙古国经济发展部建立了常设协调工作组,会同有关省区与俄罗斯 7 个地区建立了中俄边境和地方经贸合作协调委员会,自治区口岸办与俄罗斯边界建设署建立了定期会晤和联合检查机制,与俄罗斯后贝加尔边疆区、蒙古国建立了"边境旅游协调会议"制度。此外,还与俄罗斯伊尔库茨克、克拉斯诺亚尔斯克等毗邻地区建立政府间定期会晤及交流合作机制,其中二连浩特与扎门乌德建立了口岸协调联络和联席会议制度。内蒙古还在乌兰巴托设立了代表处,逐步形成了中俄、中蒙毗邻地区友好交往常态化工作机制。

(二)互联互通成效显著

内蒙古坚持把基础设施互联互通作为"一带一路"的优先领域和重点方向,加强交通基础设施互联互通建设,建好"亚欧大陆桥",着力推进铁路、公路、民航、口岸、电力等基础设施建设,形成了铁路、公路、水运、空运等交通运输网络和多式联运通关方式,跨入全国多口岸省区前列。策克—西伯库伦铁路、二连浩特—锡林浩特铁路、京呼高铁建成通车,赤峰至京沈高铁连接线即将建成,集大高铁、包银高铁开工建设,满洲里至红石公路、乌力吉—查干德勒乌拉公路、锡林浩特至丹东高速公路全线贯通。新建通用机场 4 个,民用机场达到 33 个。呼伦贝尔森林草原旅游列车也已正式运行。鄂尔多斯至榆林高铁、通辽至齐齐哈尔高铁、齐海满高铁、锡林浩特至太子城快速铁路前期及建设工作稳步推进,集通铁路电气化改造、乌兰浩特至阿尔山铁路改造进展顺利。加快建设中蒙能源资源战略通道和储备基地,锡林郭勒至山东特高压配套煤电项目顺利推进;中石化鄂尔多斯煤制烯烃项目开工建设;中为鄂尔多斯能源煤炭地下气化示范项目投产;国电投乌兰察布风电基地一期600 万千瓦示范项目开工建设。同时,发挥口岸和国际通道的辐射带动作用,大力发展泛口岸经济,加快重点开发开放试验区等平台建设。加强口岸与腹地之间、航空口岸与陆路口岸之间的协作,促进大宗进出口产品落地加工,把通道经济变为落地经济。

(三)产能经贸合作取得新进展

2019 年,内蒙古外贸进出口总额为 1095.7 亿元,同比增长 5.9%,增速在中国各省市中排第 15 位,进出口增速高于中国 2.5 个百分点,其中对"一带一路"沿线国家的进出口额为 635.85 亿元,同比增长 3.3%。内蒙古还积极拓展对蒙俄投资经贸合作的领域和空间,开展国际产能和装备制造合作。深入推进国际产能合作和国内外产业转移承接,培育区域经济增长新引擎。和林格尔新区设立了中蒙、中俄、中欧等国际合作产业园区,积极吸引国际投资,大力发展能矿装备、制造业、资源能源加工业和对外贸易。内蒙古还积极推动清洁可再生能源合作,加快光伏、风电走出去步伐;促进农牧产业、水资源和生态保护以及新一代信息技术、中药、蒙药、新型材料等领域合作;大力发展涉外物流、金融、商务服务、文化交流、医疗卫生、旅游休闲等产业,建设中国北方商务中心,积极吸引境外企业入驻;加强法律、会计、咨询、评估等国际商业服务业发展。实施阿联酋赤峰"一带一路"草畜一体化项目,实施中国—以色列(巴彦淖尔)现代农业产业园项目,并加强与日本、白俄罗斯等国家的务实合作。目前,乌兰察布—二连浩特陆港已纳入国家物流枢纽建设名单,乌兰察布保税物流中心获得批准,鄂尔多斯综合保税区、巴彦淖尔保税物流中心封关运营。加强东中西互动合作,促进全面释放内陆开放潜力、提升内陆经济水平,构建全方位对外开放新格局。

(四)文化旅游合作展现新亮点

内蒙古拥有深厚的人文历史底蕴和丰富的民族文化资源,是中国北方民族史的重要组成部分,是长江、黄河和草原文化的交接点,不仅有连接内地与蒙古国、俄罗斯的草原丝绸之路,有古茶路、古盐路等历史古道,也有与蒙俄两国之间在长期友好往来、经贸合作、文化交流等方面的优势,有着较为深厚的民心基础。内蒙古"蒙元文化"独特,民族风情多姿多彩,誉称"马背民族","儿童能走马,妇女亦腰弓";蒙古长调深沉古朴,舒缓悠扬;呼麦清丽澄澈,浑厚圆润;鄂尔多斯婚礼广为传颂,驰名中外;昭君出塞,文姬归汉,传承千古佳话;《敖包相会》,妇孺皆知,红透大江南北。内蒙古风光独秀,景色如诗。呼伦贝尔、锡林郭勒、科尔沁大草原绿草如毡,牛羊漫野;大兴安岭群山起伏,碧树接天,林海奔涌;鄂尔多斯、阿拉善大漠孤烟,长河落日,驼影绵延;阿尔山火山遗迹,雄奇绝美,温泉遍地;达赉湖烟波浩渺,鱼翔浅底,居延海云水荡荡,遥看雁翔;望不尽山川连绵,兴安傲雪,广阔无垠,冰川雄奇,蓝色的蒙古高原,春夏秋冬,四季非凡。因此,内蒙古充分发挥旅游资源优势,弘扬和传承丝绸之路友好合作精神,加强新闻媒体、影视剧、动漫、网络游戏等文化产品对外合作,提升中华文化影响力。密切人文交流,加强旅游宣传推广合作,互办旅游宣传周、推广月等活动。加大旅游投资力度,整合旅游资源和品牌,建设呼包鄂旅游大环线,打造体现草原文化、独具北疆特色的旅游景区和旅游产品,提升了"内蒙古旅游"影响力。此外,还举办中蒙俄三国青少年夏令营活动、国际旅游节、国际冰雪节、国际美食节和国际摄影节,以及中国蒙古族服装服饰艺术节、内蒙古草原旅游那达慕、内蒙古冰雪旅游那达慕等节庆活动,还有中蒙俄经济走廊国际汽车拉力赛等国际赛事。中蒙俄三国联合在教育、文化艺术机构开展青少年国际交流。中蒙俄三国还探讨在大欧亚经济伙伴关系下,举办中国—蒙古国—俄罗斯青年艺术国际博览会。

(五)积极推进教育科技合作

内蒙古坚持拓宽与世界各国的人文交流合作,不断汇聚和释放文化促进开放发展的正能量,特别是与俄罗斯、蒙古国在教育科技、医疗卫生等方面的合作交流日益紧密。2017 年,内蒙古成功举办外交部内蒙古全球推介活动、第二届中蒙博览会、阿斯塔纳世博会内蒙古活动周。内蒙古大学、内蒙古师范大学和科研机构联合培养境外本科生和研究生,建立联合实验室、研究中心和科研基地,推动设立联合研究计划,积极促进科研人员交流、培训等方面合作,扩大增派互派访问学者和留学生规模。此外,还举办了第三届中蒙博览会和第二届阿尔山论坛。内蒙古实施"一带一路·光明行"蒙古国行动,促进了人文交流合作。

进入新发展阶段,内蒙古深入贯彻习近平总书记"更好地在大局下行动,既抓机遇、发展自己,又为全国大局担当责任、多做贡献"的要求及精神,发挥区位优势,积极融入新发展格局,主动对接丝绸之路经济带、欧亚经济联盟和"草原之路"倡议,加强交通基础设施建设,构建外向型产业体系,提升经贸合作水平,深化人文社会交流合作,发展中蒙俄睦邻友好关系,努力把内蒙古建成我国向北开放的重要窗口和中蒙俄经济走廊的重要支点,在加快自身发展赶超的同时,为保证祖国北方边境安宁做出贡献。

七、魅力黑龙江:向北开放、再谱新篇

黑龙江省地处东北亚中心区域,北部、东部隔黑龙江、乌苏里江与俄罗斯相望,扼东北亚之战略要冲,昂立中国东北地区,在中国沿边开放和国家安全格局中占有重要地位,是中国对东北亚地区和俄罗斯开

放合作的"桥头堡"和"枢纽站"。"一带一路"倡议实施以来,黑龙江深入贯彻落实习近平总书记在深入推进东北振兴座谈会上的重要讲话和考察黑龙江时的重要指示精神,注重同俄罗斯远东地区开展战略对接,积极参与中蒙俄经济走廊建设,创新实施黑龙江和内蒙古东北部地区沿边开发开放规划,打造我国向北开放的重要窗口,建设黑龙江(中俄)自由贸易区、沿边重点开发开放试验区、跨境经济合作示范区、面向欧亚物流枢纽区,加快形成全方位对外开放新格局。

(一)深入谋划积极作为

"一带一路"倡议提出后,黑龙江立足实际,把贯彻落实"一带一路"倡议作为老工业基地振兴和经济社会科学发展的统领,提出了"利用满洲里至绥芬河铁路通道,打造一条起自黑龙江通达俄罗斯和欧洲腹地的新'丝绸之路'"的目标,构建"黑龙江陆海丝绸之路经济带",制定《"中蒙俄经济走廊"黑龙江陆海丝绸之路经济带建设规划》,并成立"中蒙俄经济走廊"黑龙江陆海丝绸之路经济带建设领导小组,省委、省政府主要领导亲自担任领导小组组长,专门成立了领导小组办公室。

(二)政策沟通谋求共识

黑龙江地处东北亚中心腹地,向北、向西可经由俄罗斯通往欧洲其他地区、抵达波罗的海沿岸,向东可通过俄方港口经海路抵达日、韩,具有陆海联运的特殊优势。如今中俄新时代全面战略协作伙伴关系提升至新阶段,俄罗斯实施远东开发战略,辟建 14 个超前发展区,斥巨资改造西伯利亚铁路,建设符拉迪沃斯托克自由港,积极参与丝绸之路经济带建设。日韩企业也希望利用这条通道与中国、俄罗斯及欧洲其他地区开展贸易。黑龙江发挥地缘优势,注重同俄罗斯远东地区开展战略对接,目前,已同世界 36 个国家的地方政府和城市建立友好合作关系95 对,与毗邻的俄罗斯 5 个州区建立了省州长定期会晤机制。中俄地方合作理事会由黑龙江省担当中方主席单位,有效发挥民间交往主渠道作用,成员扩大到中国 16 个省(区、市)和俄罗斯 70 个联邦主体,增进了中俄民间友好,促进了各领域务实合作,积极参与冰上丝绸之路谋划,大力推进绥芬河、东宁重点开发开放试验区建设。

(三)设施联通阡陌通衢

黑龙江省以铁路通道建设为重点,联通对俄沿边铁路,加快省内高速铁路环路建设,建设口岸铁路连接线,促进设施联通;围绕亚欧大陆桥通道建设,努力提升道路通达水平。黑河—布拉戈维申斯克公路大桥建成,具备过货条件;中俄同江—下列宁斯阔耶铁路桥已于2022年开通;"滨海1号"和"滨海2号"国际运输通道过境运输合作持续开展;东宁界河公路桥前期工作加快推进。备受瞩目的黑瞎子岛保护与开放发展稳步推进,黑瞎子岛公路口岸开放获得国务院批复,中俄双方规划对接工作已经启动。中俄原油管道二线工程投入运营。

(四)投资贸易不断提升

2021年,黑龙江省货物贸易进出口总值1995亿元人民币,增长29.6%;对俄罗斯进出口总值1313.4亿元,增长34.8%。据中国海关总署数据显示,2021年,中俄双边贸易额约1468.8亿美元,同比增长35.8%。中国医疗器械、电子、轻纺产品对俄出口实现增长,天然气、铁矿石等大宗商品自俄进口量快速增长。全省各类开放平台竞相发展,中俄博览会、哈洽会成为黑龙江对外开放合作的亮丽名片。通过南联引资,相继建设了哈尔滨华南城、空港物流园、中俄国际物流园等对俄综合交易市场和物流园区。对外农业合作加快发展,在俄远东地区农业开发合作面积达到900万亩,与日本新潟县农林水产部签订三年合作协议。积极发展境内外产业园区,引导企业依托境外园区开展产品深加工,带动境内半成品出口,同时将俄方资源粗加工产品运回国内深加工。有170余户企业参与国际产能和装备制造业合作,海外市场拓展到170个国家和地区。国务院批复设立中国(哈尔滨)跨境电商综合试验区,牡丹江、绥芬河也相继开展了跨境电子商务试点。哈尔滨连续多年成为国内对俄出口电商包裹量最多的城市,中俄海关启动特定商品监管互认试点,在预先交换信息的情况下,对中方出口果菜、俄方出口锯材等特定商品实行出境海关单方查验、入境方海关直接放行。

（五）资金融通取得成效

绥芬河市开展了卢布现钞使用试点。国家外汇管理局批准在黑龙江省开展沿边开发开放外汇管理改革试点,实施了允许外商投资企业借用外债实施比例自律管理、放宽企业境外外汇放款管理、简化境内企业跨境担保外汇管理、外商投资企业外汇资本金意愿结汇等多项改革措施。跨境人民币业务发展迅速,与92个国家和地区开展了跨境人民币业务,其中涉及"一带一路"沿线36个国家。此外,对俄金融合作扎实推进,目前,中俄金融联盟成功合作4项跨境融资业务、金额126亿元,联盟中方成员对俄罗斯同业授信总额近200亿元,累计签署40多项合作协议。开展了中俄跨境电子商务在线支付结算业务。

（六）民心相通硕果累累

壮美黑龙江有着莽莽兴安岭,见证着中华民族的历史,有着滔滔黑龙江,诉说中华民族的悲壮;瑷珲古城、寿山将军府,矗立着人们与沙俄浴血奋战的丰碑;从抗联营里传出的《露营之歌》,仍然在中华大地上传唱;英勇不屈的黑龙江儿女,为保卫可爱的家园前仆后继。这里有运营百年的中东铁路,为天鹅颈下的珍珠——哈尔滨带来了异国风情,中央大街上处处弥漫西方时尚,"东方莫斯科"名声远扬,成为中西文化交汇地,被誉为"世界风情之窗"。这里有大小兴安岭,林海苍翠绵延;三江平原一望无际,良田万顷无垠。春有万山染绿,葱郁蔽日;夏有丁香怒放,山花烂漫;秋有五花山色,名画长廊;冬有银装素裹,塞外飘雪。黑龙江发挥文化旅游资源优势,成功举办了"中俄文化大集"、中俄青年友好交流年、中国—俄罗斯(哈尔滨)文学合作交流会、中俄主流媒体大型联合采访等双边文化活动和黑龙江国际文化周等多边活动。2019年,全省各地开展各类对俄文化交流活动113项,互访艺术团组达到116个,连续成功举办九届中俄文化大集。先后成立了中俄工科、中俄医科、中国东北地区与俄远东及西伯利亚地区三个大学联盟平台和中俄中学联盟,高校合作办学项目达 20 余个,黑龙江省"一带一路"沿线国家留学生占所有留学生的比例达到 70%。同时,积极发展生态观光、养生度假、冰雪旅游等中俄旅游精品路线和旅游产品,成功举办了中俄国际自驾车集结赛、中俄旅游节等活动,实现了国家边境旅游异地办证和外国人口岸签证政策落地。加强边境口岸城市中医和妇幼保健机构基础设施建设,在绥芬河开展了对俄医疗旅游试点。

下一步,黑龙江将落实好"中蒙俄经济走廊"建设规划,衔接好实施方案,以哈尔滨为中心,以大(连)哈(尔滨)佳(木斯)同(江)、绥(芬河)满(洲里)、哈(尔滨)黑(河)、沿边铁路四条干线和俄罗斯西伯利亚、贝阿铁路形成的连接亚欧的"黑龙江通道"为依托,建设连接亚欧的国际货物运输大通道,吸引生产要素向通道沿线聚集,发展境内外对俄产业园区,打造跨境产业链,构建发达的外向型产业体系,努力形成区域经济新的增长极,为我国扩大与俄欧、东北亚合作提供重要平台,建设我国向北开放的重要窗口,为国家"一带一路"建设提供重要支撑、做出重要贡献。

八、白山松水：南北联动、提速发展

吉林省位于中国东北地区中部,东与日本隔海相望,东南与朝鲜为邻,东北与俄罗斯接壤,是东北亚的腹心地带。雄浑壮美的江河山川,源远流长的历史文化,古朴淳厚的民俗风情,优美和谐的生态环境,使这片充满浪漫与神奇的东北大地成为令人神往的地方。吉林认真贯彻落实习近平总书记视察吉林时的重要讲话精神,以习近平新时代中国特色社会主义思想为指引,深度融入"一带一路"建设,积极应对疫情影响,精准把握形势变化,全力以赴打造对外开放合作新前沿,主动对接国家周边外交战略,积极参与国际经济合作,在开创吉林共建"一带一路"高质量发展新局面中取得了显著成效。

（一）拓视野，建平台，深度融入

吉林持续深耕东北亚区域，加大欧洲市场开拓力度，加快推动东北亚地理几何中心建设，打造成为经济中心和对外开放合作高地。深入实施长吉图开发开放先导区战略，加快推进中韩（长春）国际合作示范区、珲春海洋经济发展示范区、中国（吉林）自贸试验区等建设，完善政策、优化服务、提升功能，构建层级多样、覆盖广泛的开发开放平台体系。

（二）抓落实，盯项目，聚集成果

吉林结合"三个五"战略（发挥老工业基地振兴优势，推进体制机制转型和产业结构优化升级，加快创新发展；发挥国家重要商品粮基地优势，推进农业现代化和新型城镇化，加快统筹发展；发挥生态资源优势，推进生态文明建设，加强生态环境保护和资源利用转化，加快绿色发展；发挥沿边近海优势，推进长吉图战略，融入"一带一路"建设，加快开放发展；发挥科教、人才、人文优势，推进高校强省、人才兴省、文化大省和法治吉林建设；加强社会治理创新，排除各类风险隐患，加快安全发展）、长吉图战略，聚焦"一主、六双"产业空间布局（一主：长春经济圈；六双：双廊、双带、双线、双通道、双基地、双协同六个规划），以"双带""双通道"为重点，加快重大基础设施建设，畅通对外通道，促进互联互通。围绕现代新型汽车及零部件、轨道交通、现代农业、文化旅游等领域，拓展与"一带一路"沿线国家的合作，加强双向互动，跟踪推进一批重大外资项目建设，争取更多实质性成果。

（三）补短板，强弱项，设施联通

积极推进中国阿尔山至蒙古霍特铁路、图们至珲春至扎鲁比诺港铁路扩能等项目建设，规划建设珲春至（俄）扎鲁比诺标准轨铁路、珲春至（俄）符拉迪沃斯托克高速铁路和高速公路。加快白城内陆港建设，推动连接松原、白城直达蒙古国的国际运输通道建设。推进口岸建设,建设中俄珲春分水岭公路口岸,推进集安公路口岸、安图双峰口岸升级,推动图们铁路口岸增加国际客运功能,改造和建设珲春铁路口岸千万吨国际换装站。推进与俄罗斯共建共营扎鲁比诺港、斯拉夫扬卡港、珲春出海码头及疏浚、罗津港扩能改造等项目建设。稳定"长满欧""长珲欧"中欧班列运营,拓展陆海联运航线,提高货物通关便利化水平。加快跨境电商发展,采用"线上＋线下"、线上为主、线下跟进实施方式,培育壮大新的增长点。2020年一季度,吉林省外贸进出口完成 300.7 亿元,同比增长 0.1%,高于全国平均 6.5 个百分点,增速在全国排第 7 位;跨境电商交易额增长 19%,其中跨境电商零售进出口增长 11.1 倍。加强防疫、科技、经贸等方面交流,营造良好合作氛围。

(四)搭平台,促交流,民心相通

吉林省具有悠久历史、浓郁民俗风情和灿烂关东文化,文化底蕴厚重。高句丽王城、千年神秘壁画、丸都山城的残垣断壁和"海东第一碑"的好太王碑等历史遗存,记录着世界古代共同文明的壮丽篇章。巍巍长白山,莽莽苍苍,山峦叠翠;查干湖冬捕,祭湖醒网,堪称北方的雪野奇景;歌舞向海,鹤的家乡,鸟类乐园;素有歌舞之乡美称的延边州,民风淳朴,热情好客,民族风情绚丽多彩;关东血脉,性情豪放,胸襟博广坦荡,衍生出丰富多彩的民间文化和民间艺术。吉林省是"大东北"旅游的必去之地,更是东北特色深度旅游的集中体验目的地。以长白山为代表特色,以省会长春为集散地,在不同季节打造出东部、南部和西部不同特色的旅游精品线路。吉林省充分发挥文化旅游资源优势,广泛开展文化交流、学术往来、人才交流合作。吉林省加强旅游合作,扩大旅游规模,举办旅游推广周、宣传月等活动,联合打造具有吉林特色的精品旅游线路和旅游产品。

吉林正在主动融入"一带一路"建设,加强与沿线国家交流与合作。加快建设中国图们江区域(珲春)国际合作示范区,深化大图们江区域国际合作,推动中朝陆海国际大通道建设,推进图们江出海通道建设,推动图们江区域国际经济走廊建设,为"一带一路"建设做出新贡献。

九、壮美辽宁:开放创新,率先突破

辽宁省位于东北地区南部,南濒黄海、渤海,东南以鸭绿江为界与朝鲜隔江相望,战略地位十分重要。这里有甲午海战,壮士的悲歌,记录着"九一八"事变日本入侵东北、掠夺宝藏的山河破碎;更记录着辽宁儿女担起救亡重任,同仇敌忾,共赴国殇的爱国情怀。十四年抗战,鲜血染透白山黑水;抗美援朝,保障支援坚强有力。这里是新中国工业的钢铁脊梁,见证了中国第一炉铁水沸腾、第一架战斗机腾空、第一艘航母、第一条高速公路开通……这里不知贡献了多少大国重器,填补了多少产业空白。这里沿边又沿海,是"一带一路"建设的重要节点。党的十八大以来,习近平总书记对东北、对辽宁高度关注、深情牵挂,多次作出重要指示批示,提出"四个着力""三个推进",指出新时代东北振兴是全面振兴、全方位振兴,强调要补齐拉长"四个短板"、扎实做好"六项重点工作"。辽宁省认真贯彻落实习近平总书记在辽宁考察时和在深入推进东北振兴座谈会上的重要讲话精神,牢牢抓住扩大开放这个突破点,深度融入共建"一带一路",加快推进辽宁"一带一路"综合试验区、中国—中东欧"17+1"经贸合作示范区、东北亚经贸合作先行区建设。建好用好重大开放平台,深入推进大连东北亚国际航运中心和中国(辽宁)自贸试验区建设,对接国家区域发展战略,承接高端产业转移。为此,成立了推进"一带一路"建设工作领导小组。省委、省政府先后印发了《辽宁省参与建设丝绸之路经济带和21世纪海上丝绸之路实施方案》《关于加快构建开放新格局以全面开放引领全面振兴的意见》等,在引领东北全面振兴和"一带一路"建设中取得了显著成效。

(一)政策沟通不断深化

辽宁加强与"一带一路"相关国家发展战略对接和政策协调,国际"朋友圈"进一步扩大。一是政府间交流合作日益紧密。辽宁全方位开展与亚洲、欧洲等地区国家的高层交流,着力推进战略层面对接合作,截至2019年,辽宁已与27个国家结成17对友好省州和69对友好城市,促成一批合作项目落地实施,取得了突破性成果。国际合作广度深度明显提升。辽宁与俄罗斯远东地区、日本关西地区深化区域战略对接。与日本贸易振兴机构、韩国北方经济合作委员会、柬埔寨发展理事会、新辽理事会及相关国家驻辽领事馆建立沟通机制,共商共促项目合作。三是重大外事活动搭建合作桥梁,重大外事经贸活动的溢出效应明显。2019年,辽宁举办了第13届大连夏季达沃斯论坛,总投资236亿元的16个大项目集中签约;召开了第十次新加坡—辽宁经济贸易理事会,成功引进11个合作项目。

(二)设施联通加快拓展

辽宁省充分发挥其陆海运输枢纽优势,推进与境外国家"陆海空网冰"全方位互联互通,不断加快互联互通综合运输体系建设。稳步推进跨境通道建设,努力构建"辽满欧""辽蒙欧""辽海欧"三条跨境运输大通道。港口整合提速提质,打通"辽海欧"北极东北航道,大连港北极东北航道实现通航。相继恢复或开通沈阳至法兰克福,以及日本、韩国和东南亚等的空中航线。互联互通基础设施加快完善。港口整合取得阶段性成果,进一步理顺大连港、营口港体制机制。中欧班列平稳运行,回程运量有所提高。在国内率先实现陆地县县通高速公路,即将实现市市通高铁。

(三)贸易畅通成果丰硕

"引进来"与"走出去"并行发力,开放载体功能不断提升,与114个国家和地区有经贸往来,利用外资实现重大突破。投资30亿欧元的华晨宝马新工厂、投资107亿美元的华锦阿美石化工程相继落户辽宁。沈阳雷诺商用车、大连英特尔等项目顺利推进。一批有世界影响力的标志性项目接踵而来、落地结果,为辽宁省稳外资、稳投资发挥了积极作用。此外,境外投资也取得重要进展。东软医疗非洲影像诊断、沈变集团蒙古国及巴布亚新几内亚输变电项目等60余个境外投资项目相继启动,乌干达辽沈工业园、沈变集团印度产业园等境外园区持续壮大,沈阳国合、远大集团等众多企业承包工程遍布海外,有力拉动了省内原材料、设备、技术、劳务出口,部分项目填补了相关国家的产业空白,实现省内效益与境外效益相统一。开放载体功能显著提升。中国(辽宁)自由贸易试验区等开放平台功能凸显,沈阳、大连国家级电子商务试验区及葫芦岛泳装跨境电商平台等外贸新业态新模式持续壮大。截至2019年,辽宁自贸试验区123项改革任务落地113项,完成率居同批七家自贸试验区前列,入驻企业达到4.7万家。沈阳、大连跨境电商综合试验区着力打造辽宁"丝路电商"。营口综合保税区封关运行,14个外贸转型升级基地获得国家批准。第二届"一带一路"国际合作高峰论坛首日,东软集团与马来西亚拉曼大学附属医院全信息化项目便被纳入"数字丝路"分论坛签约成果,东软医疗在非洲信息技术助力医疗健康的典型宣传案例也被写入"数字丝路"分论坛宣传册,辽宁元素十分亮眼。全面开放一般制造业,扩大电信、新能源汽车等多领域开放,对外合作层次逐步提升。体制活、功能强、聚集强的各类载体正成为辽宁开放合作新高地。

(四)资金融通稳步推进

"银政企保"融资支持能力增强,金融领域开放活力得到提升。辽宁的金融服务举措不断出新。辽宁与国家开发银行签署全面战略合作协议。2018—2019年,辽宁信保支持本省境外项目和外贸出口58.58亿美元,新增服务企业287家,成功举办多场银企对接融资活动,促成融资签约736亿元。金融开放空间不断拓展。国开行辽宁省分行对白俄罗斯银行授信1亿欧元、对白俄罗斯财政部授信35亿元。大连商品交易所铁矿石期货引入境外交易者,标志着我国期货市场对外开放和期货品种国际化迈出重要一步。

(五)民心相通影响广泛

天地辽宁,壮美无垠。这里有红山女神微笑颔首,见证了中华五千年文明的始点;这里有辽金文化,保留着那个时代政治、经济、文化的交融互鉴;满绣旗袍摇曳生姿,赫图阿拉城歌舞依旧;九一八历史博物馆钟声阵阵,警示后人历史不能忘记;雷锋从这里走出,无私奉献精神代代传承;边境城市丹东山清水秀,盘锦红海滩丹顶鹤翩跹起舞,辽东湾斑海豹在万顷碧波里嬉戏邀游。壮美辽宁,天地澄和,风物闲美,文化厚重,更应发挥优势深化文化、教育、医疗等领域的国际交流,增强文化认同,讲好辽宁故事。特色文化交流和海外推广深受欢迎。牛河梁遗址列入世界文化遗产预备名录,辽宁芭蕾舞团等文艺单位在海外公演取得良好效果,铁岭非遗网积极传播中国非物质文化遗产。辽宁还与多国建立了旅游合作机制。教育国际合作持续推进,与百余所国外院校广泛开展交流合作、学科共建,建立11所境外孔子学院,辽宁大批社科机构、高等院校相继建立"一带一路"学术研究机构,深入推进辽宁"一带一路"理论研究与实践创新。"辽宁健康丝路"建设成效显著,东软医疗、何氏眼科、辽宁中医研究院等企业机构在非洲、东南亚国家合作项目社会效应良好。大连夏季达沃斯论坛成为政经商学媒共议开放的重要平台。中国国际装备制造业博览会(沈阳制博会)、中国国际软件和信息服务交易会(大连软交会)等品牌展会国际影响力逐步提升。

大河奔流开新路,层峦耸峙争高峰。站在新时代的历史起点上,辽宁省以习近平总书记视察辽宁时的重要讲话和二十大精神为指引,团结奋斗,积极作为,励精图治,在东北全面振兴中率先取得突破,重现"辽老大"地位,再创辽宁新辉煌。

第十章　危中有机:砥砺前行共克时艰

当今世界正经历着百年未有之大变局,面临着层出不穷的挑战与威胁,来势汹汹的新冠疫情席卷全球,单边主义与保护主义回潮,全球化遭遇逆流,世界经济陷入自 20 世纪 30 年代以来最严重的衰退……世界经济新旧动能加速转换,国际格局和力量对比加速演变,全球治理体系深刻重塑,国际社会再次来到何去何从的十字路口,既充满机遇,也存在挑战。

一、大国博弈竞争加剧

经过 70 多年的发展,中国已迅速崛起为世界第二大经济体,引起了美国的疑虑和戒惧。在美国看来,中国的发展已经危及"美国第一",理所当然地成了美国全球霸权地位的最大挑战者,成了美国一个"前所未有的对手"。对于这样的"对手",美国必然会在各个层面遏制中国的发展,处处将中国作为防范的主要对象,从经济、政治、军事、宗教、人权等方面对中国制造麻烦,使中国的国际发展空间受到挤压。中美博弈加剧成为影响共建"一带一路"最大的不确定因素。

第一,"美国优先"。近年来,美国奉行"美国优先",追求一家独霸和所谓"绝对安全",谋求"世界领导地位",推行单边主义、霸权主义、强权政治,加剧地区冲突,使国际安全体系和秩序受到冲击;大搞贸易保护主义、"逆全球化",挑起贸易战,导致中美之间经贸摩擦和争端不断升级,采取极限措施对中国进行打压,甚至信口雌黄,抛出荒谬言论污蔑诋毁中国,攻击和抹黑中国内政。

第二,"印太战略"。美国积极推行"印太战略",旨在陆上建立一个以阿富汗为中心、连接中亚和南亚,并向中东地区延伸的国际经济与交通网络;在海上形成日本、澳大利亚、印度大三角包围圈,力图形成对我国围堵的多重岛链,建立一个反对中国的排他性区域集团,其真实意图在于整合中国周边的战略力量,以削弱中国的影响力,遏制中国崛起,从而保持美国霸权。"印太战略"必然会对"一带一路"倡议产生不利影响,构成竞争性挑战。美国加强对亚太地区的力量投入,不断调整亚太同盟关系。美国认为日本、韩国、澳大利亚和印度是其推进"印太战略"的盟友,强化其与日本、韩国、澳大利亚的军事同盟,意图改变这一地区的力量对比关系,强化其战略优势,挤压中国的战略空间。美国和印太区域内的联盟国家都在加强自身在印太地区的军事存在,美方通过升级安全伙伴关系,力图把美国的准盟国变成盟国,把安全伙伴关系变成准军事同盟;拉拢"潜在的战略伙伴",提升美国与地区重要国家的军事合作水平,构建以美国为幕后"操盘手"的网络化安全架构。美国加强对亚太地区的力量布防,在南海局势管控、海洋权益维护方面对中国构成挑战;同时在中国周边加大围堵行动,拉拢印度与亚太地区国家展开频繁的双边、多边军事演习以增强经济联系和军事合作,不仅对中国台湾出售武器,而且不断在中国周边举行军演,还直接介入中国与越南、菲律宾等国的南海争端,利用钓鱼岛问题强化美日联盟。特别是美国一直在利用台湾问题遏制中国,极力挑起争端和矛盾。

第三,"不断抹黑"。随着"一带一路"建设的不断推进,美国不断利用媒体和智库抹黑"一带一路"倡议和有关合作项目。美国明确将"一带一路"倡议视为中国全球战略的组成部分,担忧中国在全球范围内挑战和损害美方利益,认为中国欲借"一带一路"对欧亚大陆进行控制,并进而谋求"全球霸权"。美国战略人士认为"一带一路"倡议是中国在全球范围内推行的"掠夺性经济",大力宣扬"债务陷阱论",宣扬"一带一路"将使相关国家背上巨额债务,大力宣扬"滋生腐败论""产能污染论""破坏安全论""输出模式论"等一系列消极论调。美国军方人士还公开表示"一带一路"向非洲和拉美地区的扩展将动摇美国在第二次世界大战后所获霸权地位的基础。

从上述情况看,不管中国愿不愿意,美国把中国作为潜在对手的事实是不以中国的意志为转移的。这就意味着共建"一带一路"不会一帆风顺、一路坦途。

二、周边地区形势不稳

中国周边地区政治的不稳定性,势必会影响我国的安全形势。众所周知,中国"一带一路"沿线诸多国家政治与社会发展滞后,部分国家政治局势不稳,国家治理能力有限,国内政治派别与利益集团众多,民族与宗教问题存在潜在冲突,可能导致这些国家参与"一带一路"时出现政策的朝令夕改,甚至可能设置人为的障碍,给推进"一带一路"建设带来一定的负面影响,对深化相互投资及产业合作带来较大的不确定性。

(一)中亚地区

中亚地区总体形势保持稳定,经济增长速度有所放缓。塔吉克斯坦总统大选,土库曼斯坦议会选举平稳举行,乌兹别克斯坦总统地位稳固,哈萨克斯坦领导顺利完成接班;吉尔吉斯斯坦各派政治势力围绕矿产资源国有化、反对派领袖受审等问题内斗不止,政治局势动荡,民粹情绪高涨。这一地区的安全风险不容忽视,宗教极端主义和恐怖主义仍是重大安全威胁;各国边境冲突时有发生,在一定程度上影响了地区稳定。中亚不仅长期受"三股势力"的袭扰,而且已经遭到了新近崛起的"伊斯兰国"(ISIS)恐怖主义的渗透,突发的群体性事件和恐怖事件依旧困扰着各国政府,这势必会影响我国的安全形势。

(二)南亚地区

南亚是世界上风险较高的地区之一,由于政治及宗教上的差别,恐怖主义活动猖獗,"伊斯兰国"开始加紧在南亚地区的渗透,安全形势尚未彻底扭转,当地的政局尚不稳定。印度自视为南亚"超级大国",对域外大国在南亚的行动存在复杂的心态,不能容忍域外大国"染指"南亚;与巴基斯坦关系紧张,双方武装冲突几乎从未中断;虽为孟中印缅经济走廊首倡国之一,但对走廊的态度相当微妙,对中国"一带一路"倡议反应冷淡,主流观点认为"一带一路"倡议是中国的地缘政治工具。孟、缅关系长期不睦,却都对印度有较大忌惮,不敢在推进孟中印缅经济走廊方面过于冒头。阿富汗是区域内风险较为突出的国家,国内政治和解与重建难以推进,地方军阀力量强大,民族和宗教矛盾突出,安全局势依然严峻,极端主义、恐怖主义和分裂主义盛行。

(三)东南亚地区

东南亚地区局势基本保持平稳,但面临政治和经济发展转型的压力,不确定因素有所增加,受大国关系重构的影响,东南亚安全局势变得比较复杂。印尼政治局势动荡;越南政治权力结构发生重大变化,高层党政军权力相对分散,初步实现了制衡,但对华的焦虑感与恐惧感上升,反华小动作不断,不确定性增强;柬埔寨人民党继续执政;菲律宾杜特尔特政府执政进入中后期,政治社会压力逐渐增大;缅北战乱频发,各股势力错综复杂,缅甸的和平统一之路依然遥遥无期,内战存在一定扩大化的风险,部分群体对中国存在一些误读,甚至夹带着一些"疑华""反华"情绪;马来西亚与新加坡矛盾严重;印度尼西亚、泰国、马来西亚等国也长期存在着反政府武装、地方自治势力、宗教极端势力等不安全因素。

(四)东北亚地区

韩国经济高度依靠中国,安全则依靠美国,美国在韩国部署"萨德"

反导系统,严重破坏地区战略平衡,严重损害地区国家战略安全利益。日本在安全和经济上完全追随美国,致力于推动所谓"印太战略"和"集体自卫权",调整军事安全政策,增加投入,谋求突破"战后体制",军事外向性增强。朝鲜半岛局势有所缓和,但仍存在不确定因素,朝鲜继续加强与中国的全面合作,同时努力跟美国"和解",还在积极加强与韩国的协同。

总之,周边国家政局多变,既有本国矛盾错综复杂的内因,也有大国角逐与干涉的外因。而任何周边国际局势动荡都会对中国构成新的挑战,也对共建"一带一路"构成现实的威胁,需要密切关注。

三、民族宗教矛盾交错

中国周边国家政治制度和经济发展水平差距较大,存在着民族、宗教等诸多复杂多变的矛盾。在"一带一路"倡议的实施过程中,宗教因素是一个需要考虑的重要问题,具有双重效应。一方面,宗教可以发挥助推力作用,推动世界各国友好往来和文明交流互鉴;另一方面,宗教在一定的外力作用下会产生风险,引起地缘政治危机、经济危机、社会动荡、民族矛盾、宗教冲突、文化冲突等连锁反应。

第一,中国周边是民族宗教矛盾的交织区。在这片广袤的土地上,生活着 500 多个民族,这里是伊斯兰教、基督教、佛教、犹太教、印度教等众多宗教的发源地。民族宗教情况极为复杂,各种矛盾突出。

第二,文明体系冲突。"一带一路"特别是"丝绸之路经济带"沿线是各种文明之间的连接地带,学者潘光称之为中亚、高加索、巴尔干的丝绸之路沿线文明断裂带。① 然而,文明断裂带往往也是文明交汇、融合带,居住在"一带一路"沿线的不同文明、宗教、民族之间既有碰撞,又

---

① 潘光.欧亚陆上丝绸之路沿线的"文明断裂带"研究—兼论"文明冲突论"的双重性[J].俄罗斯研究,2016(6):91-108.

有着对话、交流和友好交往。需要注意的是,丝绸之路沿线各种文明在断裂带接触、碰撞时,产生了一些摩擦和纷争,如基督教(天主教、东正教)、伊斯兰教、佛教等的矛盾与冲突,以及不同民族文化与种族的矛盾与冲突。某一特定事件的爆发难免对周边国家乃至多个国家产生较强的国家风险外溢效应,从而很有可能对丝绸之路上的经济、文化交流与合作形成干扰,这对"一带一路"倡议的实施无疑是一个挑战。

第三,"一带一路"沿线各国大都是世界宗教信仰群体聚集区,由宗教分歧、教派矛盾、民族纷争、部落冲突等引发的社会风险日益增多。如"一带一路"沿线国家在宗教极端主义思想影响下暴恐活动频发,包括中东"伊斯兰国"势力,东南亚伊斯兰分离主义、印度教民族主义、缅甸佛教极端势力、斯里兰卡佛教民族主义等,都是"一带一路"倡议面临的宗教方面的风险。

第四,近几年来,在各种复杂因素的作用下,恐怖势力抬头,恐怖威胁依然严重。国际恐怖势力在中国周边频繁滋事,恶化了中国周边环境,直接威胁着中国国家安全。特别是以"东突厥斯坦"为代表的国际反华恐怖势力,在某些西方大国的纵容下,与其他国际恐怖势力勾结,对中国西部安全构成了直接威胁。

第五,中国周边地区热点问题呈现复杂化的趋势。中国周边各区域的主要热点问题包括朝核问题、中日东海问题、钓鱼岛争端、南海问题、中印边界争端、印巴冲突、阿富汗重建、"三股势力"(恐怖主义、分裂主义、极端主义)等,这些问题具有长期化、复杂化的趋势。

第六,中国现在是大部分周边国家的第一大贸易国,但中国在地缘经济上的影响力并没有转化为在地缘政治上的作用力。随着中国的崛起,中美经济实力差距缩小,美国担心被挤出中国周边地区,故加强对中国的战略遏制,以挤压中国的战略空间;周边大国如印度、日本、澳大利亚等,则担心自身对于所在次区域的主导权旁落,故加强与美国的战略互动以牵制中国;周边小国则采取经济与安全的二元分离,安全上依靠美国、经济上不放弃中国,避免在所有议题上倒向一个国家,以寻求自身独立性。特别是担心中国能否抵挡霸权诱惑,以及与中国有领土领海争端的国家,对华态度表现为近而不亲、心存畏惧。

四、传统非传统安全交织

进入21世纪以来,世界"一极"与"多极"矛盾加深,传统安全与非传统安全威胁的因素相互交织,政治与经济、社会问题相互影响,世界范围内的不稳定、不确定、不安全因素大量增加。近年来,全球非传统安全问题日趋上升,恐怖主义威胁和互联网等非传统安全问题仍处在高风险期。由于恐怖组织的扩张与袭击目标的泛化,国际反恐合作进展有限,在世界范围内发生大规模恐怖袭击事件的可能性难以排除。面对恐怖主义这类地区安全的重大威胁,中国仍需继续通过各类多边国际机制加以应对。

第一,以恐怖主义为代表的"三股势力"日益成为中国周边地区面临的重大安全威胁。阿富汗和中亚地区曾是国际恐怖主义和民族分裂主义、宗教极端主义的重要基地和活动场所,美国发动阿富汗战争后,上述"三股势力"虽受到沉重打击,但未偃旗息鼓,仍在暗中积蓄力量,并不时制造新的恐怖袭击事件;在东南亚,恐怖主义在进一步蔓延和发展,当地的伊斯兰激进势力与"基地"组织相勾结,制造了一系列恐怖袭击事件,恐怖主义已成为东南亚地区安全的现实威胁;在南亚的印、巴等国,恐怖主义活动也出现新的发展势头。近年来,受国际环境变化和地区局势影响,周边地区的极端组织呈现出相互交叉、思想相互融合、活动范围"外溢"的特点,部分极端组织加强了对中国新疆等地的渗透,与中国境内极端势力相互勾结,对中国国家安全造成严重影响。

第二,毒品种植、武器走私、跨境犯罪等问题困扰着周边地区的和

谐与稳定。长期以来,阿富汗的制毒、贩毒活动十分猖獗,其海洛因生产量占世界产量的 77%。[①] 阿富汗等国的毒品种植和走私活动不但影响周边各国的社会治安,而且与宗教极端主义、恐怖主义势力相结合,对地区安全造成负面影响。近年来,阿富汗等国毒品对我国影响增大,也给国际反华势力以借口对我国构筑战略包围圈,严重威胁我国的国家安全。我国周边除存在制毒、贩毒等传统安全问题外,偷运非法移民包括贩卖妇女儿童、海盗、武器走私、洗钱、国际经济犯罪和网络犯罪等非传统安全问题也日益突出,如中国的"两洋"海上战略通道面临的海盗威胁,特别是印度洋东西两端的海盗威胁日益严重,对中国的经贸、能源运输安全等造成直接影响,成为影响国际和地区安全的重要不确定因素,对国际和地区的和平与稳定构成新的挑战。

第三,水资源、生态环境等问题对地区安全的挑战严峻。经济发展和人口增长等因素造成中国及周边各国面临着日益严重的水资源短缺与污染、城市空气污染与林火雾霾、生物多样化丧失、气候变化等环境问题。中国是国际河流最多的国家之一,在 15 条主要国际河流中,有12 条发源于中国境内,这些国际河流涉及周边 19 个国家的将近 30 亿人口。近些年,在水力开发利用、水资源污染防治、生态环境保护等方面,中国与周边国家产生了一系列的争议。水资源问题,已经成为影响中国周边安全不容忽视的因素。近年,中国对国际河流境内部分的开发利用,引起了一些周边国家的非议,国际媒体报道中不断出现"中国正在用水牵制亚洲地区""中国过度使用国际河流将给其他国家造成生态灾难""中国利用生态武器制造洪水"等言论。中国与周边国家的水资源争端,还引发了域外因素的介入,其中美国和日本就是以水资源争端牵制中国的急先锋。与南海问题一样,介入湄公河事务也是美国"重返"亚洲的重要突破点。

---

① 阿富汗罂粟产量新高 可能引发全球因海洛因死亡人数增加[EB/OL]. (2015-06-29)[2021-05-30]. http://world.people.com.cn/n/2015/0629/c1002-27221903.html.

因此,加强非传统安全的合作与机制建设是周边各国的共识,积极推动与周边国家在宽领域、多层面的区域合作,将成为中国提供公共产品、促进地区安全互信的有为领域。中国与周边国家之间在发展程度、利益需求、地区设计上都存在很大差异,加上历史认知、领土纠纷、美日等区域外国家势力介入等因素的存在,建立一揽子多边区域合作机制的难度较大。但是在以国际河流问题为代表的非传统安全领域内,双方的合作潜力巨大。

五、经济下行压力增大

当前,世界之变、时代之变、历史之变正以前所未有的方式展开,人类社会面临前所未有的挑战,世界未有之百年大变局加速演进,国际环境的不稳定性、不确定性明显增加。

从国际上看,2023 年持续 3 年的疫情将缓和,全球越来越多的国家和地区疫情防控政策的调整,对疫情管控逐步达到全部放开,这是当前对世界经济最大的利好。2022 年 10 月份全球通胀率达到 9.4%,是 30 年以来的高点。2023 年全球性通胀将趋于缓和,但美国及其他主要经济体加息,导致各国债务成本以及利息支出大幅增加,"一带一路"沿线国家和新兴经济体债务危机风险加大,对其经济造成冲击不可避免地会影响到中国。2022 年内美联储连续七次加息,通过激进加息来控制通胀,2023 年美元暴力加息将缓和,但爆发金融危机风险加大。2023 年,中美经贸关系博弈斗争仍非常激烈,美国战略转向后,将对中国不断设置障碍、不断出难题,外部挑战依然严峻。从全球经济走势看,经济全球化遭遇逆流,世界进入动荡变革期,国际贸易和投资大幅萎缩。在新冠肺炎疫情影响和俄乌冲突延续的环境下,世界经济的萎缩与不稳定性,势必会产生严重的溢出效应,使国内一些长期积累的矛盾和问题有所强化,这对我国经济带来了前所未有的影响,形势仍然严峻,国内经济面临的困难挑战特别是经济下行和就业压力仍十分突出。

从国内看，2022年消费、投资、出口全面下滑，就业压力显著加大，企业特别是民营企业、中小微企业困难凸显，金融等领域风险有所积聚，基层财政收支矛盾加剧。但面对复杂严峻的国内外形势和多重超预期因素冲击，中国经济顶住了压力。中国经济的基本面尚未改变，中国经济长周期稳中求进、稳中向好、稳中向远、稳中向强的要素依然稳固。中央经济工作会议对2023年经济工作作了详细部署，整体来看，会议释放了今年经济运行有望总体回升这一明确信号。2023年，中国社会生活将逐步恢复正常，我分析，2023年一季度缓慢回升，从二季度开始，可望强劲反弹。但同时也潜藏着一些亟待进一步解决的问题和矛盾。

从西部地区看，一是西部地区经济复苏和巩固脱贫攻坚任务更加艰巨。疫情不仅增加了巩固脱贫成果的难度，还使已脱贫人口返贫和边缘户致贫压力加大。二是西部地区对传统的基建和新基建的投入更加困难，缺口更大。经济发达、人口密度大的东中部地区大规模基础设施建设基本完善，新基建中这种布局惯性和倾向依然存在，这对西部地区特别是沿边地区发展极为不利。三是西部地区公共医疗卫生仍然薄弱，疫情对脆弱的西部的经济潜在影响更大，防控放开了，并不是说新冠的后遗症就没有了，需要长时间去克服。四是"在全国竞相发展的大环境中，东中部地区对西部地区发展的虹吸效应非常明显，西部地区愈加发展慢、发展迟"[①]。因此，西部地区能否成功爬过这道坎，强化举措抓重点、补短板、强弱项，实现经济持续增长和转型升级，唯一选择是深化改革、扩大开放，实现经济高质量发展。在这样的宏观背景下，西部大开发第一阶段是打基础，第二阶段是发展特色经济，进入第三阶段，重点则应该在于积极落实"一带一路"倡议，加大向西开发力度，发展外

---

① 刘以雷.疫情对西部经济的影响更大，应着重缩小东西部地区的发展差距[OB/OL].(2020-04-21)[2020-06-07].https://www.sohu.com/a/389775180_100160903.

向型经济,西部地区与东部地区都是"一带一路"建设的主战场。随着"一带一路"深入推进,西部地区要加强与周边国家的合作成为未来对外开放合作的重点,要加大改革开放力度,稳预期、稳信心,继续保持经济持续增长。我认为西部大开发兼具外向型经济扩大内需的两种功能,即减少国际大环境对外向型经济的冲击,降低中国经济的对外依赖度;开拓外向型通道,与东部地区对外开放互补,促进国内国际"双循环"。

对沿边地区来说,沿边地区是多民族交汇融合的地区,是"一带一路"建设的重要支点,对促进民族团结、边疆稳固具有不可替代的重要作用,既是西部大开发的重点区域,也是发展的难点区域。近年来受疫情冲击,沿边地区经济发展普遍下滑,部分地区已经出现增长乏力甚至是停滞。2023年1—2月,随着疫情防控进一步优化,线下消费强劲反弹,消费场景逐渐活跃,沿边地区经济出现恢复性增长,部分地区有希望恢复到2019年的水平。随着"一带一路"深入推进、西部地区与周边国家全面合作,国家战略重心将进一步西进,加强沿边地区与周边国家的合作成为未来的方向。但沿边地区也面临一些困难和挑战,沿边地区受资源环境和体制机制的双重制约,加之自主创新能力弱、经济结构不合理,发展后劲不足,产业结构优化和升级缺乏有效动力;特别是还受到特殊的地理气候,自然条件严酷,生态环境脆弱,发展空间受到严重制约。

党的二十大报告指出:"我国发展进入战略机遇和风险挑战并存、不确定难预料因素增多的时期,各种'黑天鹅''灰犀牛'事件随时可能发生。我们必须增强忧患意识,坚持底线思维,做到居安思危、未雨绸缪,准备经受风高浪急甚至惊涛骇浪的重大考验"[1],这是我们判断经济走势的遵循。当前,我们既要看到经济全球化遭遇逆流,世界经济发展

---

① 党的二十大报告辅导读本[M]. 北京:人民出版社,2022:24.

更加不确定、不均衡、不可持续的现状，以及导致经济下行甚至深度衰退的存量矛盾和增量矛盾同时存在；也要看到导致世界经济危机的一些基本要素将会有所松动，世界经济增长或将好于相关国际组织的预测。我们既要看到世界经济衰退风险上升，外需增长放缓，国际供应链格局加速重构，外贸发展环境严峻的情况；也要看到中国与"一带一路"沿线国家和周边国家的经贸合作呈现的逆势增长态势，经贸合作取得的令人瞩目的成绩。2022年，我国外贸进出口顶住多重超预期因素的冲击，规模再上新台阶，质量稳步提升。2023年，如"一带一路"沿线国家和周边国家经济复苏顺利，叠加我们所采取的一些积极措施能够真正落地，沿边地区对外经济贸易有望实现快速增长。我们既要看到新冠肺炎疫情和俄乌冲突对共建"一带一路"造成的不利影响，也要看到我国经济稳中向好、长期向好的基本面没有变，经济潜力足、韧性大、活力强、回旋空间大、政策工具多的基本特点没有变，我国发展具有的多方面优势和条件没有变。综上，我们要运用辩证思维看待新发展阶段，从变化中寻找机遇、从挑战中发现机遇，从而为转危为安、化危为机打下基础，实现更高质量、更有效率、更加公平、更可持续、更为安全的发展。

第十一章　化危为机:抢抓机遇大有作为

改革开放 40 多年来,我国逐步扩大开放领域,不断提高开放水平,取得了举世瞩目的成就。"十四五"时期我国将进入新发展阶段,中华民族将踏上全面建设社会主义现代化国家、向第二个百年奋斗目标进军的新征程。这要求我们更好地发挥内需潜力,实现更高水平的对外开放,更好地联通国内市场和国际市场,在国内国际双循环中实现更加强劲、可持续的发展。因此,站在"两个一百年"奋斗目标的历史交汇点上,沿边地区应该重新审视自我,牢牢把握新发展阶段的机遇与大势,顺势而为、乘势而上,以更高的站位、更广的视野眺望未来、面向未来;要全面把握新发展阶段,深入贯彻新发展理念,着重构建新发展格局,全面准确把握新时代更高水平对外开放的新内涵,坚持更大力度的开放、更高质量的开放、更加包容的开放、更加安全的开放。

一、新发展阶段带来新机遇

党的十八大以来,党和国家事业取得历史性成就,特别是改革开放以来我国发展在取得的重大成就的基础上发生了历史性变革。"十四五"时期,我国将在全面建成小康社会、实现第一个百年奋斗目标之后,乘势而上开启全面建设社会主义现代化国家新征程、向第二个百年奋斗目标进军的第一个五年,我国发展站到了新的历史起点上,中国特色社会主义进入了新的发展阶段。

　　从总体上看，在新发展阶段，我们要全面构建高质量的现代化经济体系，实现综合国力和国际影响力的大幅提升，在发展中不断保障和改善民生、创新社会治理、优化社会结构，不断促进人的全面发展和社会全面进步。从国内来看，新中国成立 70 多年来，我国积累了比较雄厚的物质基础，综合国力已居世界前列，为开启全面建设社会主义现代化国家新征程提供了坚实保障。从"十三五"时期的发展看，2016 年到 2019 年，中国经济年均经济增长率达到 6.7%，2022 年，我国国内生产总值为 121 万亿元，预计 2025 年国内生产总值将达到 160 多万亿元，与美国接近；从民生改善来看，5575 万农村贫困人口实现脱贫，基本医疗保险覆盖超过 13 亿人，基本养老保险覆盖近 10 亿人。同时，文化事业和文化产业繁荣发展，社会保持和谐稳定，疫情防控取得重大战略成果。这些成绩充分说明，经过"十三五"时期的发展，我国经济实力、科技实力、综合国力已跃上新的大台阶，成为世界第二大经济体，形成了超大规模的大国经济基础，新型工业化、信息化、城镇化、农业现代化同步发展，经济持续健康发展，拥有充分保障，中华民族伟大复兴向前迈出了新的一大步，为全面建设社会主义现代化国家创造了有利条件，也为西部大开发和沿边地区开发开放提供了坚实基础条件、为沿边加快发展提供了政策保障，有利于沿边地区基础设施建设和经济社会加快发展，缩小区域差距。

　　沿边地区经过多年的快速发展，加上东西部地区的对口支援及各种形式的东西合作，也有了一定积累，这为沿边地区进一步扩大开发开放提供了有力支撑，特别是我国社会主义市场经济体制的建立、重点领域的改革突破为沿边地区开发开放提供了体制保证，这都为沿边地区开发开放提供了重要机遇，沿边地区开发开放不仅势在必行，也有条件进行。从国际环境看，虽然全球化过程中出现了一些挫折和调整，但总体趋势并未改变，经济全球化、科技全球化都在继续发展，我们适应国际环境、畅通国际循环，虽有挑战，但更多的是机遇。2020 年 11 月，东盟十国和中、日、韩、澳、新等 15 个国家正式签署了区域全面经济伙伴关系协定(RCEP),标志着全球规模最大的自由贸易协定正式达成,全球约三分之一的经济体量将形成一体化大市场。RCEP 对沿边地区意义重大,沿边地区与东盟十国以及日、韩、澳、新等国家间的贸易往来渠道更为便利,在对外贸易的过程中拥有了更大的空间和回旋余地,区位优势进一步凸显,窗口作用得到进一步发挥,这是沿边地区推动开发开放格局重塑、实现进位赶超的重大机遇。面向未来,沿边地区面临的发展形势正在发生深刻变化,各种机遇相互叠加,是一个难得的发展机遇期。

二、新发展格局带来新机遇

构建新发展格局,是以习近平同志为核心的党中央根据我国发展阶段、环境、条件变化,对"十四五"和未来更长时期我国经济发展战略作出的重大调整,是立足当前、着眼长远的重大战略谋划。新发展格局意味着新发展空间、潜力和新增长点,为沿边地区深化改革开放创新、破解高质量发展制约提供了重大机遇。可以预见,大循环和双循环新发展格局将是中国经济中长期发展的主线,将引领未来五年乃至更长时期中国经济的发展。无论是国内大循环,还是国内国际双循环,沿边地区都必须找准战略定位。沿边地区扩大开发开放将畅通国内国际双循环,新发展格局虽然强调以国内大循环为主体,但也要通过挖掘内需潜力,使其更好地联通国内市场和国际市场,更好地利用国内国际两个市场、两种资源,实现更加强劲可持续的发展。

沿边地区在新发展格局中的重要性十分突出。首先,沿边地区的开放发展将改变自身发展滞后的状况,解决区域发展不平衡的问题,并为国内大循环提供广阔的市场和巨大的投资机会,为我国经济持续健康发展提供战略回旋空间。其次,沿边开发开放是新时期全面开放的重要组成部分。沿边地区进一步扩大开放将促进形成"东西双向互济,陆海内外联动"的全面开放新格局,将为畅通国内国际双循环提供重要渠道和窗口,为周边国家和"一带一路"沿线国家搭上中国发展的便车、实现共同繁荣发展提供重要机遇。其三,沿边地区要充分发挥区位优势,率先探索有利于构建新发展格局的有效途径,更好地发挥窗口和前沿作用,加快打造面向周边国家乃至世界开放发展的桥头堡、打造"一带一路"建设重要支点。其四,沿边地区与东中部和其他地区相比,在地理环境、区位条件、产业基础、人才规模、营商氛围、金融资本、开放水平等方面均有较大差距,但同时在能源资源、发展空间、基建缺口、市场潜力、"一带一路"建设等方面具有自身的特色和优势。在大循环和双循环新发展格局的背景下,沿边地区应抓住机遇,从拉动产业、改善环境、补足基建、促进融资、带动就业、惠及民生等需求入手,充分发挥优势,加快弥补短板,推动更深层次改革,实行更高水平开放,开放更加宽广的空间,为构建新发展格局提供强大动力,推动落实沿边地区经济高质量发展。其五,沿边地区具有与东中部和其他地区不同的基础条件和发展阶段、不同的资源禀赋和比较优势,也面临着发展不平衡不充分的矛盾和问题,在推动形成以国内大循环为主体、国内国际双循环相互促进的新发展格局过程中面临更多的发展短板,应找准自身发展的准确定位,在扩大内需过程中要激发更多的潜在市场需求,推动区域差异化发展,最终实现协调发展。

三、"一带一路"带来新机遇

"一带一路"倡议的实施开辟了我国全方位对外开放新格局,加快了向西开放、沿边开放的步伐,为沿边地区打开了战略空间、提供了历史机遇。

第一,共建"一带一路"进入新阶段。 经过七年多的发展,"一带一路"倡议从理念变成行动、从愿景变成现实,共建"一带一路"已经成为中国经济进入高质量发展阶段的外延和推动世界经济持续性、包容性增长的现实需要。以第二届"一带一路"国际合作高峰论坛的召开为标志,共建"一带一路"站上了新起点,新的愿景得到描绘,中国对外开放的大门越开越大,开放的步伐越来越快,沿边地区将迎来新的机遇。沿边省区应进一步重塑自身定位,拓宽发展思路,构建全方位开放的新格局,努力成为"一带一路"建设的先行者,努力建设成为国际次区域经济合作机制的探索者和建设开放型经济的赶超者。

第二,沿边地区发展开放型经济迎来新机遇。新时期"一带一路"建设高质量发展,将沿边地区从对外开放的大后方推向最前沿,成为重要节点和关键枢纽,进一步夯实了开发开放基础。这将深刻改变沿边地区的发展定位,极大促进边疆民族地区开放型经济发展。为推进沿边地区的开发开放,党中央、国务院先后出台了《中共中央 国务院关于构建开放型经济新体制的若干意见》(中发〔2015〕13 号)[①]、《国务院关于加快沿边地区开发开放的若干意见》(国发〔2013〕50 号)[②]和《国务院关于支持沿边重点地区开发开放若干政策措施的意见》(国发〔2015〕72号)[③]等关于沿边地区开发开放的重要意见。这些文件从沿边地区体制机制创新、双边经贸合作、跨境次区域经济合作等方面对我国与周边国家的务实合作提出了具体指导,提升了我国与周边国家的经贸合作水平。特别是内蒙古满洲里、二连浩特,黑龙江绥芬河,云南瑞丽、勐腊(磨憨),广西东兴、凭祥、百色,新疆塔城等国家重点开发开放试验区,黑龙江黑河、绥芬河,广西东兴、钦州,云南瑞丽、河口等边境自由贸易试验区,新疆喀什、霍尔果斯经济开发区等,都将迎来新一轮的发展机

---

① 中共中央 国务院关于构建开放型新经济体制的若干意见[EB/OL]. (2015-09-17)[2021-08-30]. http://www.gov.cn/xinwen/2015/09/17/content_2934172.htm.

② 内参。

③ 国务院关于支持沿边重点地区开发开放若干政策措施的意见:国发〔2015〕72 号[EB/OL]. (2016-01-07)[2021-08-30]. http://www.gov.cn/zhengce/content/2016/01/07/content_10561.htm.

遇期。

第三,沿边地区参与区域合作迎来新机遇。"一带一路"建设将形成亚欧大陆经济整合的大趋势,沿边省区将与东南亚、中亚、东北亚等区域实现经济的深度融合,从而改变了"沿海—内陆"的中心—外围结构。沿边地区将成为全方位开放新格局的前沿。建设丝绸之路经济带,将甘肃、新疆等省区所在的大西北与中原腹地串联起来,并置于欧亚区域发展的核心地带,同时也使内蒙古、东北联通俄蒙的区位优势得到显露,特别是新疆丝绸之路经济带核心区建设将迎来重大机遇。建设 21 世纪海上丝绸之路,使广西、云南、西藏等西南省区与东南经济发达地区协同起来,并成为与南亚、东南亚区域合作的桥头堡,同时为西藏地区与尼泊尔等周边国家的往来合作带来良机。2015 年 1 月,习近平总书记视察云南时强调,云南要努力建设成为面向南亚、东南亚的辐射中心。2015 年 3 月,习近平总书记参加全国人大会议广西代表团审议时,要求广西构建面向东盟的国际大通道、打造西南中南地区开放发展新的战略支点、形成"一带一路"有机衔接的重要门户,赋予广西"三大定位"新使命。新亚欧大陆桥、中蒙俄、中国—中亚—西亚、中国—中南半岛以及中巴、孟中印缅等经济走廊的建设,都将大大拓展沿边地区参与区域、次区域经济合作的空间。

四、创新发展带来新机遇

在西部大开发战略实施 20 周年之际,中央印发了《中共中央 国务院关于新时代推进西部大开发形成新格局的指导意见》[①],明确提出要以创新能力建设为核心,加强创新开放合作,打造区域创新高地。

第一,加快创新发展给沿边地区带来的机遇。《指导意见》中提到,

---

① 中共中央 国务院关于新时代推进西部大开发形成新格局的指导意见[EB/OL].(2020-05-17)[2021-08-30]. http://www.gov.cn/xinwen/2020-05/17/content_5512456.htm.

要不断提升创新发展能力,支持西部地区在特色优势领域优先布局建设国家级创新平台和大科学装置,加快在西部具备条件的地区创建国家自主创新示范区、科技成果转移转化示范区等创新载体,支持国家科技成果转化引导基金在西部地区设立创业投资子基金。这些支持政策都是沿边地区加快创新发展的重要机遇和抓手,沿边省区要厘清重点产业链和创新链,加快建设国家级创新平台和自主创新示范区,增加跨越发展的动能。

第二,强化基础设施规划建设、强化开放大通道建设等要求,为促进西部铁路形成新格局、推动西部铁路高质量发展带来了新机遇。《指导意见》提出,要加快川藏铁路、沿江高铁、渝昆高铁、西(宁)成(都)铁路等重大工程规划建设;注重高速铁路和普通铁路协同发展,继续开好多站点、低票价的"慢火车";打通断头路、瓶颈路,加强出海、扶贫通道和旅游交通基础设施建设;加强综合客运枢纽、货运枢纽(物流园区)建设;完善国家物流枢纽布局,提高物流运行效率。铁路以提升西部铁路网密度和干线为重点,以西部铁路建设作为全国铁路建设的重点,正快马加鞭高效推进西部干线铁路、高速铁路、城际铁路、开发性新线和枢纽站场的建设。到2035年,西部地区铁路基础设施通达程度将与东部地区大体相当,将为不同类型地区互补发展、东西双向开放协同并进、民族边疆地区繁荣安全稳固提供强有力的交通运输支撑。要加强航空口岸和枢纽建设,扩大枢纽机场航权,积极发展通用航空;支持在西部地区建设无水港;优化中欧班列组织运营模式,加强中欧班列枢纽节点建设。在扩大对外开放方面,沿边地区可以得到国家在政策、项目、资金等方面给予的倾斜支持。

第三,沿边地区调整优化结构迎来新机遇。基础设施互联互通是"一带一路"建设的优先领域,也是西部大开发的重点,有利于解决沿边地区交通不畅的问题,畅通沿边地区与国内国际主要市场的连接。随着"互联互通"全面推进,沿边地区内外经济往来的交易费用将大大降低,推进新型工业化以及发展金融、贸易、物流等现代服务业的条件将得到极大改善。要充分发挥西部地区比较优势,推动具备条件的产业集群化发展,在培育新动能和传统动能改造升级上迈出更大步伐。支持西部地区发挥生态、民族民俗、边境风光等优势,深化旅游资源开放、信息共享、行业监管、公共服务、旅游安全、标准化服务等方面的国际合作,提升旅游服务水平。同时,随着绿色丝绸之路经济带建设的推进,经济生态化、生态经济化将使沿边地区经济加速转型,特别是一些资源型城市将有更大的回旋余地,以改变过度依靠能源资源的现状,实现产业结构优化升级和多样化发展。

第四,沿边地区推进新型城镇化迎来新机遇。沿边地区城镇化面临的一个重要困难是地域广阔、人口分散,难以形成聚集效应。随着"一带一路"倡议的推进,沿边地区有望以点带线、以线带面,加快推进新型城镇化,形成以南宁、昆明、乌鲁木齐、兰州、呼和浩特、哈尔滨、长春、沈阳等区域中心城市为增长极,以口岸城市为节点的城镇体系。这将有助于增强边疆地区与内地的紧密度,从而使民族地区更好地融入全国新型城镇化进程。

五、西部大开发带来新机遇

《中共中央 国务院关于新时代推进西部大开发形成新格局的指导意见》①提出,新时代继续做好西部大开发工作,要求着力写好大开发、大开放、大保护、大安全四篇大文章,这是西部大开发的升级版和增强版,西部地区的高质量发展,为沿边地区开发开放带来重大机遇,对促进区域协调发展具有重要意义。

第一,西部大开发要将新发展理念摆在首要位置。创新成为西部

---

① 中共中央 国务院关于新时代推进西部大开发形成新格局的指导意见[EB/OL].(2020-05-17)[2021-08-30].http://www.gov.cn/xinwen/2020-05/17/content_5512456.htm.

大开发的第一动力,要在创新发展上下功夫,打造沿边省区省会城市创新高地;创新沿边地区开发开放模式和合作方式,让对外开放成为西部大开发新格局的必由之路;创新多层次开放平台,提升沿边地区开发开放水平。

第二,加大沿边地区开发开放力度。沿边地区的经济社会发展水平与中东部地区和其他西部地区相比还有不小差距,是实现"两个一百年"奋斗目标的重点和难点。沿边地区各省区市必须立足省区域内实际,发挥比较优势,围绕新发展理念打造沿边地区发展新引擎,推动沿边地区承接产业转移、发展特色优势产业和边境贸易,创新开发开放新机制,探索高质量发展的演变发展新路径。

第三,加大沿边地区对外开放力度。增强新一轮西部大开发对沿边地区经济增长具有推动作用,加大共建"一带一路"、深入推进国家生态安全屏障建设力度,将会为沿边地区发展提供宝贵的政策机遇,有助于增强抵御经济下行的能力,增强结构调整和动能转换的动力,促进沿边地区经济增长。新时代西部大开发离不开陆海内外联动、东西双向互济的大开放。积极参与和融入"一带一路"建设,为沿边地区发展创造了历史性机遇。沿边地区既要立足我国超大规模市场优势,积极承接东部产业转移,促进国内不同区域间的经济内循环;也要发展高水平开放型经济,拓展国际产业链、供应链,促进中国与"一带一路"沿线国家和地区的国际经济循环,努力构建国内国际双循环相互促进的新发展格局。

第四,加大生态环境保护力度。沿边地区要牢固树立和践行"绿水青山就是金山银山"理念,抓住加大美丽中国建设力度的机遇,筑牢国家生态安全屏障。内蒙古、云南、新疆、西藏是我国主要的生态功能区,也是生态极为脆弱的区域。新时代推进西部大开发形成新格局,必须加快推进西部地区绿色发展,坚持在开发中保护、在保护中开发,按照全国主体功能区建设要求,保障好长江、黄河上游生态安全,保护好冰川、湿地等生态资源，为国家生态安全和中华民族可持续发展做出应有的贡献。

第五，加大做好边疆安全屏障建设力度。沿边地区维护民族团结、社会稳定、边疆稳固和国家安全任务较为繁重，要统筹发展与安全两件大事，更好发挥国家安全屏障作用。新时代推进西部大开发为沿边地区提供了新的机遇，要坚持以人民为中心的发展思想，围绕群众普遍关心的民生诉求，加快补齐社会民生领域短板，巩固和发展平等团结互助和谐的社会主义民族关系，促进各民族共同团结奋斗和共同繁荣发展。

第十二章　继往开来:高质量开启新征程

"十四五"时期是我国全面建成小康社会、实现第一个百年奋斗目标之后,乘势而上开启全面建设社会主义现代化国家新征程、向第二个百年奋斗目标进军的第一个五年,我国将进入新发展阶段。高质量推进共建"一带一路"是中国开启全面建设社会主义现代化国家新征程的重要内容,是构建新发展格局的内在要求,也是推动构建人类命运共同体的题中之义。近年来,尽管受到新冠疫情以及全球经济低迷等不利因素影响,"一带一路"建设仍然逆势前行、韧劲十足;疫情没有逆转"一带一路"合作的势头,反而凸显了"一带一路"建设合作所具有的强大韧性和旺盛活力。未来,中国将秉持共商、共建、共享原则,继续推进高质量共建"一带一路",为构建新发展格局和世界经济增长做出更大贡献。

一、持续推进高质量共建

进入新发展阶段,中央明确了"十四五"时期经济社会发展的指导思想和基本要求,强调推动共建"一带一路"高质量发展,着力服务新发展格局,为西部大开发增添新动能,为全球经济治理体系改革贡献新智,为构建人类命运共同体做出新贡献。

第一,高质量推进"一带一路"建设,为构建新发展格局提供强大动力。共建"一带一路"体现了新发展格局的内涵特征,"一带一路"建设与"双循环"新发展格局拥有共同的精神内核、发展理念、战略指向。"一带一路"建设对内要促进商品和要素的顺畅流通和优化配置，加快完善统一的国内大市场，形成需求牵引供给、供给创造需求的更高水平的动态平衡；对外要畅通国际供应链和产业链，实现"五通"，打通国内国际两个市场和国内外商品、要素市场，充分利用与整合中国与"一带一路"沿线国家的资源，在优势互补中实现共同发展。中国是世界第二大经济体，现阶段中国疫情已经基本得到控制，中国经济快速恢复，为世界经济复苏注入动力。"双循环"新发展格局的提出，能够充分发挥国内超大规模市场优势，拓展我国发展战略回旋空间，带动世界经济复苏。因此，坚定推进"一带一路"建设高质量发展是推动形成新发展格局的应有之义，"双循环"新发展格局的构建离不开"一带一路"的高质量发展，只有高质量实现"五通"，才能切实建成循环畅通的新发展格局。高质量推进"一带一路"建设，立足国内经济循环，办好自己的事情，有利于更好地推动国际循环，形成双循环互动。通过以我为主、内外结合的方式扩大开放，促进对外贸易迅速恢复稳定，改善营商环境，推动贸易和投资的自由化与便利化，坚定不移推动经济全球化朝着开放、包容、普惠、平衡、共赢的方向发展，推动建设开放型世界经济，为世界经济复苏稳定贡献力量。沿边地区要紧紧抓住新时期高质量推进"一带一路"建设这一伟大历史机遇，积极参与并融入其中。抓好大开放，需要更多的支撑点和驱动力，需要更强的制高点和桥头堡，需要更广的平台和腹地。要开放基础设施大通道，开放各个领域，构建多层次开放平台，通过构建"一带一路"内外联通的国际大通道和六大经济走廊，加大沿边地区开放，打造内陆开放高地，推动中国形成东西互动、海陆并进多层次多渠道的开放新格局。

第二，高质量推进"一带一路"建设，为西部大开发增添新动能。2012年5月17日，中共中央、国务院印发了《关于新时代推进西部大开发形成新格局的指导意见》①。《意见》提出,要强化举措抓重点、补短板、强弱项,形成大保护、大开放、高质量发展的新格局,推动经济发展质量变革、效率变革、动力变革,促进西部地区经济发展与人口、资源、环境相协调,实现更高质量、更有效率、更加公平、更可持续的发展。确保到 2020 年,西部地区生态环境、营商环境、开放环境、创新环境明显改善,与全国一道全面建成小康社会;到 2035 年,西部地区基本实现社会主义现代化,基本公共服务、基础设施通达程度、人民生活水平与东部地区大体相当,努力实现不同类型地区互补发展、东西双向开放协同并进、民族边疆地区繁荣安全稳固、人与自然和谐共生。《意见》明确提出以共建"一带一路"为引领,加大西部开放力度,为未来西部中长期发展指明了发展方向,强调了西部大开发形成新格局,促进区域均衡协调发展,将围绕重点、补短板、强弱项,发挥共建"一带一路"的引领带动作用,加快建设内外通道和区域性枢纽,完善基础设施网络,提高对外开放和外向型经济发展水平。进入新发展阶段,我国西部地区既面临着加快新旧动能转换、推动高质量发展的巨大压力,同时也迎来国家向西开放、推动内陆开放、高质量推进"一带一路"建设等机遇,"一带一路"建设助力西部地区走向开发开放的前沿,通过开放培育形成内生增长动能。"一带一路"缘起中国内陆地区,为西部大开发战略注入更多资源和资本,不仅能解决中国东中西经济发展不平衡的问题,更为我国经济发展注入新动力。我国自实施西部大开发战略以来,西部地区经济社会发展实现了较大层次的跨越,但是与东部地区相比差距仍然明显,发展依旧不均衡。借助"一带一路"倡议,将西部地区置于对外开放的前沿,从过去以内部发展为主转移到内外兼顾上来,提高对外开放水平。积极融入"一带一路"建设,着力汇聚国内外经济因素,充分利用西部地区各种资源,激发新的发展活力,构建新的发展格局,有利于西部

---

① 中共中央 国务院关于新时代推进西部大开发形成新格局的指导意见[EB/OL].（2020-05-17）[2021-08-30]. http://www.gov.cn/xinwen/2020-05/17/content_5512456.htm.

地区建成富有活力的沿边开放开发新经济带;有利于充分挖掘西部本身的发展潜能,特别是发挥与沿线国家及地区接壤的区位优势,提高自身发展水平,从而有效解决我国东中西经济发展不平衡的问题,也能够进一步推动经济结构调整的步伐,转变发展方式,提高西部核心竞争力。推进西部大开发形成新格局,加大对外开放是必由之路,需要以高水平开放打造国际合作和竞争新优势。与以往相比,由于国际环境的深刻变化,我国参与国际合作与竞争的优势正在发生重大转换。未来西部大开发要紧扣高质量发展主题,以开放型经济的高标准,加快构建更高水平的开放型经济新体制,充分发挥我国参与国际分工的新优势,牢牢抓住国际环境变化中的新机遇,用好国内国际两个市场、两种资源,推动共建"一带一路"高质量发展,推动建设开放型世界经济。

第三,高质量推进"一带一路"建设,为促进区域协调发展提供了有效途径。"一带一路"建设作为新时期构建开放型经济新格局的总抓手,覆盖了东中西部地区和东北地区,承担着带动和促进区域开放、改革和发展的历史重任。今后和未来一段时期,无论是沿海地区,还是西部地区、沿边地区,都要积极参与和融入"一带一路"建设,加大对外开放力度,提升开放型经济发展水平。沿海地区要着力促进京津冀协同发展,推进长三角一体化、长江经济带、粤港澳大湾区加快发展,发挥先行示范和辐射带动作用。西部地区要深度融入"一带一路"建设,发挥区域比较优势,全面扩大对外开放,形成若干大都市经济区和内陆开放型经济高地,增强西部地区综合经济实力,逐步缩小与东中部地区的发展差距;要按照向高质量方向发展、解决发展不平衡不充分问题的要求,紧紧依靠改革开放创新,增强发展动力、升级产业结构、不断改善民生,为全国经济保持稳中向好的拓展空间。要建设沿边地区口岸和重点边境城市,打通对外国际大通道,加强贸易投资和产能合作,带动沿边地区发展。总之,高质量推进"一带一路"建设,将充分发挥东中西部地区各自的比较优势,要实行更加积极主动的开放战略,通过国际合作实现区域协调发展,加强东中西互动合作,实现东中西优势互补,全面提升开放型经济水平,统筹沿海、中部、西部、沿边开放,推进形成陆海内外联动、东西双向互济的开放新格局,这将极大拓展中国经济发展的回旋余地,促进中国经济高质量发展,有利于从整体上提高国民经济效率。因此,高质量推进"一带一路"建设,将国家扩大内需的积极财政政策与"一带一路"加强基础设施互联互通结合起来,有利于进一步激发西部地区发展潜能,扩大国内有效需求,有效遏制区域发展差距扩大的势头,形成区域协调发展的局面,也有利于进一步扩大我国经济发展的回旋空间,增强防范和抵御世界经济风险的能力。

第四,高质量推进"一带一路"建设,为推动全球治理转型提供了中国方案。"一带一路"倡议自提出以来,得到越来越多的国家的响应,人类命运共同体理念日趋完善,由倡议上升为共识,由理念转化为行动,由愿景转化为现实,"一带一路"越来越深入人心,得到国际社会的广泛认可。共建"一带一路"顺应了全球治理体系变革的内在要求,符合国际社会的根本利益,彰显了同舟共济、权责共担的命运共同体意识和人类社会的共同理想、美好追求,是国际合作以及全球治理新模式的积极探索,将为世界和平发展增添新的正能量,为完善全球治理体系变革提供新思路、新方案。"一带一路"把握全球治理体系演进逻辑,吸收以往全球危机的治理经验,秉承和平合作、开放包容、互学互鉴、互利共赢为核心的丝路精神,坚持共商、共建、共享原则,顺应了全球治理体系变革的内在要求,彰显了同舟共济、权责共担的命运共同体意识,引领全球治理朝着更加公平合理的方向发展,为完善全球治理、开辟人类更加美好的发展前景提供了新思路。面向未来,我们要聚焦重点、深耕细作,共同绘制精谨细腻的"工笔画",推动共建"一带一路"沿着高质量发展方向不断前进。在国内国际多个重要场合,习近平主席对"一带一路"建设的重大意义、丰富内涵、路线方法,"一带一路"提供的世界机遇以及如何通过"一带一路"进行国际合作等进行了深刻阐述,特别提出中国坚持对话不对抗、结伴不结盟的伙伴关系，走和平之路；坚持聚焦发展这一导向，走繁荣之路；坚持合作理念开放包容，走开放之路；坚持开拓意识，走创新之路；坚持绿色发展，走绿色之路；坚持文化共兴，走文明之路。这为推动共建"一带一路"走深走实、行稳致远指明了正确方向，勾画了宏伟蓝图，提供了重要遵循；既是中国对于和平发展、开放合作道路的选择，也是致力于促进世界共同发展、繁荣和安全的责任和承诺。共建"一带一路"正在成为我国参与全球开放合作、改善全球经济治理体系、促进全球共同发展繁荣、推动构建人类命运共同体的中国方案。

第五，高质量推进"一带一路"建设，为筑牢国家安全屏障提供保障。党的十九届五中全会提出，"统筹发展和安全""要把安全发展贯穿国家发展各领域和全过程，防范和化解影响我国现代化进程的各种风险，筑牢国家安全屏障"。这一提法把新发展理念贯穿国家发展各领域和全过程放在同等重要的地位，把对安全与发展关系的认识提升至新高度，凸显统筹发展和安全这两件大事的极端重要性。当今世界百年未有之大变局正进入加速演变期，经济全球化遭遇逆流，国际经济、科技、文化、安全、政治等格局都在进行深刻调整，我国发展的外部环境日趋错综复杂，不稳定性、不确定性明显增加，我国安全发展面临重大挑战。同时，中华民族伟大复兴也正处于关键时期，我国已转向高质量发展阶段，虽然发展具有多方面优势和条件，但发展不平衡不充分问题仍然突出。沿边地区与周边 14 个国家接壤，民族文化多元，宗教问题复杂，是反分裂、反渗透、反颠覆的重点地区和前沿阵地，维稳任务相当繁重。近年来，西方一些国家插手西藏、新疆事务，支持和怂恿达赖分裂主义集团和"三股势力"加紧进行分裂和破坏活动，对我国国家安全和核心利益构成现实威胁。周边国家由于受"冷战"历史问题和遗留现实冲突影响，矛盾错综复杂。特别是美国实施"重返亚太"战略以来，我国周边安全形势日趋严峻。因此，在我国"十四五"时期乃至今后更长一段时期的发展阶段,实施国家安全战略,建设更高水平的平安中国,才能确保国家经济安全,保障人民生命安全,维护社会稳定和安全,实现中国经济行稳致远、社会安定和谐。高质量推进"一带一路"建设,要牢牢把握住国家安全这一战略重心,把安全发展理念与创新、协调、绿色、开放、共享的新发展理念紧密结合在一起,作为共同谋划和确定未来发展思路、发展方向、发展着力点的行动引领,统筹传统安全和非传统安全,加强国家安全体系和能力建设,突破对我国构成威胁的一切战略包围。中央第五次西藏座谈会和中央新疆工作座谈会提出,西藏和新疆存在的主要矛盾和全国一样,是人民日益增长的物质文化生活需要与落后的社会生产力之间的矛盾,同时还存在分裂与反分裂的斗争这一特殊矛盾,这种斗争是长期的、尖锐的、复杂的,有时甚至是很激烈的。只有高质量推进"一带一路"建设,深入实施西部大开发,推进少数民族和民族地区跨越式发展,特别是着力改善民生,才能为稳定打下坚实的物质基础,有利于各族人民更加紧密地团结起来,共同抵御敌对势力的"西化""分化"企图,更好地维护边疆稳定,确保国家长治久安。

二、积极融入新发展格局

"十四五"时期,我国将进入新发展阶段,深入践行新发展理念,坚持创新引领、协调联动、绿色导向、开放共赢、共享发展,以思想转变推动沿边开发开放高质量发展,更好地发挥区位优势,推进更高水平的对外开放,更好地连通国内市场和国际市场,在国内国际双循环中实现跨越式发展。

第一,以新发展理念为引领。发展理念是沿边地区开发开放的行动指南,是我国发展思路、发展方向、发展着力点的集中体现。新时代高水平开放要以"新发展理念"作为价值引领,全面准确把握新时代更高水平对外开放的新内涵,将新发展理念贯穿沿边开发开放的全过程,以创新能力建设为核心,加强创新开放合作。以新发展理念为引领体现在以下几个方面。

(一)坚持创新发展,增强发展动力

发展理念是发展行动的先导,是发展思路、发展方式和发展成效的集中体现。党的十八届五中全会提出并全面阐释了新发展理念,党的十九大把坚持新发展理念确立为新时代坚持和发展中国特色社会主义的基本方略之一,并对发展内涵作出具有新时代特点的全方位拓展。党的二十大报告指出,高质量发展是全面建设社会主义现代化国家的首要任务。发展是党执政兴国的第一要务。没有坚实的物质技术基础,就不可能全面建成社会主义现代化强国。必须完整、准确、全面贯彻新发展理念,坚持社会主义市场经济改革方向,坚持高水平对外开放,加快构建以国内大循环为主体、国内国际双循环相互促进的新发展格局。"十四五"时期沿边地区推动高水平开放、高质量发展,必须以新发展理念为引领,把新发展理念贯彻于经济社会发展的全过程和各领域,解决好发展动力问题,推动全面创新,主动适应经济发展新常态,使创新成为第一动力,不断提升创新动力,勇往直前、开拓创新,才能破解发展难题、厚植发展优势,使国内市场和国际市场更好联通,在国内国际双循环中实现更加强劲的可持续发展,实现沿边经济社会发展新的跨越。

(二)坚持协调发展,增强发展的平衡性

发展不平衡、不协调是我国长期存在的问题,短板问题比较明显,特别是西部地区、沿边地区的发展差距依然较大,成为制约高质量发展的主要影响因素,问题依然突出、任务依然艰巨。发展的不平衡、不协调,不仅影响了我国发展的质量和"成色",也制约了发展的后劲;不仅制约了民生的改善,也不利于发展潜力的充分释放。正因为如此,新发展理念把"协调"作为重要内容,这方面工作做好了,就能促进发展潜力释放,对稳增长和惠民生做出贡献。因此,要坚持协调发展,深入实施

区域协调战略,建立更加有效的区域协调发展机制,优化区域结构、沿边内陆结构,发挥各地区比较优势,深化区域合作,通过区域合作和对外开放来培育新动能,尤其在"补短板"方面能够对地区间的产业结构和资源优势进行平衡和充分利用,将沿边地区特别是一些缺乏资源和主导产业支撑的地区纳入区域协调发展、优先发展,从而增强经济发展的均衡性和普惠性,使国内开放区域更加协同,沿海开放与内陆开放、沿边开放更好结合,并同步推进产业升级、就业创业、民生改善,特别要注意吸纳少数民族群众就业,让开发开放惠及当地、惠及百姓,努力缩小地区之间存在的差距,增加各民族福祉。

(三)坚持绿色发展,促进人与自然和谐共生

绿色发展是构建新发展格局的必然要求。随着社会发展和人民生活水平不断提高,人民群众对清新的空气、干净的水源、安全的食品、优美的环境等的要求越来越高,绿色发展已经成为科技革命和产业变革的方向。好的生态环境和人居环境,不仅是美好生活的基本要求,也是实现现代化的重要内容。近年,经过持续不懈的努力,我国在这方面已经取得了显著进展,但人居环境和生态环境的短板依然突出,仍是今后需要重点努力的领域。因此,要坚持以新发展理念引领高质量发展,要使绿色成为普遍形态,着力打赢污染防治攻坚战,解决好人民群众反映强烈的环境问题;要统筹推进山水林田湖草系统治理,开展生态补偿机制试点;要实现能源清洁低碳安全高效利用,围绕煤炭、石油、天然气、水能、风能、太阳能以及其他重要资源,加快完善有利于资源集约节约利用和可持续发展的资源价格形成机制,鼓励资源输入地通过共建园区、产业合作、"飞地"解决等形式支持输出地发展接续产业和替代产业,加快建立支持资源型地区经济转型长效机制,走出一条绿色发展新路。

(四)坚持开放发展,深入推进对外经济合作

加大对外开放是沿边地区繁荣发展的必由之路,也是沿边地区后发赶超的重要途径。当今世界面临百年未有之大变局，国际经济合作和竞争局面正在发生深刻变化，全球经济治理体系面临重大调整，各国发展联动、机遇共享、命运与共的利益交融关系日益凸显。沿边地区要想实现高质量发展，就必须加大开发开放力度，以开放促创新、促改革、促发展。沿边地区的优势在区位，出路在开放，要把握开放机遇，主动服务和融入"一带一路"建设，积极融入六大经济走廊以及中缅经济走廊，加快与周边国家基础设施互联互通，形成全方位对外开放新格局。加快沿边地区开放发展，要进一步加强边境自由贸易区、沿边重点开发开放试验区、边境电商综合试验区、边境经济合作区等建设，高起点建设承接产业转移示范区，推动贸易投资便利化，充分发挥产业集聚和辐射带动作用。要支持企业参与对外投资、承包工程和劳务合作，推动装备、技术、标准、服务走出去，深化内外经济贸易往来，促进国内国际产业双循环，向全球价值链中高端迈进。

（五）坚持共享发展，改善人民生活品质

让广大群众共享改革发展成果，是社会主义的本质要求，是社会主义制度优越性的集中体现，是我们党坚持全心全意为人民服务根本宗旨的重要体现，实现全体人民更加公平地共享发展成果，既是高质量发展的根本目的，也是充分调动人民群众积极性、主动性、创造性，进而形成推动高质量发展强大动力的必要条件。沿边地区之间、城乡之间的基本公共服务水平差距较大，边疆各族人民日益增长的美好生活需要，在很大程度上表现为教育、就业、医疗、居住、养老等公共需求的全面快速增长，故要更好满足这些需求，使共享成为根本目的，着力在巩固脱贫攻坚成果、增加居民收入、改善民生等方面取得新进展。要切实增加居民收入，不断改善民生，采取强力举措，着力解决好民生领域的短板问题，着力解决用电、饮水、医疗、上学、上网等现实问题，提高各族人民幸福指数，让人民群众的获得感不断增强，不断促进人的全面发展和社会全面进步。

第二，以高质量发展为主题。新时代深入推进沿边地区开发开放的指导思想，就是坚持稳中求进的工作总基调，坚持新发展理念，坚持推动高质量发展，坚持以供给侧结构性改革为主线，深化市场化改革、扩大高水平开放，坚定不移推动重大改革举措落实，防范化解推进改革中的重大风险挑战，强化举措抓重点、补短板、强弱项。这充分体现了习近平新时代中国特色社会主义思想的要求，非常切合西部地区的实际。

（一）在开发理念上，更加注重高质量发展

实施西部大开发战略之初，中央就明确要求立足全面协调可持续发展，避免盲目追求生产总值增长。西部地区一方面面临发展滞后这一最主要问题，必须实施赶超战略，加快发展，缩小差距；另一方面必须解决发展方式相对粗放、产业结构不合理的问题。在实际工作中，经济增长付出巨大环境代价的例子已不鲜见，如2017年发生的甘肃祁连山、2019年秦岭生态事件，不仅造成了巨大的经济损失，对环境的影响破坏更是难以估量。因此，新时代深入推进西部大开发和沿边开发开放，必须以科学发展为主题，提高"增长是有代价的"这一意识，把加快经济结构战略性调整摆在特别突出重要的位置，坚持在高起点上加快发展，把后发赶超与加快转型有机结合起来，走出一条具有中国特色、西部特点的道路。沿边地区一旦走出这条新路来，对全国转变经济发展方式具有重要的标志意义。

（二）在开发目标上，更加注重彰显民生底色

"十四五"时期是开启现代化建设新征程的第一个五年规划期，是全面落实高质量发展要求、深入推进经济发展方式转变、转换增长动力，构建新发展格局的攻坚阶段和关键时期。沿边地区要遵循中央对西部大开发"大保护、大开放、高质量"的新格局定位和中央关于未来10年西部大开发的目标提出的新的更高要求，深刻把握省情区情变化，在新的发展起点上，准确把握"十四五"时期的新特征、新形势、新要求，立足各自的发展实际，找准定位、扬长补短，根据高质量发展的内涵和要求，科学合理确定中长期规划目标和年度计划调控目标，推动沿边地区开发开放在"十四五"时期实现高质量发展。要更加突出民生，改善民生，更贴近群众所思、所想、所盼，让广大人民群众在获得感、幸福感、安全感上有更大提升。这些目标的提出是非常有针对性的，体现了高质量发展的要求，为全面建设社会主义现代化国家目标打下了坚实基础。

（三）在开发重点上，更加注重大保护

"十四五"时期的核心任务是取得污染防治攻坚战阶段性胜利、继续推进美丽中国建设。要坚持绿色发展理念，自觉把经济社会发展同生态文明建设统筹起来，用绿色发展的成果提升整体发展的质量，努力实现环境效益、经济效益和社会效益多赢。要加大美丽建设力度，筑牢国家生态安全屏障。坚定贯彻"绿水青山就是金山银山"的理念，坚持在开发中保护、在保护中开发，按照全国主体功能区建设要求，保障好长江、黄河上游生态安全，保护好冰川、湿地等生态资源。要深入实施重点生态工程，稳步开展重点区域综合治理，大力推进青藏高原生态保护和建设、祁连山生态保护与综合治理、岩溶地区石漠化综合治理、京津风沙源治理等项目。要加快推进西部地区绿色发展，落实市场导向的绿色技术创新体系建设任务，推动西部地区绿色产业加快发展，携手打造绿色丝绸之路，突出生态文明理念，加强生态环境、生物多样性和应对气候变化合作，将绿色丝绸之路发展好、建设好。

（四）在开发取向上，更加注重创新能力建设

加强创新开放合作，打造区域创新高地。要推动形成现代化产业体系。充分发挥沿边地区比较优势，推动具备条件的产业集群化发展，在培育新动能和传统动能改造升级上迈出更大步伐，促进信息技术在传统产业的广泛应用和深度融合，构建富有竞争力的现代化产业体系。强化补短板、强弱项。围绕建设创新驱动发展先行省，深化拓展全面创新改革，打造沿边地区创新高地。加强科技基础能力建设，争取在重点

省区布局建设一批国家实验室、大科学装置,推动前沿引领技术创新平台、产业(技术)创新中心、制造业创新中心等重大创新平台建设,培育建设南宁、昆明、哈尔滨、长春、沈阳综合性国家科学中心。深入推进大众创业、万众创新,打造"双创"升级版。

(五)在开发方式上,要更加注重充分发挥区域比较优势

各地区都有自身的比较优势,如何挖掘自身比较优势,把资源优势转化为现实的经济优势,是区域协调发展的关键。因此,每个地区都要在充分考虑资源环境承载能力的基础上,充分发挥自身的比较优势,充分挖掘潜力,形成各具特色的优势产业,促进产业转型升级,增强自我发展能力,在有条件的地方实现跨越式发展。目前的沿边地区发展中,两种情况共存,区域发展的协调性增强仍是基本面和主流,同时出现了区域(或地区)经济分化的新状况。在沿边九省区中,西南地区发展态势较好,西北、东北地区的问题和困难则相对较多,其中西北地区问题比较多的是甘肃和内蒙古。可以看到,资源加工型产业和传统产业为主的地方,或市场化程度低、体制机制改革滞后的地方,结构变革和动力转换的困难相对更多,受经济下行压力的影响也相应增大,最终表现为经济增速的下滑。而结构变革起步较早、开放程度高的地方,或高新技术产业和战略性新兴产业基础较好、市场化程度和配套能力较强的地方,则可以比较从容地应对结构变革的挑战,赢得先机,保持经济的平稳和较快的发展。由此可以得出结论,区域经济的分化,实质上是在结构变革和动能转换的特定背景下,不同地区迥然不同的创新能力、适应能力、应对能力的客观反映。其中,周期性因素是外因,结构性、体制性因素是内因。

(六)在开发布局上,更加注重新的大开放

中央提出以共建"一带一路"为引领,加大西部开放力度;强化开放大通道建设,构建内陆多层次开放平台;鼓励内陆城市建设开放型经济高地,提高昆明、南宁、乌鲁木齐、兰州、呼和浩特和东北等省会(首府)

城市面向毗邻国家的次区域合作支撑能力。加快沿边地区发展高水平开放型经济，一方面要促使中西部之间的要素流动，东部的产业可以向西部转移，才能实现比较优势的转换；另一方面要推动西部地区对外开放由商品和要素流动型逐步向规则制度型转变，规则制度完善，既有利于我国顺利融入国际经济大循环，也有利于衔接国内大市场，畅通内外联动、内外双赢。积极拓展区际互动合作，积极对接京津冀协同发展、长三角一体化、粤港澳大湾区建设等重大战略，抓好重点经济区的培育壮大，着力推动五象新区、滇中新区、兰州新区、哈尔滨新区、长春新区、金普新区等城市新区建设，构筑城市建设新平台，充分发挥新区的辐射带动作用，不断拓展新的开放领域和空间。

第三，以改革创新为动力。要以体制机制创新为动力，进一步解放思想、转变观念，充分发挥市场机制作用，破除制约发展活力和动力的体制机制障碍；加快转变政府职能，切实减少政府对市场主体的不合理干预；积极改善营商环境，促进生产要素跨区域有序自由流动，提升沿边开发开放工作的主动性和创造性。

（一）大力推进体制机制创新，优先实现贸易投资便利化

新时代高水平的开放应该是规则制度环境下的深度开放，只有深化体制机制改革才能有效营造与国际接轨的制度环境。境内外市场参与主体都需要享受高水平的生活环境、投资环境、法治环境、规则环境，良好的营商环境不仅是一个国家的竞争力要素之一，更是打造开放型经济的抓手、提升对外开放层次的标志。沿边地区还有很多体制机制难题亟待破解，比如垄断行业和国有企业占经济的比重高，经济活力没有得到有效释放；行政权力对经济干预过多，政府越位、缺位、错位现象仍频频出现；资源要素价格不合理，不能充分反映稀缺程度等。因此，要通过深化体制机制改革，革新不适应新时代高水平开放型经济新体制的旧做法、旧规则、旧制度，激发市场活力。以制定沿边地区开发开放规划为契机，鼓励有条件的沿边地区先行先试，加快形成有活力的体制机制。将沿边地区开放与开发相结合，以开发促进开放，以开放带动开发，创新沿边开放管理模式，推进双边或多边贸易投资便利化，提升区域经济一体化程度，培育开放文化，营造有利于开发开放的社会环境。开放发展能倒逼改革，深化改革又能进一步推动开放发展，这是一种螺旋式互相促进、相辅相成的关系，一旦改革突破关键节点上的梗阻，便容易形成正向发展循环。

(二)大力推进投资贸易合作方式创新，积极促进国际产能合作

近年来，我国对外投资发展较快，已跃升为全球第二大对外投资国。新形势下，沿边地区要牢牢把握"走出去"服务实体经济的大方向，当好排头兵，鼓励国内更多企业加强与周边国家合作，创新对外投资合作方式，主动对接国际高端要素，积极构建有利于整合全球资源的价值链、供应链、物流链，增强统筹国内国际两个市场、两种资源的能力，做强做大我国参与经济全球化的市场主体。要积极开展资源开发合作，建立战略性资源供应基地。以交通基础设施建设为重点，着力构建面向东南亚、南亚、中亚、东北亚等方向的国际综合运输通道。加快西部陆海新通道建设，大力发展特色优势产业，推进沿边地区产业体系转型升级，聚焦跨境经济合作，加快产业园区建设。

(三)大力推进人文交流合作方式创新，夯实对外合作的民心基础

全面加强教育、卫生、文化、旅游等领域的交流合作，创新发达地区对沿边地区的对口支援帮扶方式，加强科技、教育、人才等方面的支持力度，增强沿边地区自身的发展能力，促进对口支援从单方受益为主向双方受益深化。深化与周边国家的教育交流合作，继续扩大留学生规模，支持边境地区教育发展。继续与周边地区国家在疫情防控和复工复产等方面团结协作，守望相助，共克时艰。此外，要传承弘扬中华优秀传统文化，挖掘沿边历史文化资源，实施一批文化走出去工程。加强旅游资源整合，加快沿边地区重点旅游景区基础设施建设，重点改善交通住宿条件；加强国际旅游合作，积极稳妥推进边境旅游，积极发展冬季冰雪旅游、草原、沙漠风光游、民族风情体验游等旅游项目;着力提升旅游的文化内涵,大力发展文化产业,打造一批特色旅游项目和产品。充分发挥沿边地区自然山水、民族人文资源优势,努力打造有历史记忆、文化脉络、地域特貌、民族特点的新型旅游城市。

(四)大力推进区域合作机制创新,完善区域互助机制

鼓励与中东部地区和其他地区开展多层次、多形式、多领域的区域合作,加强信息基础设施、电子政务工程、公共技术平台等领域的合作,实现互联互通和资源共享。建设以省会城市为核心、以沿边口岸为窗口、以交通干线为轴线的联动国际合作区域,引导企业借助内外通道,为周边地区和沿边地区提供物流、商流和人才支撑,促进沿边地区与周边地区产业融合和相互配套,发挥沿边地区内引外联的枢纽作用。促进产业跨区域转移,共建产业园区等合作平台,积极创新区域合作的组织保障、规划衔接、利益协调、激励约束、资金分担、信息共享、政策协调等机制,创造法制化、制度化、便利化、国际化的营商环境,加快推进重点区域一体化进程,扩大高水平对外开放。

(五)大力推进沿边地区与周边国家深化合作途径创新,加强睦邻友好关系、构建人类命运共同体

周边国家是我国重要的战略依托,是"一带一路"建设必经必保之地,做好周边工作,是扩大对外开放的需要,是确保边陲安宁、维护国家安全的需要,更是推进社会主义现代化建设、实现中华民族伟大复兴的需要。中国与周边国家无论从历史、地缘、文化、情感上,还是在当今的发展、共同的困境与命运中,都紧密地联系在一起,山水相连,血脉相亲,友好关系源远流长。建立更加紧密的人类命运共同体,为区域发展注入更多的稳定性和新动能,增加地区国家人民的共同福祉,是中国作为世界和平建设者、国际秩序维护者、全球发展贡献者的庄严承诺与目标追求。我们要坚持共建、共享、共赢的原则,认真研究并摸清我国与周边国家的经济互补性,创新探索开展经贸合作的新途径,积极开展同周边国家的经济、贸易和技术合作,推动国家关系全面发展。要积极参与区域治理体系改革和建设,推动经济全球化朝着更加开放共赢的方向前进。

(六)以构建新发展格局为重点,把握好"双循环"的基本途径

从马克思主义政治经济学的角度来看,经济活动中生产、交换、分配、消费各个环节组合在一起,是一个动态的周而复始的循环过程。考虑到经济活动的国家边界,经济循环可以分为国内经济循环和国际经济循环。国内大循环在本质上也是开放的,要与国际循环相互促进、相互配合。畅通"双循环",以四大板块为基础,发掘各地区比较优势,明确发展定位,形成合理的专业分工格局和经济发展圈层,促进区域间互融互通补充,着力打通区域间和区域内循环,发挥优势区域的辐射带动作用;要在沿边地区布局建设一批先进制造业集群,合力打造"一带一路"沿线地区的跨区域跨境产业链、供应链,推动制造业集群与城市群融合发展,形成良性互动,支持东部、中部地区企业到沿边地区以投资设厂、参股入股、收购兼并、技术转让的多种方式进行合作。要高度重视区域布局与产业布局协调,创造东中西产业链区域布局协同优势,既要利用我国的广阔市场,实现内部可循环,促进区域协调发展,更要着眼全球,走出国门一展身手;既要追求经济效益,实现企业的发展,更要优化产业区域布局,努力保证供应链安全,实现产业链、供应链的稳定性和控制力,使其成为带动国内大市场循环的重要突破口。

第四,以深化供给侧结构性改革为主线。深化供给侧结构性改革是实现沿边开发开放的必由之路,是解决突出矛盾和问题、推动经济社会持续健康发展的治本良方。加快构建新发展格局,必须在适度扩大总需求的同时,着力加强供给侧结构性改革,着力改善供给结构,以创新驱动、高质量供给引领和创造新需求。

(一)坚持扩大内需这一基本点,夯实双循环的基础

当今世界正经历新一轮大发展、大变革、大调整,大国战略博弈全面加剧。我国是一个发展中大国,要保持经济长期平稳较快发展,必须解决好两大问题,一是能不能始终坚持把扩大内需作为经济发展的长期战略方针,二是能不能很好地破解资源和环境的硬约束。如今沿边地区正处在工业化、城镇化的初级、中级阶段,社会投资和消费市场潜力巨大,是全国未来扩大内需潜力最大的地区,也为我国发展提供了巨大的战略回旋余地。当前,随着我国外部地缘形势的复杂化,外部市场的紧缩风险大增,原来外向型经济受益区域的经济发展空间可能会受到挤压,这就要求中国对发展重点进行较大调整,在未来更多地转向内地市场、西部市场。"中国长江经济带东西两端,GDP 增加值的差距在 12 万亿元左右,存在明显的'2 倍差'现象。发展差距也带来了政策空间,一旦东西部地区实现了基本的均衡发展,则中国的西部市场空间将迸发出巨大的发展动能。"[①]新时期沿边地区已转向高质量发展阶段,加快构建以国内大循环为主体、国内国际双循环相互促进的新发展格局,是"十四五"时期的重大战略任务,对深化供给侧结构性改革提出了新的要求。要按照向高质量方向发展、解决发展不平衡不充分问题的要求,把国家扩大内需的积极财政政策与改善沿边地区投资发展环境、推进城镇化进程、扩大消费需求结合起来,这有利于进一步激发沿边地区发展潜能,扩大国内的有效需求;有利于进一步扩大我国经济发展回旋空间,增强应对世界经济风险的能力。

(二)巩固"三去一降一补"成果,扩大有效和中高端供给

扎实有效去产能,提高行业发展效率,运用市场机制处置好"僵尸"企业、淘汰落后产能、促进企业兼并重组,不断增强企业的核心竞争力。积极稳妥去杠杆,针对非金融企业杠杆率较高问题,从控制总杠杆率入手,有效降低企业杠杆率。加大力度盘活企业存量资产,推进资产证券化和债转股,加大股权融资,不断把企业的负债率降到合理水平,有效

---

① 贺军.国务院重提"支持长江经济带发展"背后的深意[EB/OL].(2021-08-27)[2021-11-20].
http://www.jwview.com/jingwei/08-27/424441.shtml.

抵御和削弱经济运行中的金融风险,坚决守住风险底线。积极落实和完善减税降费政策,清理规范各类涉企收费,降低全社会各类营商成本,有效减轻企业负担。

激发各类市场主体活力。把市场主体的活跃度保持住、提上去,是促进经济持续健康发展、保障和改善民生的关键所在。要多措并举降成本,对中小微企业、科技型企业实施税收减免,降低相关企业在金融、铁路货运等领域的经营性收费,降低企业制度性交易、用能、物流等成本,不断提高企业的利润率水平。深化金融体制改革,调整优化金融体系供给结构,提高金融体系服务实体经济的能力。要坚持"两个毫不动摇",加强产权和知识产权保护,建设高标准市场体系,完善公平竞争制度,建立公平开放透明的市场规则和法治化营商环境,发挥企业和企业家的主观能动性,发展更多优质企业。加快土地等要素市场化的步伐,破除各类要素流动壁垒。

提升产业链、供应链现代化水平。坚持把发展经济着力点放在实体经济上,着力推进产业基础高级化、产业链现代化。加强特色优势产业发展,积极承接产业转移,推动特色产业向高质量发展,培育和发展新的产业集群。加强与周边国家产业合作,更好地吸引区域资源要素,形成更具创新力、更具附加值的产业链。发展壮大现代服务业,培育新产业、新业态、新模式,积极发展智慧物流和供应链体系,提升健康养老等服务业,推动专业服务业发展。充分挖掘和展示沿边地区旅游、文化等特色资源,积极发展全域旅游,大力推进文化旅游深度融合,培育一批边境旅游名县,打造世界级文化旅游精品。

精准发力补短板、强弱项。进一步聚焦重点,抓牢发展第一要务,奋力补短板、强弱项,尤其要根据本地区实际,围绕经济运行的问题,不断化解制约经济运行的阻力,进一步深化、细化补短板举措,建立完善补短板工作机制,加速推进、加快落实,扎实做好检查督促工作,全面提升开发开放的"成色"。从增强公共服务、完善基础设施、创新发展产业、增强资源承载力度、拓展环境容量空间等方面入手,紧抓发展机遇,抓项目、抓招商、抓创新、抓人才,抢占发展先机,推动各项工作落地见效。要吃透中央文件精神,注重研究政策,充分利用政策,积极同各级部门沟通协调,努力争取更多支持和帮助。加快补上各项短板,确保结出发展硕果、交出满意答卷。

第五,以"一带一路"建设为重点。"一带一路"建设是我国在新的历史条件下实行全方位对外开放的重大举措,是推行互利共赢的重要平台。沿边地区对外开放起步较晚,发展相对滞后,开放型经济水平较低。"一带一路"建设将政策重心向中西部地区、内陆和沿边地区转移,把广大中西部地区和沿边地区推向对外开放前沿,必将进一步优化发展空间布局,促进产业梯度转移和要素有序自由流动、高效配置,实现东中西部优势互补、协调发展。这些年来,"一带一路"建设从理念转化为行动,从愿景转变为现实,取得了丰硕的建设成果。在新的历史起点上,要以此为引领,以更高的站位、更广的视野,进一步推进更大范围、更高水平、更深层次的新一轮大开放、大交流、大融合,携手构建务实进取、包容互鉴、开放创新、共谋发展的"一带一路"互利合作网络。

(一)积极参与和融入"一带一路"建设

沿边地区主动融入京津冀协同发展、长三角一体化、粤港澳大湾区、长江经济带、黄河生态环境综合治理和高质量发展等国家战略,推动内陆和沿海、沿边、沿江协同开放,打造内陆开放高地和开发开放枢纽。加快沿边地区开发开放发展,提升沿边地区对外经济合作水平,增强区域合作的产业支撑。整合资源优势和产业优势,大力培育外向型产业,发挥产业集群效应,提高产业吸引力和竞争力,加快企业"走出去"的步伐。推动边境贸易区向经济合作区转化升级,扩大已有经济合作区规模,升级提质,加快同周边区域建设自由贸易区进程。完善沿边重点开发开放试验区、边境经济合作区、跨境经济合作区布局,支持在跨境金融、跨境旅游、通关执法合作、人员出入境管理等方面开展创新。加强与周边国家进行双边、多边合作,向南对接东南亚、南亚国际大市场,向东承接日韩俄等发达国家先进生产力,向西推进对中亚、西亚以及欧洲合作,向北参与中蒙俄经济走廊建设。

(二)强化开放大通道建设

以构建现代综合交通运输体系为重点,着力提高基础设施通达度、通畅性和均等化水平。加快国际经贸大通道建设,加大沿边地区基础设施投资。"以编制我国与周边国家互联互通规划为契机,加快推进我国与周边国家基础设施互联互通和国际大通道建设"。[①] 加快构建中老、中缅、中尼、中巴以及南向出海大通道,畅通西部出海口,提升互联互通水平。构建国际航空客货运战略大通道。推动中欧班列高质量发展,创新与东盟国际铁海(铁)联运模式,强化连接长三角、珠三角、环渤海等地区的铁海联运大通道。积极开展"一带一路"国际多式联运试点示范,支持在西部地区建设无水港。组建多边开发性金融机构,为国际基础设施互联互通提供融资便利。加快中国—东盟信息港建设,加大边境城镇基础设施投资力度,推进重点边境城镇和口岸建设,加强生态建设和环境保护,促进沿边地区可持续发展。

(三)发展更高层次开放型经济

推动沿边地区对外开放由商品和要素流动型逐步向规则制度型转变,在更广的领域扩大外资市场准入,推动制造业等产业全方位对外开放,打造产业转移示范区。积极推进数字丝绸之路建设,通过新兴技术为世界经济创造新的增长点。推进与周边国家农业的国际合作,打造全球性农产品品牌。加快创建国际产能合作示范区,推进国际产能合作项目建设,支持企业开展第三方市场合作。扎实建设国际产业合作

---

① 史本叶,程浩.打造沿边开放升级版[EB/OL].(2014-09-16)[2021-05-30].http://theory.people.com.cn/n/2014/0916/c40531-25667316.html.

园区,支持跨区域共建产业园区,探索发展"飞地"园区。

(四)构建内陆多层次开放平台

高质量推进边境自由贸易区建设,加强与沿边开放合作功能区联动,与国内各自由贸易区沟通合作,及时复制推广改革成果,引领沿边地区扩大开放。创新提升国家重点开发开放试验区、边(跨)境经济合作区、境外经济贸易合作区、综合保税区、跨境电商综合试验区等开放平台,做大做强主动产业链,建设加工贸易梯度转移承接地。提升各类博览会、交易会、论坛的层次和水平,相关机制和平台应加强沟通交流,注重把各方共识以制度和规则的形式确定下来,并把符合世界发展方向的制度规则向国际社会积极推广。鼓励昆明、南宁、乌鲁木齐、兰州、呼和浩特、沈阳、长春、哈尔滨等加快建设国际门户枢纽城市,建设内陆型经济开放高地,提高省会(首府)城市辐射带动能力。办好"一带一路"国际高峰论坛,做强博鳌亚洲论坛,提升中国—东盟合作,精心打造"一带一路"周边合作平台和新型次区域合作平台,推动各领域合作向体制升级、持久发展阶段迈进,更好地服务国内发展大局,惠及周边民众,使"一带一路"建设在周边行稳致远。

(五)促进睦邻友好合作关系

加强高层战略引领,实现周边伙伴关系新发展。增强与周边国家的政治互信,加强互利合作,不断提高双边关系水平,创造和谐稳定的周边环境。贯彻落实"睦邻、安邻、富邻"的政策主张,主动加强与周边国家的经济技术交流与合作,带动周边国家共同发展。"一带一路"从周边起步,连接亚欧非大陆,因此要聚焦构建新型合作模式,释放互联互通效应,打造更加密切的产业链体系,逐步形成区域大合作,为区域一体化注入新动力。积极拓展与周边国家的公共外交、民间外交,推动人文交流多元发展,促进民心相通相亲,增加相互了解和友谊,夯实友好民意基础。

第六,以维护国家安全为前提。沿边地区位于我国的重要战略位置,是我国做好边疆防护的关键。沿边地区的稳定事关国家的安全稳定与经济发展,要贯彻落实好党和国家的边疆民族政策,加强基础设施建设、着力改善民生、提高社会保障能力、缩小贫富差距,要增强各民族的团结和谐、增强民族凝聚力、提高各族人民的生活水平和质量,要提高边疆地区社会治理能力、维护边疆安全,为实现社会稳定和长治久安做出贡献。

沿边地区开发开放要体现总体国家安全观。开放发展既为我国经济发展和社会进步打开了世界大门,提供了历史机遇,同时也可能对国家安全带来挑战和威胁。特别是沿边地区,随着沿边开发开放的深入,给边境安全稳定带来了一些新情况、新挑战,边境地区走私、贩毒、恐怖活动等非传统安全威胁突出,防奸保密、拒腐防变任务严峻。因此,沿边开发开放应树立总体国家安全观,服从国家整体战略需要,既要看到开放有利的因素,也要正视周边安全环境对我国的潜在影响和现实威胁,正确面对"痛点";既要发挥区位优势,也要直面潜在的危险,防止剃头挑子一头热;既要充分把握友好国家有利于开放合作的一面,也必须未雨绸缪,及时化解不利因素,防患于未然。要全面考虑,科学决策,正确把握,有备无患。

(一)全力维护沿边地区安全稳定

努力提高防范和化解各种风险的能力,更好地统筹开放与安全、增长与风险,要做到既实现高水平开放发展、合作共赢,又切实维护国家安全。随着世界多极化和经济全球化趋势的深入发展,地区政治、经济、金融、安全合作日趋活跃,多边外交的作用日益突出。多边外交和双边外交互有优长,互为补充,相得益彰。要把两者的优势充分发挥出来,要以促进经济共同发展为目标,按照由易及难、循序渐进的原则,积极参与和推动区域经济合作;要继续推进安全对话和磋商,倡导以互信、互利、平等、协作为核心的新安全观;要加强同周边国家的合作,打击恐怖主义、分裂主义和极端主义这三股恶势力,解决好其他共同面临的跨国问题;要积极向周边国家宣传我国关于建立国际新秩序的主张,争取首先在周边国家中取得共识,共同推动国际政治经济新秩序的建立。

(二)坚持维护沿边地区人民团结

要始终将民族团结和民族共同发展作为解决民族问题的依据,全面深入持久开展民族团结进步的创建,打牢中华民族共同体的思想基础。从当前沿边地区社会发展的情况看,部分地区如新疆、西藏等还存在着一些不稳定因素,少数民族地区的整体社会环境发生了较大的变化,民族关系上也出现了许多新形势、新特点,这就要求沿边地区必须始终坚定中国特色社会主义道路自信、理论自信、制度自信、文化自信,不断提升依靠中国特色社会主义道路、理论、制度、文化来解决民族问题的能力,促进沿边地区各族人民的团结,促进各民族共同发展,不断推动民族凝聚力的增强。要全面贯彻党的民族理论和民族政策,以民族团结为目标不断加强相关的制度建设,不断增强制度优势,提高治理效能。坚决打击分裂行动和恐怖主义活动,努力维护沿边地区和平稳定,促进沿边地区人民团结。要充分发挥民族团结进步的历史传统、社会基础、文化认同优势,在各族群众中加强社会主义核心价值观教育,牢固树立正确的祖国观、民族观、文化观、历史观,通过各种有效方式不断增强各族群众对伟大祖国、中华民族、中华文化、中国共产党、中国特色社会主义的认同,全方位推动各民族共有精神家园的构建工作,为铸牢中华民族共同体意识打牢坚实的思想基础。要高度重视少数民族及民族地区的发展问题,走高质量跨越式发展的道路,大力实施兴边富民行动等规划,不断缩小区域、民族之间的差距。要让改革发展成果更多地、更公平地惠及各族人民,不断增强各族人民的获得感、幸福感、安全感。

(三)深入贯彻党的宗教工作基本方针,坚持我国宗教的中国化方向

坚持保护合法、制止非法、遏制极端、抵御渗透、打击犯罪,积极引导宗教与社会主义社会相适应。要全面贯彻党的宗教信仰自由政策,切实尊重信教群众的习俗,充分尊重和保护宗教信仰自由,不断提升宗教事务管理的法治化水平,不断推进宗教工作创新,依法保障信教群众的正常宗教需求和正常宗教活动。要加强对爱国宗教人士的关心关爱,帮助宗教团体和宗教界人士解决实际问题,充分发挥各宗教团体在维护社会稳定和民族团结、加强自身建设、参与公益慈善、开展对外交往等方面工作中的桥梁和纽带作用。要充分发挥爱国宗教人士的积极作用,引导广大宗教界人士和信教群众更加紧密地团结在党和政府周围,支持宗教界对教规教义做出符合当代中国发展进步要求、符合中华优秀传统文化的阐释。

(四)坚持把矛盾和纠纷化解在基层

要正确把握新时代中国特色社会主义社会的主要矛盾,坚持在不同时期正确处理人民内部矛盾的不同要求,加快推进基层社会治理现代化,努力建设更高水平的平安中国,不断增强人民群众的获得感、幸福感、安全感。积极推广"小事不出村、大事不出镇、矛盾不上交"等"枫桥经验"创新做法,不断探索、发展、完善符合沿边地区实际的矛盾纠纷多元化解机制。坚持依法治理的方针,以维护社会和谐为目标,深入开展扫黑除恶行动,对严重破坏社会稳定的涉毒、涉恐、走私、诈骗、偷越边境、越境赌博等跨境违法犯罪活动进行坚决打击,为基层治理营造良好的法治和社会环境。

(五)建立健全强边固防工作机制,切实维护边疆稳固

深入贯彻落实以习近平同志为核心的党中央的治理边疆方略,按照党中央"强边固防、睦邻友好、维护稳定、促进发展"的工作总要求,不断强化责任意识和使命担当,不断加强组织领导、经费保障、协同治理的工作机制建设。大力巩固拓展边境地区的脱贫攻坚成果,持续改善抵边少数民族地区群众生产生活,扎实推进边境小康村建设,持续提高边民补贴,进一步坚定广大边民守土固边的信心和决心。切实保障和改善民生,解决好关系边境地区群众特别是一线边民切身利益的教育、就业、医疗、出行和通信等方面的实际困难。实施军警民联防联控机制,严厉打击非法出入境活动,确保"一个出不去,一个进不来",保持边境地区和谐稳定。坚持对针对边境沿线地区的各种渗透颠覆破坏活动、暴力恐怖活动、民族分裂活动、宗教极端活动进行有效防范和坚决打击,形成全方位、多层次、宽领域、多形式、立体化的工作机制,依靠人民切实实现维护边疆稳固的历史使命。

三、高水平开放目标要求

在 2017 年的"一带一路"国际合作高峰论坛上,习近平主席提出要将"一带一路"建成"和平之路、繁荣之路、开放之路、创新之路、文明之路"。2018 年,在中非合作论坛北京峰会开幕式上,习近平主席提出把"一带一路"建设成"和平之路、繁荣之路、开放之路、绿色之路、创新之路、文明之路",进一步丰富了"一带一路"建设的内涵,指导"一带一路"建设迈向高质量发展。从此,"和平之路、繁荣之路、开放之路、绿色之路、创新之路、文明之路"成为"一带一路"发展的六大理念,也成为共建"一带一路"的指导思想。

今后中国特色社会主义进入新时代,我国发展正处在新的历史方位,全面建设社会主义现代化国家将开启新征程,百年未有之大变局进入加速演变阶段,这对高质量共建"一带一路"和高水平推进沿边开发开放提出了新的要求——构建人类命运共同体,这也是新时代"一带一路"建设的重要目标。推动构建人类命运共同体,主要体现在以下几方面。

第一,深化同周边国家关系。周边是首要,维护周边和平稳定,事关"一带一路"建设的大局,建设基于共同发展的我国与周边国家的利益共同体和命运共同体,是"一带一路"建设的地缘战略的首要选择。

无论是从地理方位、自然环境还是从与周边国家的相互关系看,周边国家对"一带一路"建设都具有极为重要的战略意义,应积极推动"一带一路"建设与周边国家的良性互动,打造周边地缘经济圈。坚持与邻为善、以邻为伴,坚持睦邻、安邻、富邻,突出亲、诚、惠、容的理念,优化和改善与周边国家的关系,为"一带一路"建设营造良好的周边地缘政治环境,这也是中国周边外交的重要目标。通过经略周边,为"一带一路"充当开路先锋,通过推动互联互通和合作共赢,把实现中华民族伟大复兴的中国梦同周边各国人民过上美好生活的愿望、同地区发展前景对接起来,让命运共同体意识在周边国家落地生根,进而推动构建相互尊重、公平正义、合作共赢的新型国际关系,使国际秩序和国际关系朝着更加公正合理的方向发展。

第二,加快构建周边自由贸易区。要牢牢把握"两个大局",全面谋划全方位对外开放大战略,加快实施自由贸易区建设,加快优化对外开放区域布局,在构建开放型经济新体制方面迈出新步伐。积极推动构建以周边为基础、面向亚欧大市场的高标准自由贸易区网络,力争与所有毗邻国家和地区建立自由贸易区,不断深化经贸关系,构建合作共赢的周边大市场;探索建立"一带一路"多边自由贸易区,实现更大范围、更宽领域、更高层次的区域经济一体化,加快自由贸易区谈判进程,逐步提升已有自由贸易区的自由化水平。结合周边自由贸易区建设推进国际产能和装备制造合作,积极同"一带一路"沿线国家和地区商建自由贸易区,形成"一带一路"大市场。经过五至十年的努力,逐步形成全球自由贸易区网络。

第三,积极融入"双循环"发展格局。高质量推进沿边地区开发开放,要贯彻新发展理念,加快构建以国内大循环为主体、国内国际双循环相互促进的新发展格局。积极融入新发展格局,重在转变沿边经济增长方式,从投资拉动转向消费投资双驱动,从依靠外部转向自主与开放兼容。要在新发展格局中找准定位,在承接产业、构建综合交通枢纽、打造一批内陆开放高地和开发开放枢纽、提升对周边的辐射作用等方面有新作为。要紧扣目标任务，着力解决短板弱项。构建多层次开放平台，建设更高水平的开放型经济新体制，形成国际合作和竞争新优势。

第四，积极参与引领全球治理体系改革。积极参与全球、区域次区域国际规则制定，坚持创新驱动，打造富有活力的增长模式；坚持协同联动，打造开放共赢的合作模式；坚持与时俱进，打造公正合理的治理模式；坚持公平包容，打造平衡普惠的发展模式，积极推进区域经济一体化，加强基础设施建设，促进互联互通，共同构建更高水平的国际经贸规则，在全球经济治理结构中占据主导优势。大力提高"一带一路"倡议话语主体的治理能力，积极构建"一带一路"倡议话语平台。

第五，积极推动建设"五个世界"。始终不渝走和平发展道路，推动建设持久和平、普遍安全、共同繁荣、开放包容、清洁美丽的世界。和平安全是推进共建"一带一路"的基本前提和保证，世界各国在普惠中追求共赢，实现联动增长、共同繁荣；开放包容，相互尊重，和谐共处，携手向着构建人类命运共同体的目标不断迈进；践行绿色发展理念，倡导绿色、低碳、循环、可持续的生产生活方式，致力于加强生态环保合作，防范生态环境风险，增进周边和沿线各国政府、企业和公众的绿色共识及相互的理解与支持，共同实现 2030 年可持续发展目标。

四、高质量推进"五通"发展

沿边地区是区域协调发展的重点、难点和短板，既要依靠国家支持和发达地区支援，更要自力更生、艰苦奋斗。时不我待，沿边地区要抓住构建新发展格局、高质量共建"一带一路"的机遇，积极融入"一带一路"倡议实施中来，壮大和发展自己。沿边地区可以从以下几个方面入手，推动自身发展。

第一，深化政策沟通，促进睦邻友好。自倡议提出以来，"一带一路"建设不断创建各类合作机制和平台，为高质量推进"一带一路"的进一步建设奠定了基础。首先，两届"一带一路"高峰论坛的成功举办和机制化，为更好发挥"一带一路"引领作用，凝聚合作共识、指引建设方向、推动合作进程搭建了最为权威的对话机制平台，为深化合作奠定了良好基础。其二，中国理念和方案得到更多认同。截至2022年7月，我国已与149个国家和32个国际组织签署了200份共建"一带一路"合作文件。这些文件的签署，标志着"一带一路"得到了国际社会大多数国家的支持，为高质量推进"一带一路"建设提供了重要的政治基础。其三，"一带一路"倡议及其合作理念已写入联合国、二十国集团、亚太经合组织、上合组织的重要国际机制成果文件，加以亚洲基础设施投资银行的成立，为高质量推进"一带一路"建设提供了重要制度保证。其四，"六廊六路多国多港"互联互通架构基本形成，并得到深入推进，各类合作协调平台如中巴经济走廊委员会、缅甸"一带一路"实施委员会、"一带一路"科学组织联盟等不断涌现，从不同角度推动"一带一路"建设朝着更精细化、专业化、系统化的方向发展。其五，深化多双边与区域合作。中国积极参与世贸组织改革，截至2022年1月，我国已与26个国家和地区签署19个自贸协定，特别是新签署的区域全面经济伙伴关系协定深化了中俄战略合作，加快了中日韩自由贸易协定谈判等进程。其六，中央各部门围绕"五通"建设，不断加强协同配合，积极推出相关规划和创新举措；地方各省区市积极参与和融入"一带一路"建设，为高质量推进"一带一路"建设注入了重要驱动力。

在上述基础上，高质量推进"一带一路"建设，必须继续坚持共商、共建、共享原则，坚持抗击新冠疫情合作建设"健康丝绸之路"，高度重视国际环境变化对"一带一路"建设的影响。进一步与周边国家和沿线国家加强战略对接、规划对接、机制平台对接和项目对接。深化与周边国家合作，加强政策沟通，增加互信，消除逆全球化影响。依托上海合作组织、中国—东盟自由贸易区、澜沧江—湄公河合作机制、东北亚和中韩自贸区等区域经济合作平台,促进沿边地区与毗邻国家以及"一带一路"沿线国家的交流与合作。积极进行制度创新,探索新的沟通对话机制,搭建重大工程、重大项目跨国协调管理体系,建立完善自由便利的国际投资规则和新型国际金融支撑规则体系,引领周边和区域经济合作发展方向。相关机制和平台要加强沟通交流,注重制度创新,并向国际社会积极推广。深化与国际组织特别是联合国的合作,为非传统安全的全球治理贡献中国方案。相关部门应注重研判政治、经济、社会、文化等环境变化,分析"一带一路"建设面临的阶段性任务和潜在的风险挑战,及时总结"一带一路"项目建设进展和存在的问题,定期围绕经济形势、投资机会、案例分析、国别情况、安全风险、"五通"建设进展发布研究报告,引导"一带一路"建设方向。

第二,加强设施联通,提升互联互通水平。"一带一路"建设以来,我国聚焦"六廊六路多国多港"主骨架,一批"一带一路"标志性项目取得实质性进展。中国和"一带一路"沿线国家在港口、铁路、公路、电力、航空、通信等领域开展的大量合作,有效提升了沿线国家的基础设施建设水平,缩短了沿线国家的交通运输时间,降低了贸易成本,释放了贸易和投资潜力,不断为构建人类命运共同体提供新动能。根据世界银行的估算,"一带一路"基础设施建设所带来的贸易成本下降将使全球实际收入增加,"一带一路"倡议的相关投资,能够使760万人口摆脱极度贫困、3200万人口摆脱中度贫困。未来将以建设国际大通道为引擎,提升基础设施保障能力,同时推进与周边国家战略、规划、机制对接,加强政策、规则、标准联通。

基础设施落后是制约沿边地区发展的重要瓶颈。高水平共建连接中国与东盟的陆海新通道,沿边地区要全力投入国际大通道建设,争取规划上马一批机场、铁路、高等级公路及能源通道、水利、通信设施项目;要重视航空、铁路、公路、水运一体化联运的标准化建设和物流中心建设,打造共建"一带一路"的区域门户枢纽和全国临空经济创新发展先导区。着重打通目前各省区间的"断头路",实现对内畅通无阻、对外东通西达,使基础设施建设全面嵌入"一带一路",实现无缝对接。实施通道物流提升行动,加快建设一批国家物流枢纽和重要物流节点城市,构建"通道+枢纽+网络"的现代物流大格局。要畅通综合运输大通道,构建高品质综合立体交通网和客货运输体系,打造一批一体化国际门户枢纽。建设发达的快速网、高效的干线网、广泛的基础网,建成多层次综合交通枢纽体系,织密到达国内主要城市和周边国家的快速交通网络,加快建设高效快捷的出行交通圈和快货物流圈,推动国际运输便利化。大力发展智慧交通,提升交通科技水平,强化高品质客货运输服务。加强信息基础设施建设,建成高水平全光网络,建设全域感知智能终端,推进省会城市国家级互联网骨干直连点等重大基础设施平台建设,加快5G、大数据中心等建设。推动传统基础设施和公共服务设施数字化改造,构建多层次工业互联网体系,加快推广智能轨道交通。构建多元能源保障体系,大力发展风电、太阳能、氢能等清洁能源,深度开发水电,积极稳步发展核电,适度发展清洁煤电。推进城乡用电"一张网",加快绿色智能电网建设,增强农村、边远地区供电能力和供电质量。建设智慧能源系统,加快综合供能服务站建设,提升新能源纳和存储能力。

　　第三,贸易畅通,提升投资贸易便利化水平。自倡议提出以来,"一带一路"贸易畅通工作持续推进,中国与相关国家联合开展贸易促进合作、开展双边贸易谈判,在降低农产品矿产品关税、互认检验检疫标准、推进通关便利化,尤其是在与周边国家的贸易便利化方面取得建设性成果,并围绕中欧班列在通关便利化、运输便利化方面与相关国家签订协议。七年间,中国与"一带一路"沿线国家货物贸易进出口总额从2013年的1.04万亿美元增加到2019年的1.34万亿美元,累计总额超过7.81万亿美元,占同期外贸总额的比重逐年提升,由2013年的25%

提升到了 2019 年的 29.4%。2019 年我国对"一带一路"沿线国家进出口总额 92690 亿元,比上年增长 10.8%,其中,出口增长 13.2%,进口增长 7.9%,双向投资深入发展。特别是在新冠疫情等不确定因素对全球经济造成较大影响的情况下,中国与"一带一路"沿线国家的经贸和投资合作仍表现出强劲的韧性和潜力。2020 年前三季度,中国对"一带一路"沿线国家累计进出口 6.75 万亿元,同比增长 1.5%;中国企业对"一带一路"沿线国家非金融类直接投资 130.2 亿美元,同比增长 29.7%。这充分表明了中国与"一带一路"相关国家经济的强大互补性,以及经贸合作的巨大韧性和潜力。中国企业和有关国家企业共同克服疫情等不利因素的影响,彰显了共建"一带一路"对抗疫和提振经济的综合性作用。在疫情之下,中欧班列逆势增长,成为中欧之间抗疫合作的"生命通道",为维护国际供应链、产业链稳定提供了重要支撑。截至 2020 年 11 月 5 日,中欧班列开行达 10180 列,超过 2019 年全年开行量;运送货物 92.7 万标箱,同比增长 54%;运输网络持续拓展,通达欧洲 21 个国家、92 个城市。

"一带一路"投资贸易未来发展方向,高标准建设中国(广西、云南、黑龙江)自由贸易试验区。沿边地区对标国内一流自由贸易试验区,推进投资贸易、产业合作、金融开放、人文交流等制度创新试点,深化与东盟等周边国家在通关、认证认可、标准计量等方面的合作。推进贸易创新发展,增强对外贸易综合竞争能力,扩大外资市场准入,新布局一批自由贸易试验区,加快探索自由贸易港;进一步增加商品和服务进口规模,进一步降低关税水平,消除各种非关税壁垒,不断放开中国市场的大门。同时,要促进贸易和投资自由化、便利化,同更多国家商签高标准自由贸易协定,加强海关、税收、审计监管等领域的合作,推广国际互认合作。坚持高质量引进来、高水平走出去,实施产业高质量发展系统集成示范工程,在高端制造、现代服务、跨境合作等领域打造一批领军企业,推动更多总部经济落户,形成若干具有全国影响力的产业集群。

第四，加大资金融通，提升金融服务水平。金融合作与资金融通是"一带一路"建设的重要支撑。"一带一路"倡议提出以来，我国金融机构积极参与"一带一路"建设项目，海外机构布局和业务不断优化拓展，为服务"一带一路"建设提供了很好的金融支持和保障。亚洲基础设施投资银行、丝路基金成为"一带一路"资金融通的重要平台；政策性、开发性金融机构贷款期限长，在支持境内外基础设施、基础产业和支柱产业的建设上发挥着独特作用；商业银行积极利用筹集资金渠道多元性吸收存款、发行理财、发行债券，金融业服务"一带一路"建设已经取得重要进展，为进一步深化"一带一路"金融合作打下了良好的基础。新冠疫情暴发对共建"一带一路"沿线国家和地区的金融合作、资金融通都产生了一定的负面的冲击，"一带一路"沿线国家货币严重贬值，国际贸易投资活动明显收缩；境外项目还款压力增大，部分发展中国家提出缓债、免债诉求；欧美主要央行实施宽松货币政策，对金融市场和资金融通造成很大的冲击。

"十四五"期间，"一带一路"资金融通要牢牢守住安全发展底线，严控投资风险，密切跟踪全球疫情形势，加强精准金融服务，做好境外投资风险的管控。重点推进金融创新，鼓励开设民营金融机构，主动对接亚洲基础设施投资银行和丝路基金，改变资金不足的现状。同时，要推进乌鲁木齐、南宁、昆明、银川等地建设区域性金融结算中心，加强广西、云南沿边金融综合改革试验区建设，逐步实现面向中亚、东南亚和阿拉伯国家的人民币贸易结算和自由兑换机制。探讨建立长期稳定、风险可控的多元化、可持续融资体系，继续积极稳妥推进中资银行、保险机构优化"一带一路"的网络布局，进一步加大对外开放力度，进一步加强同国际组织、国际金融机构的全方位合作。扩大与周边国家等的双边本币互换、结算的范围和规模，大力发展跨境人民币结算业务，推动人民币区域化进一步发展，营造以人民币自由使用为基础的新型互利合作关系。健全金融有效支持实体经济的体制机制，推动金融产品创新,提升金融科技水平,增强金融普惠性。要推动地方法人金融机构高质量发展,规范发展各类交易场所平台。支持周边国家政府和信用等级较高的企业以及金融机构在中国境内发行人民币债券。加快建成面向东盟的金融开放门户,完善跨境金融基础设施,深化跨境金融创新与合作。注重统筹海外的金融管理、债权管理,加强地方金融监管,加强信息共享和政策协调,共同保障"一带一路"金融合作健康可持续发展。

第五,加强民心相通,打牢社会根基。民心相通作为"一带一路"建设中"五通"的重要内容之一,对推进"一带一路"建设、促进沿线国家共同发展、推动构建人类命运共同体具有重要深远的意义。我国很多边疆民族地区与睦邻国家山水相连、语言相通、文化相近、习俗相似,如新疆等地很多民众与中亚、西亚一些国家民众一样信仰伊斯兰教,西藏、云南等地很多民众与中南半岛一些国家民众一样信仰佛教。这些为沿线各国人民沟通交流搭建了桥梁,成为推动"一带一路"建设的有利条件。近年来,随着"一带一路"建设不断取得标志性成果,民心相通工作也在长期中外交流的基础上取得明显成效。截至2022年7月,我国已与"一带一路"沿线国家签署双边文化、旅游合作文件142份,推动建立中国—东盟、中俄蒙等一系列双、多边文化旅游合作机制,广西、云南、内蒙古和黑龙江建设跨境旅游合作区进展顺利,在科学、教育、文化、卫生、民间交往等各领域广泛开展合作,人文合作项目百花纷呈,各国人民往来频繁,在交流中拉近了心与心的距离,为"一带一路"建设夯实了民意基础、筑牢了社会根基。

下一步的民心相通工作必须在深入领会贯彻习近平外交思想和重要讲话精神的基础上,把握好相关方面的关系,不断提质增效、行稳致远,为"一带一路"建设固本强基,助力实现构建人类命运共同体的伟大目标。要坚持精耕细作,在推进沿线国家民生项目时,应该深入调研,因地制宜,切合当地实际推出有利于增进沿线国家民众福祉的项目,如在进行教育培训、就业创收、公共卫生、医疗保障等活动时,采用当地语言、本土方式,增进信任感,分步骤、分阶段进行,以求实效。我国境外项目投资除了要关切政府间合作,也要与民间项目紧密结合,增进民众获得感,发挥润滑剂和黏合剂的作用。要以提升文化软实力为目标,积极推动包括各民族文化在内的中华文化"走出去",向世界传播中国的文化和价值观,尤其是中国特色的多民族和谐共生的多元一体文化。民族地区要充分挖掘特色文化优势,打造更多文化精品力作,多渠道、全方位向世界展现一个各民族群众守望相助、手足相亲的中国,展现一个各民族文化多姿多彩、交相辉映的中国。要促进官方和民间文化交往交流,大力宣传与中华文化高度契合的丝绸之路精神,增进我国的亲和力、感召力,用中华文化软实力为"一带一路"保驾护航。要充分利用华人华侨群体、外国留学生群体、孔子学院学生、沿线国家党政青年、公益社会团体成员等资源,建立国别青年人脉信息库,积极累积沿线国家青年交流后备人才。鼓励国家高端智库及培育单位在海外主流媒体定期发声,有理有据、精准有力、切合时势地阐释"一带一路"的深刻内涵、重要现实意义和取得的实效,让丝路精神深入人心。

五、建设健康丝路

习近平总书记在全国抗击新冠疫情表彰大会上的重要讲话中强调,中国将继续推进疫情防控国际合作,支持世界卫生组织发挥全球抗疫领导作用,同各国分享防控和救治经验,继续向应对疫情能力薄弱的国家和地区提供帮助,发挥全球抗疫物资最大供应国的作用,推动构建人类卫生健康共同体。疫情发生后,中国抗疫经验的国际推广和抗疫合作援助机制发挥了重要作用。中国毫无保留地同世界卫生组织与国际社会分享防控、治疗经验,向许多国家派出医疗专家组,同时向国际社会提供呼吸机、口罩、医用防护服、检测试剂盒等急需的医疗物资,与周边国家开展卫生健康安全合作、加强国际联防联控。未来"一带一路"建设的高质量推进,要以建设"健康丝绸之路"助推人类卫生健康共同体的构建,加强与周边国家之间关于公共卫生政策的沟通,探索国际疫情防控与合作治理的新机制,形成抗击新冠病毒的"一带一路"国际合作新模式,为人类社会携手应对全球公共卫生危机提供更多思路、注入更强动力。

后疫情时代,疫情防控压力将继续长时间存在,"十四五"前期,甚至未来更长时间,都可能伴随疫情及其带来的各种冲击和影响。未来应将公共卫生合作视为"一带一路"的基础性工作,在规划对接的基础上,加强"健康丝绸之路"的建设。

第一,加强陆地边境防输入工作,做好与周边国家的防疫合作。我国陆地边境口岸通道众多,面对全球疫情大流行加速传播,要密切关注全球新冠疫情发展形势,始终秉持人类命运共同体理念,本着公开、透明和负责任的态度,进一步加强陆地边境防输入工作和际防疫合作。要推广中国防控疫情的做法和经验,动员全员防控、积极防控、主动防控,结合实际完善防控方案。也要加强防控措施、诊断筛查、实验室检测等方面的交流合作,加强信息交流和协调行动,共同维护边境和周边区域的卫生安全。还要筑牢"防疫墙",减少不必要的人员跨境流动,严防境外疫情输入。发现涉疫情况后要按照"四早"原则及时处置,加强边境地区交通要道、便道等值守检查,做好与周边国家的防疫合作。

第二,坚持国际合作、多边主义,维护以联合国、世界卫生组织为核心的全球健康治理体系。应对新冠疫情绝不是某个国家的事,而是世界各国共同的事,是全球必须共同应对的风险和承担的责任。需进一步加强全球公共卫生治理,完善公共卫生安全治理体系,提升突发公共卫生事件应急响应速度,建立全球和地区防疫物资储备中心。要以高质量共建"一带一路"国家人民健康水平为主线,以多双边合作机制为基础,创新合作模式,促进中国与周边国家及"一带一路"沿线国家的卫生事业共同进步。疫情之后,各国在公共卫生领域的合作需求大幅上升,应在"健康丝绸之路"框架下,加大公共卫生基础设施建设力度,切实完善惠及全人类、高效可持续的全球公共卫生体系,如加大对周边国家的重点支持力度,提高相关国家自主公共卫生防控能力等。

第三,拓展"一带一路"卫生合作空间、推动共建人类卫生健康共同体。加强与周边国家的医疗卫生政策沟通,增进与周边及"一带一路"沿线国家在现行医疗制度、医疗保险、医疗市场等方面的相互了解,创新国际医疗服务合作机制,与周边国家形成跨境远程医疗会议网络,实现医疗信息共享和优质医疗资源的互动,奠定全面深化合作的基础。近年来,中国与共建"一带一路"国家及有关国际组织共同深化卫生政策协调,发展"一带一路"医院联盟,建设中医药海外中心,实施中国—东盟公共卫生人才培养计划等项目,为增进各国民众健康福祉做出努力。要同周边国家一道做好防疫合作,相互借鉴和分享抗疫经验,科学调配医疗力量和重要物资。

第四,聚焦防疫产业链,为"健康丝绸之路"提供高质量产品与服务。周边国家多为发展中国家,公共卫生问题普遍突出,大都缺少基本公共卫生设施和服务,在卫生健康领域需求强烈。中国已形成了产品齐全、品类众多的防疫产业链,要依托"健康丝绸之路"的建设,加大卫生健康领域科技投入,加强远程医疗技术、电子商务等方面合作,为"健康丝绸之路"建设提供高质量产品。未来还应与周边国家进一步加强在传染病防控、妇幼保健、卫生援助、疫苗研制等领域的国际合作,提供更多教育培训、人才培养等健康领域的公共产品。同时,应注重发挥"一带一路"产能合作引领作用,加强医药产业园等特色园区建设,进一步加强在健康、医药卫生等领域的合作。

第五,坚定科技创新,加强关键核心技术攻关。加强推进人口健康、生物安全等领域的科研力量合作,整合生命科学、生物技术、医药卫生、医疗设备等领域的国家重点科研体系,布局一批国家临床医学研究中心,加大卫生健康领域的科技投入,加强生命科学领域的基础研究,推进医疗健康关键核心技术突破,加快提高疫病防控和公共卫生领域的战略科技力量和战略储备能力。要加快补齐我国高端医疗装备短板,突破技术装备瓶颈,实现高端医疗装备自主可控。加强我国传统医药和现代医药的创新研发,推动中医药更好走向世界。要加强话语权建设,将生物安全以及公共卫生合作类智库建设列入"十四五"时期重要工作议程,培育有国际竞争力的生物安全与公共卫生合作领域战略型智库。

六、创新开放体制机制

要进一步解放思想、转变观念,破除制约发展的体制机制障碍,加大体制机制创新力度,促进生产要素有序自由流动,创新与国内外接轨的制度环境。

第一,提高贸易和投资便利化水平。健全促进和保障外贸、外资、对外投资、物流、开放平台、口岸等领域的法规、政策和服务体系,推动贸易和投资自由化、便利化,支持有条件的地方发展外商投资总部经济。推进贸易创新发展,不断优化国际市场布局、经营主体结构、商品结构、贸易方式,加快推进外贸转型升级基地、贸易促进平台、国际营销网络建设,增加国内紧缺和消费升级所需的优质产品进口,大力发展加工贸易,发展跨境电商、市场采购贸易、保税加工贸易、保税物流、外贸综合服务等新业态,发展数字贸易,促进内外贸一体化。有序扩大服务业对外开放,依法支持社会资本进入金融服务业,扩大社会服务业市场准入,推进服务贸易创新发展试点。鼓励沿边重点地区与东部沿海城市建立对口联系机制,交流借鉴开放经验,探索符合沿边实际的开发开放模式。加强与毗邻国家磋商,建立健全投资合作机制。创新口岸监管模式,优化查验机制,提高查验效率。在沿边重点地区有条件的海关特殊监管区域深化"一线放开""二线安全高效管住"的监管服务改革,推动货物在各海关特殊监管区域之间自由便捷流转。加强沿边、内陆、沿海通关协作,推进企业运营信息与监管系统对接。加强与"一带一路"沿线国家口岸执法机构的机制化合作,推进跨境共同监管设施的建设与共享,加强跨境监管合作和协调。

第二,大力发展边境加工贸易。促进边境地区承接加工贸易产业,扩大具有较高技术含量和较强市场竞争力的产品出口,培育食品、农产品、工业产品等出口商品质量安全示范区。对开展加工贸易涉及配额及进口许可证管理的资源类商品,在配额分配和有关许可证办理方面给予适当倾斜。支持具有比较优势的粮食、果蔬、橡胶等加工贸易发展,对以边贸方式进口、符合国家《鼓励进口技术和产品目录》的资源类商品给予进口贴息。支持沿边重点地区大力发展特色优势产业以及符合产业政策、对沿边市县经济发展带动作用强的项目,在项目审批、核准、备案等方面加大支持力度。支持在沿边重点地区优先布局进口能源资源加工转化利用项目和进口资源落地加工项目,支持有关项目利用沿边口岸进口国外矿产资源。大力发展外向型产业集群,形成各有侧重的对外开放基地,鼓励优势产能、装备、技术"走出去"。支持沿边重点地区发展风电、光电等新能源产业。推动移动互联网、云计算、大数据、物联网等与制造业紧密结合。

第三,创新发展边境贸易。要完善边民互市贸易,建设边境贸易商品市场和进口商品落地加工基地,加强边民互市点建设,有序发展边境贸易,促进边境小额贸易向综合性多元化贸易转变,探索发展离岸贸易,采取促进政策充分调动企业扩大边境小额贸易进口的积极性。可以依托重点口岸建设内外贸一体化的商贸物流集散中心,形成布局合理、功能明确、结构优化、分工明晰的边贸市场体系,在条件具备的商贸物流集散中心试点"市场采购"贸易方式。要推进中国—东盟边境贸易国检试验区建设,建立边境贸易货物风险分类监管模式,促进边境贸易"快验快放""优进优出"。推动开展边民互市贸易改革升级试点,建立边民互助组织,鼓励"互市＋加工"模式,使互市进口商品从穿岸而过转为落地加工,变"通道经济"为"产业经济",延伸产业链,提高附加值。严格落实国家关于边民互市贸易免征进口关税和进口环节增值税的规定,清理各种不合理收费。

第四,提升金融服务水平。 加快沿边金融综合改革先行先试,国家批准的沿边金融综合改革试验区积极利用政策优势,统筹推进金融改革创新。要推动与周边国家和地区在金融领域的交流与合作。推进金融服务创新,综合运用境外贷款、资产证券化、信贷资产流转、兼并重组、呆账核销、贷款减免、地方债定向置换等手段,盘活存量资产,释放信贷空间,鼓励金融产品和服务创新。推动人民币跨境融资和跨境使用,提升人民币在跨境贸易结算中的比重。深入推进资本项下跨境人民币结算业务,简化人民币跨境直接投资和境外项目人民币贷款管理,鼓励银行开展境内外联动的人民币资金池业务。探索发展沿边重点地区与周边国家人民币双向贷款业务,加快沿边跨境金融服务中心、跨境保险服务中心建设,提升跨境金融服务水平。要防范金融风险,加大风险监测评估力度。

七、构建内陆开放平台

要发挥沿边地区位优势,以高质量推进"一带一路"建设为驱动,把南宁、昆明、新疆、兰州、呼和浩特、哈尔滨、长春、沈阳等自身的区域性开放战略纳入国家向西、向北开放的总体布局中,丰富对外开放载体,提升对外开放层次,创新开放型经济体制,打造内陆开放和沿边开放的高地。具体措施有以下几点。

第一,打造对外开放新高地。 习近平总书记在第三届中国国际进口博览会上进一步强调共同开放理念,提出建设开放新高地,促进外贸创新发展,持续优化营商环境,深化双边、多边、区域合作等重大举措,充分表明了中国全面对外开放的坚定立场和信心。沿边地区经济社会发展已取得巨大成就,基础设施建设取得重要进展,重要资源能源基地的战略地位更加巩固,特色优势产业不断转型升级,产业结构日趋完善,生态保障作用更加凸显,一些城市成为我国经济增长的亮点。进入新发展阶段,沿边地区更应把构建新发展格局同实施国家区域协调发展战略、西部大开发战略等结合起来,要跳出依托本地资源、国家政策扶持发展的模式和格局,通过大开放,更好地利用国内外"两个市场、两种资源",形成自主依靠内生动力发展的良性循环。南宁、昆明、乌鲁木齐、兰州、呼和浩特、哈尔滨、长春、沈阳等省会城市,要强化省会城市意识,勇于担当省会城市使命,发挥省会城市的辐射带动作用和在区域协调发展中的作用,打造成为内陆开放和沿边开放的高地,不断加快开放发展的步伐,提高省会城市面向毗邻国家的次区域合作支撑能力,构建新发展格局的重要战略支点,努力推动形成全方位开放格局。

第二,加强沿边地区城市群建设。选择一些开放基础条件较好的地区,加大基础设施建设力度,形成支持区域发展的增长极,如北部湾城市群、滇中城市群、天山北坡城市群、兰西城市群、呼包鄂榆城市群、哈大齐城市群、吉林中部城市群、辽宁沿海城市群、辽宁中部城市群等的核心城市,还有一些沿边的口岸城市、"一带一路"节点城市等。建设昆明、乌鲁木齐、沈阳等国际陆港区以及临空经济示范区。深度融入共建"一带一路",积极参与中蒙俄经济走廊建设,加快推进新疆丝绸之路经济带核心区建设和中巴经济走廊综合承载区建设。广西要对标国际先进规则和一流标准,高标准建设中国(广西)自由贸易试验区,围绕北部湾港建成国际门户港的目标,全力推进西部陆海新通道建设;云南要加快建设面向南亚、东南亚的辐射中心,积极推进中缅经济走廊建设;内蒙古、东北地区要着力打造沿边开放新高地和沿边重要经济增长区域,打造"一带一路"向北开放重要窗口、面向俄罗斯及东北亚开放的重要枢纽站和桥头堡。

第三,大力推进重点开发开放试验区、边境经济合作区、跨境经济合作区建设。沿边重点开发开放试验区是对外开放的重要载体,要有效发挥其对于推进更高水平开放的引领作用。要以沿边重点开发开放试验区、边境经济合作区、跨境经济合作区为重点,不断完善对外开放布局,加快推进口岸经济带基础设施建设和产业发展,促进"通道经济"向"口岸经济"转型,提升通关便利化水平。推进中蒙二连浩特—扎门乌德经济合作区、乌兰察布—二连浩特陆港、乌兰察布保税物流中心、鄂尔多斯综合保税区、巴彦淖尔保税物流中心等开放平台建设。支持二连浩特铁路口岸功能向乌兰察布延伸,加快中韩(长春)国际合作示范区、珲春海洋经济合作示范区建设。加快内陆开放型经济试验区建设,研究在内陆地区增设国家一类口岸,整合规范现有各级各类基地、园区,加快开发区转型升级,开展先行先试。推进边境旅游试验区、跨境旅游合作区、农业对外开放合作试验区等建设,推进吉隆边境经济合作区建设,加大力度支持沿边地区外经贸发展,完善边民互市贸易管理制度。

第四,加强边境自由贸易区建设。要支持西部地区自由贸易试验区在投资贸易领域依法依规开展先行先试,探索建设适应高水平开放的行政管理体制。积极同国际经贸规则对接,增强透明度,强化产权保护,鼓励竞争、反对垄断,持续优化营商环境。注重包括规则、规制、管理、标准等在内的制度型开放,形成更高水平的开放型经济新体制。稳步推进广西凭祥、钦州,云南瑞丽、河口,黑龙江绥芬河、黑河等边境自由贸易港建设,深化制度创新,统筹发展和安全,有序推动重点商品进出口管理体制改革,完善大宗商品进出口管理,简化通关作业流程,完善国际贸易"单一窗口"功能。要支持企业利用线上展会、电商平台等渠道开展线上推介、在线洽谈和线上签约,探索线上线下同步互动、有机融合的办展新模式。积极推进跨境电商综合试验区建设,支持建设一批海外仓,推进市场采购贸易方式试点建设,促进外贸综合服务企业发展,研究完善配套监管政策。深化双边、多边、区域合作,推进中日韩自贸区、中欧投资协定谈判,同更多国家商签高标准自贸协定。

　　第五,打造多样化国际合作平台。目前我国与周边国家正在积极开展中国—东盟自由贸易区、上海合作组织、澜沧江—湄公河次区域经济合作开发、图们江经济合作开发等区域性经济合作,促进了贸易与经济技术合作和各国的经济发展。云南作为中国参与大湄公河次区域合作中的主体省份,不断探索出符合各国利益的双边合作机制,已与次区域国家相关地区先后建立了"云南—泰北合作工作组""云南—老北合作工作组""中越五省市经济走廊合作会议""滇越边境五省协作会议""滇缅经贸合作论坛"等双边合作机制。比如,云南通过昆交会与多个国家建立了稳定的进出口商品交易平台,并惠及周边多个省(区、市);旅交会向世界展示了云南这片七彩热土,吸引海内外的游客纷至沓来;南亚国家商品展升级为中国—南亚博览会,云南与印度洋彼岸的联系变得更为直接和顺畅。再比如,广西的中国—东盟博览会已经成为我国和东盟经贸合作的重要平台,迄今为止共举办了 200 多场会议论坛,促成了一大批重大合作项目,形成了一批重要合作机制,为各领域的信息交流和工作衔接提供了广阔平台,促进了双方更深入的沟通交流与互惠合作。中国—东盟博览会是中国和东盟共同主办的博览会,作为一个区域性的国际博览会,中国—东盟博览会主题突出、重点问题明确,办出了特色,办出了实效。中国—亚欧博览会已经举办七届,第七届中国—亚欧博览会上有 56 位国外政要和嘉宾出席,遍布五大洲 70 多个国家和地区的 7000 多家企业参展参会。

　　未来沿边地区将在构建命运共同体精神指引下,进一步搭建平台、深化合作,打造区域融合发展新格局,共同推动"一带一路"建设在更大范围、更高层次实现新发展。要继续发挥博鳌亚洲论坛作用,积极推动中国—东盟博览会、中国—亚欧博览会、中国—南亚博览会、东北亚博览会、丝绸之路（敦煌）国际文化博览会，办好大连夏季达沃斯论坛、全球工业互联网大会，系统梳理、统筹规划国内举办的各类大型论坛和博览会，赋予"一带一路"研讨、宣介的功能，从服务本区域向服务 RCEP 和"一带一路"拓展，形成各具侧重、主体鲜明、特色突出的平台体系。要研究建立中国—中亚自由贸易区，建设建设中国—中亚经济圈、环阿尔泰山次区域经济圈。继续推进大图们江区域合作，积极参与"大图们倡议"，促进中俄"路港关一体化"项目和中朝"路港区一体化"等合作项目建设。加快图们江地区开发开放，推动中朝、中俄、中蒙合作。加快推进中韩（长春）国际合作示范区、珲春海洋经济发展示范区、中国（吉林）自贸试验区等项目的建设。深化中蒙俄"海拉尔—赤塔—乔巴山"、中蒙"3＋3"等国际次区域经济合作，提高呼和浩特等城市面向俄蒙的次区域合作支撑能力，加强中国与俄罗斯伊尔库茨克、克拉斯诺亚尔斯克等毗邻地区的交流合作。积极推进大湄公河次区域合作，提升澜沧江—湄公河区域开放合作水平。建设巴基斯坦瓜达尔港和自由经济区。大力推进"人字形"中缅经济走廊建设。

八、推进兴边富民行动

沿边地区大多是民族地区，改革开放特别是实施西部大开发战略以来，沿边地区虽然在经济社会方面获得了长足发展，但是由于地处偏远、发展基础薄弱、建设成本高等多方面原因，发展水平不仅与东部沿海地区相差甚远，就是与所在省区其他地区相比也有十分明显的差距。因此需加大对边境地区民生改善的支持力度，通过扩大就业、发展产业、创新科技、对口支援稳边安边兴边。

第一，边民安家。树立"边防一线的每一个人都是一个哨兵、每一户群众都是一个哨所、每一个村庄都是一个堡垒"的理念，在边民安家就业方面下功夫。要降低创新创业门槛,对于边民自主创业实行"零成本"注册,符合条件的边民可按规定申请 10 万元以下的创业担保贷款;国家要给予资金支持,鼓励边境地区群众搬迁安置到距边境 0—3 公里的范围,省级人民政府可根据实际情况建立动态边民补助机制;进行边境村危房改造和抗震加固,加大对边境回迁村(屯)的扶持力度,提高补助标准;对建档立卡贫困人口实施精准扶贫、精准脱贫。2017 年,习近平总书记给西藏隆子县玉麦乡卓嘎、央宗姐妹回信,对长期守边固边忠诚奉献的干部群众给予充分肯定,勉励西藏广大干部群众继续传承爱国守边精神,做神圣国土的守护者、幸福家园的建设者。习近平总书记在回信中阐发了守边固边、爱国守边的重大意义,这是对以习近平同志为核心的党中央治边稳藏重要战略思想的丰富和深化,是习近平新时代中国特色社会主义思想在西藏工作中具体而生动的体现。

第二,**基本保障**。加大对边境地区居民基本社保体系的支持力度,对于符合条件的边民,由政府代缴参加新型农村合作医疗的费用;提高新型农村合作医疗报销比例。以边境中心城市、边境口岸、交通沿线城镇为重点,加大对边境基层医疗卫生服务机构对口支援的力度;在具备条件的地方实施 12 年免费教育政策;实行中等职业教育免学费制度;选派教师驻边支教,支持当地教师队伍建设。加大教育对外开放力度,支持边境城市与国际知名院校开展合作办学。

第三,**基础设施**。加快边境基础设施建设,借助"一带一路"建设这一契机,加大对互联互通基础设施的建设力度,改善通关条件和便利化水平等软硬件环境;实现通村公路硬化工程,构建边境地区公路网;加快完善电信普遍服务,提高信息网络覆盖水平;加快推进电子政务、电子商务、远程教育、远程医疗等信息化建设,为当地居民提供医疗、交通、治安、就业、维权、法律咨询等方面的公共服务信息。

第四,**产业发展**。千方百计增加边民收入,完善民生保障制度。应创新公共服务提供方式,满足边境居民基本生活生产需求。要大力支持发展边境特色优势产业,包括推进边境地区特色优势农业、特色加工业、特色手工业以及特色服务业的发展。坚持屯兵与安民并举、固边与兴边并重,加强边境重要节点村乡和临边集镇、抵边村寨的基础设施建设,打造一批边境小康村,促进边民一心戍边、安居乐业。

第五,国际执法合作。加大边境地区国际执法合作投入,支持边境地区公安机关与周边国家地方警务、边检(移民)、禁毒、边防等执法部门建立对口合作机制,进一步加强在禁毒禁赌以及防范和打击恐怖主义、非法出入境、拐卖人口、走私等方面的边境执法合作,共同维护边境地区安全稳定。

九、建设平安"一带一路"

统筹发展和安全,需要建设高水平平安"一带一路"。习近平总书记指出,经济全球化是一把"双刃剑",当世界经济处于下行期的时候,发达国家和发展中国家都会感受到压力和冲击。我们今天开放发展的大环境总体上比以往任何时候都更为有利,同时也面临着前所未有的矛盾、风险和博弈。越开放就越要重视安全,越要统筹好发展和安全,炼就金刚不坏之身;发展是安全的基础,是安全的保障,发展就是最大的安全,也是解决安全问题的"总钥匙";不断扩大对外开放、提高对外开放水平,以开放促改革、促发展,是我国发展不断取得新成就的重要法宝。这些重要论述,对我们在高质量推进"一带一路"建设过程中贯彻新发展理念和总体国家安全观具有重要指导意义,要在沿边地区扩大开放中动态谋求更高层次安全,树立开放的经济安全观,统筹传统安全和非传统安全,把安全发展贯穿经济社会发展的各领域和全过程,提高参与和引领区域经济一体化的能力。建设平安"一带一路"分为以下几个方面。

第一,加强边境地区基层治理能力建设。要贯彻落实全面从严治党要求,着力强化党的政治、思想、制度和作风引领,全面增强基层党组织战斗力,全面提升基层政权建设水平,提升乡镇(街道)服务能力与治理水平,推进基层治理体系和治理能力现代化。加强边境地区基层党组织建设,抓好以村级党组织为核心的村级组织建设,充分发挥基层政权阵地功能,提升基层党组织和党员维护稳定、推动发展、服务群众、凝聚人心、保护生态、促进和谐、巩固边防的能力和水平。加强城乡社区建设,建立健全党组织领导下的基层群众自治机制,实现政府治理和社会调节、居民自治良性互动。

　　第二,统筹好开放与安全。新发展阶段,要加快构建新发展格局,统筹好开放与改革发展,找到开放与安全的结合点。要时刻绷紧政治安全这根弦,始终把维护国家政治安全、制度安全放在第一位,切实扎紧篱笆,增强斗争精神,完善斗争策略,坚持打防并举、标本兼治,坚决守好祖国边境大门。既要不断扩大开放,打开窗户,也要做好安全保障,装好纱窗,更好地维护经济安全。由于特殊的地缘环境和历史渊源,沿边地区历来是国际敌对势力渗透、颠覆、破坏的重点地区,内忧外患并存,各种矛盾交织,始终是国家安全战略的重要方面。要大力开展民族团结进步宣传教育和创建活动,全力以赴巩固好发展好民族团结、社会稳定、边疆安宁的良好局面,为维护国家政治安全、促进全国社会大局稳定做出应有贡献。要增强忧患意识,深入开展国家安全宣传教育,强化全民国家安全意识和责任,巩固牢不可破的人民防线。要坚定维护国家政权安全和制度安全,坚决防范和依法打击境内外敌对势力的渗透、破坏、分裂和颠覆活动,维护各民族和睦相处、和衷共济、和谐发展的良好局面。要深入开展爱国主义和民族团结宣传教育,牢固树立"三个离不开"思想,培育中华民族共同体意识和国家意识,不断增强对伟大祖国、中华民族、中华文化、中国共产党、中国特色社会主义的认同,树立正确的国家观、民族观、宗教观、历史观、文化观,不断增强维护民族团结和国家统一、反对民族分裂的自觉性、主动性、坚定性,传递民族团结的正能量。促进各民族交往、交流、交融,依法妥善处理涉及民族因素的问题,坚决依法打击破坏民族团结和分裂祖国的违法犯罪活动。要广泛深入开展民族团结进步创建活动,扎实推进民族团结。坚定维护意识形态安全,健全网络安全防护体系。

第三,有效防范化解风险。扎实做好社会矛盾风险防范化解工作,准确把握社会矛盾风险新趋势、新特点,抓好存量风险的排查化解,针对风险点制定整改方案,针对苗头隐患健全防控预案,努力把矛盾风险解决在基层、化解在萌芽状态;重点抓好社会稳定风险评估制度的全面落实,强化各级干部的风险意识和责任担当,不断夯实防范化解风险的工作基础。深入做好意识形态工作和民族团结工作,深入开展民族团结进步、爱国主义、中华传统文化、社会主义核心价值观等方面的教育,引导各族群众牢固树立正确的国家观、民族观,促进各民族人民像石榴籽一样紧紧抱在一起。此外,还要在边境地区广泛开展爱国守边教育,大力宣传人民边防为人民、人民边防靠人民的思想,筑牢人民边防的铜墙铁壁。在边境建设中贯彻国防巩固要求,同时合理兼顾民用需要。坚持军地资源优化配置、合理共享、平战结合、沿边沿线衔接,加强军地在基础设施和社会服务等领域的统筹发展。实施军民融合发展工程,增强基础设施军民共用的协调性,加强边防基础设施建设。巩固军政军民团结,党政军警民合力强边固防,提高边境综合防卫管控能力,维护边境地区安全稳定。

第四,通力共建和谐边疆。要完善边境地区治理协调机制,制定边境地区突发事件应急预案,规范信息报告制度,加强跨部门、跨区域应急联动,提升联合处置能力。深化边防对外交往合作,及时协商处理边境事务,扎实推进爱民固边模范村(社区)、乡镇、县市创建,密切睦邻友好关系。推进边境地区治安防控体系建设,深入开展社会治安专项整治,严厉打击走私、贩毒、贩枪、偷越国(边)境、非法出入境等各类违法犯罪活动。支持边境地区公安机关与周边国家地方警务、边检(移民)、禁毒、边防等执法部门建立对口合作机制，共同维护边境地区安全稳定。加强文化执法合作，打击非法文化产品流入，构筑边境地区文化安全屏障。全面正确贯彻党的宗教工作基本方针，引导宗教界人士和信教群众为稳边固边和边境地区发展服务，继续开展和谐寺观教堂创建活动。加强反恐处突力量和应急救援力量建设，积极构建完善应急救援力量体系。

第五，加强新疆生产建设兵团建设。新疆生产建设兵团是党和国家为适应和解决稳定与发展、屯垦与戍边、御外与稳内、实边与固边、兴边与强边的需要，在借鉴历朝历代屯垦戍边历史经验的基础上，组建的一支劳武结合、平战一体的力量。它履行的是融政治、经济、军事、文化于一体的综合性屯垦戍边任务，在半个多世纪的屯垦戍边岁月中，为稳定边疆、保卫边疆、开发边疆、建设边疆、巩固国防做出了巨大的贡献，发挥了极其独特而重要的作用。新的历史时期，要进一步发挥新疆生产建设兵团在经济建设中和维护边疆稳定的突出作用，对其加大政策扶持，在财税、金融、土地、招商引资等方面给予倾斜，增加科技含量，调整产业结构，形成特色优势产业，使之成为促进边疆经济社会发展的生力军。要确立兵团现代农业的地位，把农业产业化经营作为兵团农牧团场经济组织创新的有效形式，积极探索"龙头企业＋农户""龙头企业＋基地＋农户""专业市场＋农户""合作经济组织＋农户"等多种产业化经营形式，通过建立农业合作经济组织，依托上市公司推动兵团农业产业化进程；加快经济结构调整步伐，解决制约经济发展的结构性矛盾和体制性障碍，以市场为导向，加快产业结构、所有制结构和企业组织结构调整，扩大工业所占比重，走新型工业化道路；完善职工福利待遇，落实职工增收减负政策，拓展增设渠道，创造拴心留人的良好环境。要大力弘扬以"热爱祖国、无私奉献、艰苦创业、开拓进取"为主要内涵的兵团精神，正确处理屯垦与戍边的关系、特殊管理体制和市场机制的关系、兵团和地方的关系，坚持国家利益高于一切、新疆各族人民利益高于一切,积极探索新的历史条件下兵团建设和发展的规律,逐步建立起适应社会主义市场经济要求、具有兵团特点的体制机制,更好地发挥兵团推动改革发展、促进社会进步的建设大军作用,增进民族团结、确保社会稳定的中流砥柱作用,巩固西北边防、维护祖国统一的铜墙铁壁作用。

十、引领全球治理改革

要在统筹两个大局、统观新机遇新挑战的基础上推进沿边治理现代化。坚持把沿边治理现代化放在中华民族伟大复兴的战略全局和世界百年未有之大变局中去把握和谋划,把统筹两个大局的普遍性和沿边地区的具体实际结合起来,把面对新机遇、新挑战的共同要求和本地区的特殊要求结合起来,把握好沿边治理现代化的特点和规律。

第一,主动引领次区域治理体系变革。近年来,中国成功主办上合组织青岛峰会,开创性地推动各领域合作,引导该组织在新起点上实现新发展;做强博鳌亚洲论坛平台,这是宣示新时代深化改革、扩大开放的重大举措;推动中国—东盟合作提质升级,制定双方战略伙伴关系2030年愿景;发起建立澜沧江—湄公河合作机制,打造新型次区域合作模式;引导东盟地区论坛、东亚峰会等地区合作机制健康发展;完成中国—东盟自贸区升级,签署了区域全面经济伙伴关系协定,已成为区域一体化进程的维护者和引领者。要坚持"共商、共建、共享"的全球治理理念,推动次区域治理体系变革。要借鉴国际先进经验,推动制度型开放,积极参与全球经济治理体系改革,增强我国在国际经贸规则制定中的话语权,在扩大双边投资贸易中发挥引领作用。要依托"一带一路"建设,积极发挥中国在区域经济合作中的引领作用,助力周边国家经济发展,推进国际区域经济分工、合作与融合,形成中国为主导的国际区域经济合作新局面。积极参与次区域国际经贸规则制定,主动提供国际公共产品,在次区域经济治理体系变革中发挥更大作用,推动次区域经济治理体系变革朝着有利于我国的方向发展。加强多边合作机制,促进全球多边治理机制的完善,增强我国在治理体系中的话语权。

第二,巩固睦邻友好与互利合作。习近平总书记强调,要坚持睦邻友好,守望相助,讲平等,重感情;要诚心诚意对待周边国家,争取更多朋友和伙伴;要本着互惠互利的原则同周边国家开展合作,编织更加紧密的共同利益网络,把双方利益融合提升到更高水平;要倡导包容的思想,强调亚太之大容得下大家共同发展,以更加开放的胸襟和更加积极的态度促进地区合作。"远亲不如近邻""好邻居金不换""亲望亲好,邻望邻好"[1],这些古语俗谚在习近平主席访问周边国家、阐述周边外交理念时被多次引用,充分展现了我国开放包容的胸襟和亲仁善邻的情怀,体现了新时代中国周边外交的鲜明风格。我国顺应周边各国对促和平、谋发展的愿望,牢牢把握重点方向,聚焦重点地区、重点国家、重点项目,抓住发展这个最大公约数,发挥沿边地区区位优势和产业优势,促进我国的巨大产能和建设能力走出去,顺应周边国家推进工业化和提高基础设施水平的迫切需要,有利于稳定当前周边经济形势。这不仅造福了我国人民,更造福了周边乃至共建"一带一路"的各国人民,丰富了国际经济合作理念和多边主义内涵,为促进世界经济增长、实现共建人类命运共同体开辟了新路径。

第三,进一步完善区域合作协调机制。目前,我国与周边国家开展国际次区域经济合作面临的问题一方面来自地方间的横向竞争,主要是地方政府以"一带一路"为导向的投资冲动和短视行为对战略的实施形成的负面影响,另一方面是中央部委和地方政府间纵向关系的协调难题。与国内地方间的区域合作不同,与周边国家跨境经济合作涉及海关监管、外交、国家主权等敏感问题,对于很多合作事项,地方政府难

---

[1] 转引自:亲诚惠容:邻望邻好 共同发展(习近平治国理政关键词(27))[EB/OL].(2016-05-05)[2020-08-08].http://politics.people.com.cn/n1/2016/0505/c1001-28325894.html.

以定夺。从大湄公河次区域合作看,柬埔寨、老挝、缅甸、越南、泰国的全部国土都被大湄公河流域覆盖,因此他们都以国家的身份参加次区域合作,但中国方面直接参与大湄公河次区域合作的主要是云南和广西两省,这就出现了在次区域范围内云南、广西是从省级层面参与,而其他国家从国家层面参与合作的外交权力不对称局面,从而导致一些地方政府受制于自身职权,制约双边和多边跨境运输合作项目推进的现象。对此,应顺应"一带一路"建设区域产业领域合作的要求,促进新的次区域合作机制的构建,以搭建更为广阔的合作平台。随着次区域经济合作进入全面推进阶段,合作中出现的矛盾和问题相应增多,相互间的协调难度有所加大,需要完善利益协调机制,本着互利共赢的原则,加强各界、各层次的沟通与交流。同时,政府、社会组织、企业等各界,应加强机构能力建设,提高协调能力。要进一步完善边境管理协调制度,在打击违法犯罪等方面,推进交流与合作,全力维护边境地区稳定。

第四,建立完善次区域合作协调机构。为促进国际次区域经济合作,应在国家发改委建立国内区域合作机制协调机构,同时,将国内区域合作与国际次区域合作有机结合起来,并相应赋予推动与相邻国家、相邻地区及次区域合作的职能,利用目前成熟的国内合作机制协调地方在次区域合作中的关系,同时也可利用次区域经济合作机制推动国内的区域合作,在此基础上共同搭建国际次区域经济合作的大平台。要调整中央与地方的关系,次区域经济合作的一个特点是合作的形式和空间范围比较灵活,可以是整个国家,也可以是国家的部分地区,但容易出现不具备同等法律地位的沿边省(区)地方政府与次区域内主权国家的合作。亚洲开发银行在评估大湄公河次区域合作的绩效时也指出次区域项目的复杂性,以及大湄公河次区域在协调、谈判和实施这些项目时,地方政府机构有限的权力能力对一些领域合作进程的影响。目前,地方参与次区域经济合作的权力仍然来自中央的政策性授权,今后,中央政府需要在一定程度上对次中央政府(即对外区域交流的地方政府)进行主权让渡。"一带一路"倡议提出十年来,很多边疆地方政府都在呼吁更多的中央授权,以便与周边国家就区域贸易便利化、经济合作机制化问题进行磋商和谈判。在不危害国家利益的前提下,应适度扩大边疆省级地方政府在对外事务方面的权限,通过建立国家开发开放试验区等途径扩大省级以下地方政府的投资和贸易审批权限。另一方面,可以从国家层面考虑调整和提升地方政府参与次区域经济合作的地位,比如在国家发改委设立次区域经济合作委员会,统筹解决各种合作问题,沿边地区等相关部门的领导成员应积极参与这一涉外合作机制以及相应的从属机构,以此来提高地方政府的实际决策权力。

第十三章　经略周边:构建周边命运共同体

党的十八大以来,习近平多次提出要构建"人类命运共同体"。2013 年 3 月 23 日,习近平主席在俄罗斯莫斯科国际关系学院向世界提出重大倡议,呼吁国际社会树立"你中有我、我中有你"的命运共同体意识,呼吁各国共同推动建立以合作共赢为核心的新型国际关系。人类命运共同体是"一带一路"的核心理念,其核心内涵是要"建设持久和平、普遍安全、共同繁荣、开放包容、清洁美丽的世界"。自提出以来,人类命运共同体理念日趋完善,愿景、实施路径日渐清晰,由倡议上升为共识,由理念转化为行动,更加深入人心。中国正在为构建人类命运共同体做出自己的贡献,从"一带一路"到"抗疫合作",从"上合组织"到"东盟自贸区",从"双边"到"多边",从"亚投行"开业到"亚欧班列"开通等等,如今周边的每一个地方,都能听到中国的声音、看到中国的善举。周边国家对践行多边主义的现实性、紧迫性、时代性有了更深入的认识,构建人类命运共同体的理念愈发显现出其重大价值和意义。

俗话说"远亲不如近邻""亲望亲好,邻望邻好",这是中国自古以来的优良传统。中国是世界上邻国最多的国家之一,周边地区是同中国地缘政治、安全、经济利益关联最为密切的地区,是中国崛起的地缘依托,也是必经必保之地,对于我国具有极为重要的战略意义。2015 年,《推动共建丝绸之路经济带和 21 世纪海上丝绸之路的愿景与行动》提出,"全方位推进务实合作,打造政治互信、经济融合、文化包容的利益共同体、责任共同体和命运共同体"①。2020 年 11 月 10 日,国家主席习近平在北京以视频方式出席上海合作组织成员国元首理事会第二十次会议,并发表题为"弘扬'上海精神',深化团结协作,构建更加紧密的命运共同体"的重要讲话。习近平强调,上海合作组织要弘扬"上海精神",加强抗疫合作、维护安全稳定、深化务实合作、促进民心相通,携手构建卫生健康共同体、安全共同体、发展共同体、人文共同体,为推动构建人类命运共同体作出更多实践探索。习近平在此次上合组织会议上提出的四个"共同体",同利益共同体、责任共同体一起,构成构建人类命运共同体的基础和实现路径,这为加强我国与周边国家共建"一带一路"以及加强政治、经济教育、文化、科技经贸合作指明了方向。

一、加强抗疫合作,构建卫生健康共同体

2020 年,突如其来的新冠疫情肆虐全球,给人民健康及生命安全带来巨大威胁,给全球公共卫生安全带来巨大挑战。病毒没有国界,疫情不分种族,人类是一个命运共同体,任何国家都不能置身其外、独善其身。自疫情发生以来,中国第一时间主动与周边地区国家在疫情防控和复工复产等方面团结协作,守望相助,共克时艰,是地区合作抗疫的重要贡献者。

第一,践行周边命运共同体理念。沧海横流,方显英雄本色。新冠疫情暴发后,以习近平同志为核心的党中央领导中国人民万众一心、众志成城,举全国之力,采取了一系列卓有成效的强有力举措,如封城、居家、戴口罩等,以人民为中心,不分年龄、不分性别、不分地域,救治每个病例,打响了一场全民参与、国际联动的疫情防控阻击战。中国人民为

---

① 国家发展改革委,外交部,商务部.推动共建丝绸之路经济带和 21 世纪海上丝绸之路的愿景与行动[N].人民日报,2015-03-29(04).

防控疫情付出了艰苦努力和巨大牺牲，也取得了重大成效，用中国速度为各国开展有效防疫争取宝贵时间，为维护地区和全球公共卫生安全做出巨大贡献，也充分彰显了中国作为负责任大国的全球担当。面对新冠疫情这次全球重大灾难，更要坚持和践行人类命运共同体理念，加强政策沟通，与周边国家密切展开多双边对话交流。中国领导人与周边国家领导人多次通电话、互致信函、举行会晤、进行战略对话，保持了紧密的高层沟通，达成了多项疫情防控方面的重要共识，为疫情防控明确了方向，为维护周边地区的公共卫生安全提供了政策保障。中国积极参加中国—东盟关于新冠问题特别外长会、中日韩新冠问题特别外长视频会议、东盟与中日韩抗击新冠疫情领导人特别会议等多边会晤，增进了周边国家间的协调互信，推动国际合作应对挑战，中国与周边国家命运与共、守望相助，助力形成地区抗击疫情的最大合力。同时，中国不断加强疫情防控国际合作，同世界卫生组织紧密配合，与相关国家密切沟通，分享防疫经验，协调防控措施。

第二，加大力度供应抗疫物资。 在中国疫情防控形势最困难的时刻，周边多个国家给予了中国无比宝贵的大力支持，深刻诠释了患难与共、风雨同舟的精神。其中，日本、蒙古和巴基斯坦等国的援助更是在中国网络上频频成为热点，日本捐赠物资的包装箱外的一句"山川异域，风月同天"，感动了无数中国人，彰显了中日两国的友好情谊，成为一段佳话。对于周边国家的无私帮助，中国秉持"投我以木桃，报之以琼瑶"的美好传统，毫无保留地同各方分享防控和救治经验，尽己所能毫不犹豫地向出现疫情扩散的周边国家伸出援手，提供核酸检测试剂、口罩、防护服、呼吸机等医疗物资援助，为周边抗疫注入了强劲动力，同时加大力度向国际市场供应原料药、生活必需品、防疫物资等产品，展现了人间大爱，展现了中国担当和中国力量，汇聚成同疫情斗争的磅礴之力，赢得了周边国家政府和人民的普遍赞誉。

第三，加大抗疫医疗技术交流。 新冠疫情暴发后，中国本着公开、透明、负责任的态度，向周边国家派遣抗疫医疗专家组，奔赴国际抗击疫情的前线，组织了一场又一场跨国视频交流，毫无保留地与各国分享抗疫经验，毫无保留地与周边国家在信息经验分享交流、药物疫苗研发生产等领域进行深入合作，为有效遏制周边国家疫情传播扩散贡献正能量，大大提振了周边国家战胜疫情的信心。在药物疫苗研发生产领域，中国同周边国家大力开展合作，为早日实现药物疫苗的可及性和可负担性做出不懈努力。未来，中国在疫情面前将继续加强与各国合作，大力倡导人类命运共同体的理念，倡导建立国际公共道德和公共伦理，遵循对人类生命普遍尊重和保护的原则，反对任何形式的种族歧视和排外主义，以实际行动践行着推动构建人类命运共同体的庄严承诺。

第四，加大力度复工复产。伴随世界各国之间物资、商品、信息、人员等的高度流动，不同国家和地区之间的依存度逐渐提高。在重大灾难和危机面前，中国同周边国家相互支持、携手并肩，加强联防联控，助力经济走向复苏。要尽快恢复物流、资金流、信息流，逐步恢复人流。在疫情防控长期化和常态化的背景下，中国和周边国家稳妥、安全、有序地迈出了复工复产的合作步伐。中国和韩国、新加坡、缅甸、印度尼西亚、蒙古、日本等国开辟了便利人员往来的"快捷通道"或促进货物流通的"绿色通道"，有针对性地精准施策，打通"堵点"、补上"断点"，并正在加速构建周边区域的"快捷通道"和"绿色通道"网络。这些创举有利于保障周边地区产业链、供应链、物流链的稳定畅通，为周边地区经济复苏发挥重要作用。在后疫情时代，中国将继续推动全球化的发展，推动和引领全球治理体系的改革与创新，推动世界经济秩序的重建，共同构建卫生健康共同体。

二、维护安全和稳定，构建安全共同体

党的二十大报告提出坚持亲诚惠容和与邻友善、以邻为伴周边外

交方针,为新时期、新挑战下做好周边外交工作提出了新的目标、思路和具体抓手。周边是首要,要把推动基于共同发展的我国与周边国家命运共同体的建设,作为"一带一路"建设地缘战略的首要选择。无论是从地理方位、自然环境还是相互关系看,周边国家和地区对"一带一路"建设都具有极为重要的战略意义,应积极推动"一带一路"建设与周边国家的良性互动。坚持与邻为善、以邻为伴,坚持睦邻、安邻、富邻,突出亲、诚、惠、容的理念,优化和改善与周边国家的关系,为"一带一路"建设营造良好的周边地缘政治环境,从而推动"一带一路"建设和沿边开发开放。

第一,周边安全环境和地缘政治关系是影响我国安全稳定的重要因素。 我国幅员辽阔,周边邻国众多,地缘环境十分复杂,孕育着多种矛盾和利益冲突:世界性热点问题多且随时有发生突变的可能,周边安全环境不确定因素大;历史遗留问题多且有可能引发不测,给周边安全环境带来许多变数;经济合作区域多且竞争合作矛盾交织,有可能诱发冲突;战略要地多且是大国关注焦点,周边安全形势非常脆弱。这些矛盾和问题使得我国周边外交面临着严重挑战,特别是在新冠疫情加速了国际格局调整、世界进入动荡变革期的背景下。因此,我国应未雨绸缪,坚决维护周边安全,统筹维护传统领域安全和非传统领域安全,通过对话合作促进各国和本地区安全,实现发展与安全并重,持久保障我国周边和边疆安全。

第二,我国周边地区是大国竞争和潜在冲突最多的地区之一,大国利益交汇于此,各类矛盾相互交织。 新中国成立70多年以来,中国参加的历次局部战争或边境冲突均与周边邻国有关,这对中国的国家主权和国家安全产生了重要影响。美国推行"亚太再平衡"和"印太战略"的主要目标仍指向中国周边地区,不断挑起事端威胁中国安全,遏制中国崛起,对我国周边产生综合性、长期性的安全影响;俄罗斯是我国最主要、最重要的全面战略协作伙伴,是我国推进丝绸之路经济带建设不可或缺的重要一环,俄罗斯与中国以西的诸"斯坦"国家有着深厚的历史渊源,其对这些国家的影响,将决定"一带一路"的成败;日本难以接受中国崛起成为世界第二大经济体的基本事实,通过挑起中日钓鱼岛领土、东海划界和介入南海争端,鼓吹"中国威胁论",加强军事化大国建设,影响中日关系的正常发展;中印两国缺乏政治互信,还存在着严重的边境领土争议,印度一直把中国当作自己的假想敌,使得中印边境问题越来越突出,中印双方在印度洋的交集也不容忽视,印度正试图通过"季风计划""西进战略"来抗衡中国的"21世纪海上丝绸之路";台湾问题尚未解决,"台独"势力不断兴风作浪;在国际敌对势力的操纵和支持下,"疆独"和"藏独"活动频繁,勾结合流趋势日益明显;中国与一些周边邻国的岛屿、海域、河流争端,不断对中国周边安全环境形成挑战。

第三,周边地区是我国安身立命之所、发展繁荣之基,是"一带一路"启航之地,也是我国对外开放、开展经贸合作的重要伙伴,与我国的经贸融合不断加深,更是"一带一路"建设重点区域,直接影响互联互通。构建中国周边区域经济合作带,在中国对外开放全局中具有重要地位,是我国的地缘经济和地缘政治的重心。周边地区是和中国文化联系最为密切的毗邻地区,人文交流、友好往来历史悠久,丝绸之路精神源远流长,民众之间情感深厚,不同文明、不同民族、不同宗教汇聚交融,为构建周边命运共同体注入不竭动力,构成中国与周边国家之间关系发展的社会基础。周边国家是我国维护社会稳定、民族团结和睦的直接外部屏障,周边环境对我国经济发展战略历来有着直接的牵动作用,维护周边安全是新时代中国特色社会主义现代化建设、推进"一带一路"建设顺利进行的重要条件。面对极其特殊复杂的周边地缘政治关系,必须把经略周边摆在战略位置,遵循共同、综合、合作、可持续的安全观,才能有效应对各类威胁和挑战。要积极发展睦邻友好关系,妥善处理矛盾分歧,既要认真应对新的挑战,又要沉着冷静,努力发展经济,把自己的事情办好,努力争取一个更为长久的周边和平环境,坚定支持有关国家依法平稳推进重大国内政治议程，坚定支持各国维护政治安全和社会稳定，坚决反对外部势力以任何借口干涉成员国内政。坚持通过对话和协商化解矛盾和分歧，严防"三股势力"借疫生乱，提升成员国执法安全合作水平。要加强我国与周边国家政治、经济、文化、旅游、民间交往的联系，积极开展与周边国家各国的军事、安全、反恐、禁毒、信息、打击跨国犯罪、人道救援等方面的交流与合作，通过相互交流合作，不断提高我国的影响力，增加政治互信，促进共同发展，维护边疆长期稳定。

第四，正确研判形势、积极应对挑战，从战略高度分析和处理问题，统筹谋划、驾驭全局，全面推进周边经济合作进入新阶段。从今后长远来看，发展周边国家关系，将在加快国内经济体制改革的基础上，统筹国内发展与对外开放，打造周边地缘经济圈，形成横贯东中西、联结南北方的对外经济走廊。要通过经略周边，为"一带一路"充当开路先锋，通过推动互联互通和合作共赢，把实现中华民族伟大复兴的中国梦同周边各国人民过上美好生活的愿望、同地区发展前景对接起来，让命运共同体意识在周边国家落地生根，使中国发展更好惠及周边国家。这不仅符合中国和平发展的需要，也符合周边国家和整个国际社会的共同利益。

三、深化务实合作，构建发展共同体

"一带一路"倡议的首要合作伙伴是周边国家，首要受益对象也是周边国家。"一带一路"倡议从构建新型国际关系和人类命运共同体着眼，顺应经济全球化的历史潮流，顺应全球治理体系变革的时代要求，顺应各国人民过上更好日子的强烈愿望，致力于创造一个均衡、持续、有利于各国共同发展的国际或地区政治经济体系，打造一个新的共同发展平台，聚焦发展这个根本性问题，释放周边各国发展潜力，实现经济大融合、发展大联动、成果大共享。

第一，和平发展，尊重各国人民自主选择发展道路的权利。尊重各国自主选择的发展道路,这是国际关系基本准则和时代潮流的必然要求。习近平①主席用中国民间的俗语做比喻说,"鞋子合不合脚,自己穿了才知道",意思是说,走什么样的发展道路,是一个国家的内部事务,任何外国都无权干涉,无权指手画脚,更无权通过强制或颠覆等手段把别国拉到自己划定的轨道上来。在国际关系中,中国历来坚持国家不分大小、强弱、贫富,一律平等,尊重各国人民自主选择发展道路的权利,承认各国文化传统、社会制度、价值观念、发展理念等方面的差异,努力推动不同文明的发展模式取长补短、相互促进、共同发展,反对以单一模式来衡量丰富多彩的世界。中国提出的"一带一路"倡议,并不是输出中国的发展道路,而是倡导各国在发展和治理的各个方面进行广泛的对话和交流,这也是当代国际关系合作的一个新领域。中国在自身发展历程中,在政治、经济、社会、文化、生态等领域积累了丰富的知识和经验,并对其进行理论化、系统化,形成了中国在发展方面的知识体系,以更好地在发展中国家进行交流和分享。中国坚持独立自主、改革开放的发展道路,这一道路所蕴含的知识和经验,对世界上大部分想要在发展同时维护自身独立的国家有着重要参考价值,这也正是"一带一路"倡议给世界共同发展带来的重要启示所在。中国道路成为一种新的现代化方案,不仅为各国搭乘中国发展"快车"提供了"车票",也有利于世界各国实现合作共赢。

第二,聚焦合作,互联互通驱动引领。中国继续推动共建"一带一路"倡议同周边各国发展战略及欧亚经济联盟等区域合作倡议深入对接,加强互联互通,促进产业链、供应链、价值链深度融合,畅通区域经济循环;以基础设施建设为优先领域,建设了一批境内外铁路、公路、港口、机场和跨境桥梁等基础设施项目,特别是在中国与周边国家之间建立起较好的基础设施互联互通网络,推进了周边国家的发展进程;发展

---

① 国家主席习近平在莫斯科国际关系学院的演讲(全文)[EB/OL]. (2013-03-24)[2020-08-08]. https://www.gov.cn/ldhd/2013-03-24/content_2360829.htm.

以电力基础设施建设为核心的能源业，有效地缓解了周边国家很多地区能源紧张状况；为各国企业营造开放、公平、非歧视的营商环境，扩大相互投资规模；抓住新一轮科技革命和产业变革机遇，加强在数字经济、电子商务、人工智能、智慧城市等领域的合作。这些互联互通措施展现出中国致力于推动互利共赢国际合作的真诚愿望，为全球贸易便利化和经济增长做出了重要贡献。

第三，产能合作，促进周边贸易增长和经济繁荣。"一带一路"建设是推动国际产能合作的重要引擎，国际产能合作就是在一国经济建设和社会发展中，根据需要引入别国有竞争力的装备和生产线、先进技术、管理经验等，充分发挥各方比较优势，推动基础设施共建与产业结构升级相结合，提升工业化和现代化水平。要契合周边及"一带一路"沿线国家的发展需求和利益诉求，很多国家都将发展作为首要任务，特别是周边很多国家正处在工业化、城镇化的初期阶段，开展国际产能合作的需求和意愿很强。经过多年改革开放，中国已进入工业化的成熟期，拥有大量优势产业，愿意与亚洲和"一带一路"沿线各国深化产能合作，共享工业文明与和平发展经验，帮助有关国家完善基础设施建设，提高工业化、产业化水平，加快发展实体经济，提升在全球产业链、价值链上的位置。"一带一路"建设通过国际产能合作以及境外产业园区建设，推动了周边国家的工业化进程，促使一些国家通过产能合作逐步建立自己的制造业基础，这使出口导向策略成为可能，能够促进贸易产品升级，从而避免靠单一资源出口而陷入低收入陷阱和贸易陷阱，促使其打破恶性循环累积、脱离依附状态，走向快速发展的轨道。新形势下"一带一路"加强国际产能合作，既是中国经济保持中高速增长、迈向中高端水平的重要举措，也是构建新发展格局的重要内容，拓展了我国的发展空间，同时也将助力"一带一路"沿线国家经济提质增效，加快经济发展、扩大就业，促进亚洲乃至世界经济的强劲、可持续发展。推进国际产能合作，既有利于我国与相关国家构建优势互补、互利共赢的发展共同体,也有利于与第三方探索形成援助、权益投资和合资合作的发展新模式,还能充分调动地方政府、社会组织和行业协会等参与合作发展的积极性,进而形成多方合作共赢的发展新模式。

四、促进民心相通,构建人文共同体

构建人类命运共同体文化相互交融是协调区域各国的基础,也是中华民族共同体意识的根基。中华民族共同体的发展历经五千多年的沧桑岁月,堪称人类文化史上的奇迹。构建人文共同体对推进"一带一路"建设、促进沿线国家共同发展、推动构建人类命运共同体具有重要而深远的意义。

第一,加强交流互鉴,凝聚更多共识。古代丝绸之路是世界文明史上的一颗璀璨明珠,它将灿烂辉煌的几大文明联结起来,促进了经济和文化的繁荣发展,积累了弥足珍贵的文明财富。传承古代丝绸之路精神,努力发掘"一带一路"周边国家和沿线国家文明的时代价值,并在交流互鉴中发扬光大,使"一带一路"倡议的内涵更加丰富多彩,这就要求尊重文明多样性,促进文明价值共通,将"一带一路"建设成为促进世界持久和平发展的精神基石。

第二,弘扬中华文明,彰显中国智慧。党的二十大报告指出,全面建设社会主义现代化国家,必须坚持中国特色社会主义文化发展道路,增强文化自信,围绕举旗帜、聚民心、育新人、兴文化、展形象建设社会主义文化强国,发展面向现代化、面向世界、面向未来的,民族的科学的大众的社会主义文化,激发全民族文化创新创造活力,增强实现中华民族伟大复兴的精神力量。在新的历史时期,东西方文化的交流互鉴,在"一带一路"建设的推进过程中得到进一步弘扬。向世界真诚地展现一个历史悠久、充满活力、文明和谐、开放自信的中国,是我们推动中华文化走向世界的目的所在。绵延五千多年的中华文明在世界文明发展史上具有重要地位,是当今中国在世界文明中站稳脚跟乃至昂首挺胸的底气所在。其中蕴含的"和谐""仁爱""道义""和合"等观念,不但是东方文化认同的基础,更是人类文明的共同财富,与西方国家"唯我独尊"、缺乏世界视野的思维形成鲜明对照。历史上,我国汉代张骞出使西域、唐代玄奘西行印度"取经"、明代郑和七下西洋,这些都是人文交流的典范。当今,各国文化在"一带一路"开启文明互鉴,通过彰显文化共存、价值共惠,缓释文化差异,增进民心相通,助推周边国家和沿线各国各地区间的经济、社会、文化交流,使之提高到新的水平,对推进"一带一路"建设乃至全球治理体系变革都具有积极意义。

第三,促进民心相通,构建人文共同体。当前,人类社会应对共同挑战、迈向美好未来,既需要经济科技力量,也需要文化文明力量。沿着"一带一路",我们应积极采取多途径多渠道,开辟文明交流互鉴之路。在"一带一路"建设过程中,要向世界展示中华文明历史,传播中国改革开放经验,支持沿线各国走符合自身国情的发展道路,巩固"一带一路",建设人文纽带。今天,"一带一路"倡议为周边国家和沿线各国进一步增进友好往来、深化传统友谊提供了新的历史契机。要加强中国与周边各国人文交流、文化交流合作的力度,积极开展交流演出、互办展览等文化文艺活动,加深彼此了解,促进民心相通。要建立多层次人文合作机制,推动教育合作,发挥智库作用,推动文化、体育、卫生等方面的务实合作,用好历史文化遗产,密切各领域往来,助力实现构建人类命运共同体的伟大目标。

五、坚持互利共赢,构建利益共同体

共建"一带一路",打造利益共同体是主基调,其核心理念是开放包容、共商共建、互利共赢。开放包容,就是说"一带一路"的地域和国别范围是开放的,凡是有意愿的国家都可以成为丝绸之路经济带的参与者、建设者和受益者。共商共建,就是要平等协商,集思广益,各施所长,各尽所能,大家齐心协力把好事办好。互利共赢,就是要兼顾各方利益,反映各方诉求,使各国人民都能从中受益。

第一,人类命运共同体理念植根于源远流长的中华传统文化,经过不断的创新性发展,将历史和未来相结合,倡导多种文明和谐发展,这是对马克思列宁主义的继承、创新和发展,是对新中国成立以来我国外交经验的科学总结和理论提升,蕴含着深厚的中国智慧。中国共产党一直以实现国家富强、民族振兴、人民幸福为己任,始终把为人类做出新的更大的贡献为使命,推动构建人类命运共同体,推动建设持久和平、共同繁荣的和谐世界,这是当代中国共产党人的历史使命和责任担当,反映出新的历史条件下新的价值取向和中国参与推动全球治理体系变革的引领价值。在全球经济治理体系变革中,要主张各行为体平等参与、共同建设、共享成果,努力提高发展中国家的代表性和发言权,确保各国权利平等、机会平等和规则平等;坚持包容导向,鼓励有关各方积极参与、共同建设;坚持共享目标,倡导所有参与者共同分享治理成果,将中国的发展机遇转变为世界的发展机遇,将世界的机遇转化为中国的机遇,推动中国与世界的良性互动、利益共享。

第二,人类命运共同体理念勇于应对全球治理危机。人类命运共同体理念既是高屋建瓴的总体设计,也是直面问题的解决措施,是应对各种全球性挑战的主动担当。当前,全球面临着严重的疫情冲击和严重的治理危机,保护主义、民粹思潮等此起彼伏,各种极端主张甚嚣尘上。在此背景下,构建人类命运共同体的重要性更加凸显,人类只有携起手来才能生存下去,才能繁荣发展,这为“一带一路”增添了新的内涵,赋予了新的动能。人类命运共同体的核心在于各国平等、相互尊重、合作共赢,“一带一路”倡议秉承的是“和平合作、开放包容、互学互鉴、互利共赢”的原则,突出强调平等包容、合作共赢的基本价值观。在世界面临百年未有之大变局之际,各国普遍求安全、求发展、求稳定,对美好生活的向往，是当前全球人们的共同愿望。目前，在世界受新冠疫情的严重冲击下，只有推动国际合作应对挑战，命运与共，才能共克时艰。只有各国切实增强合作，维护全球公共卫生安全，才能促进全人类的健康与福祉。

第三，人类命运共同体是"一带一路"倡议的思想理论与发展目标，"一带一路"为人类命运共同体建设提供了具体的实践路径与重要桥梁。"人类命运共同体"在政治、安全、经济、文化、生态五个方面的建设路径与"一带一路"倡议所强调的政策沟通、贸易畅通、资金融通、设施联通、民心相通"五通"内涵形成了对应关系，为实现人类命运共同体方案提供了可操作的实施路径。在设施联通、贸易畅通、资金融通方面，要在硬件基础上共同打造互利共赢的区域合作架构，推动交通、贸易、金融领域合作，发挥周边各国的比较优势，将经济互补性转化为发展推动力，形成横贯东西的沿边经济带，形成与周边国家经济利益对接整合的大格局，实现与周边国家利益融合，打造利益共同体。民心相通是保障，建设丝绸之路经济带离不开各国人民的支持和参与，只有大力促进各国人民之间的相互了解，推动不同种族、宗教、文化之间的和谐共处，开展和而不同、兼收并蓄的文明交流，才能为开展区域合作打下坚实的民意和社会基础。

六、倡导共担责任，构建责任共同体

经济全球化把全世界紧紧联系在一起，各个国家已是休戚与共、息息相关，不论人们身处何国、信仰如何、是否愿意，实际上都已处在一个"人类命运共同体"中。构建责任共同体是构建人类命运共同体的应有之义，是创新全球治理模式的重要举措，是践行"一带一路"倡议的助推器。

第一，构建责任共同体需要多方谋划、协同创新。命运共同体不仅是责任共同体,也是行动共同体,在涉及人类生存和发展等根本问题时,必然要求形成全球共识、开展一致行动,在相互理解信任的基础上,同舟共济、权责共担、团结协作、守望相助。当前,国际秩序走到了新的转型期,面对各种不确定性问题的涌现,如何构建新的国际关系准则,实现全球化下的有效治理,成为一个重要问题。在亚太和周边地区,要研究如何继续深化同周边国家的利益和情感交融,如何增加对地区公共产品的供给,不断推进地区多边合作机制。面对重大疫情的威胁,地区之间、国家之间相互合作、权责共担,需要共同体意识和责任意识。中国倡导构建"人类命运共同体",即"建立平等相待、互商互谅的伙伴关系,营造公道正义、共建共享的安全格局,谋求开放创新、包容互惠的发展前景,促进和而不同、兼收并蓄的文明交流,构筑尊崇自然、绿色发展的生态体系",积极履行大国责任,为国际社会多做贡献。随着经济的发展和国际政治参与的增多,中国逐渐由全球治理的参与者转变为相关国际机制的塑造者和公共产品的提供者,向世界展示了中国负责任大国的形象。

第二,通过共建"一带一路"、推动构建新型国际关系等措施,推动人类命运共同体目标的实现。联合国决议中首次写入"构建人类命运共同体",表明这一理念契合人类历史进程的指导性理念和方向,反映了人类社会共同价值追求,汇聚了世界各国人民对美好生活向往的最大公约数,展现了中国作为联合国安理会常任理事国和世界主要经济体的应有担当,已经得到广大会员国的普遍认同。中国倡导各国以实际行动践行多边主义,秉持共商、共建、共享原则,携手同心,共担责任,完善全球治理、维护国际秩序。

第三,责任担当是人类命运共同体的时代要义。人类命运共同体的构建,有助于解决全球治理困境。"一带一路"以"共商、共建、共享"的全球治理观,积极推动构建更为公正、合理、完善的全球经济治理体系,更加全面均衡地反映了世界各国利益和意愿,倡导人类共同价值,推动治理规则体系改革。中国把解决全球性难题同中国与世界的发展相结合，实现了中华民族与世界各国命运和前途的紧密连接，将中华民族伟大复兴寓于人类的整体发展与共同繁荣之中，推动建设包容不同发展程度、道路与社会制度的和谐世界，充分体现了中国负责任的大国担当，体现了中国共产党人的世界情怀，彰显了中国共产党为人民幸福、民族复兴、国家富强、世界大同和人类未来和平发展奋斗的责任担当。新冠疫情给人类以深刻警醒，病毒没有国界，疫情不分种族，人类只有同舟共济，才能战胜疫情。共建惠及你我他的人类卫生健康共同体，是中国与世界各国共同的使命和责任。

第十四章 统筹全局：有序推进沿边开放

加快沿边开发开放，是推进"一带一路"建设的重要举措，也是构建以国内大循环为主体、国内国际双循环相互促进的新发展格局的重要一环。要坚定不移贯彻新发展理念，牢牢把握沿边开放的方针政策，探索沿边开放发展新路径新模式，努力将沿边地区打造成为我国与周边国家高质量共建"一带一路"的重要平台、辐射带动周边经济发展的重要引擎。

一、牢牢把握发展机遇

进入新的历史时期，我国的发展环境面临着复杂深刻的变化，站在时代发展大背景下，要理解并把握好历史赋予的新使命、挑战蕴藏的新机遇、开放面临的新形势。构建新发展格局，对沿边地区而言，既是机遇，也是挑战。从机遇角度看，沿边地区具有独特的区位优势，是"一带一路""互联互通"的重要节点和关键枢纽，通过西部大开发和兴边富民行动，西部地区基础设施建设取得丰硕成果，边境地区已经建成一批重点开放城市和边贸口岸，与周边国家的人流、物流、资金流、信息流已经初具规模，且发展迅速，沿边开放、向西拓展都具备了良好基础。这些都必将在"一带一路"建设中发挥重要作用，并转化为对外开放和经济发展的新优势。同时，周边国家和"一带一路"沿线国家资源丰富、市场广阔，与我国经济互补性强，对中国的市场、资金和技术充满渴望。这意味着沿边地区无论是"走出去"还是"引进来"都具有巨大潜力，随着"一带一路"建设的高质量推进，沿边地区必将成为投资兴业的新热土，只要发挥优势、率先行动，就能够在构建新发展格局中抢占先机。从挑战角度看，各省各地面临着同样的机遇，能否充分把握，比拼的是反应和行动力。沿边地区远离国内市场中心、基础设施滞后、产业发展薄弱、人才流失严重、营商环境欠佳、思想观念僵化，如果认识不清、行动不快，就会被新发展格局抛在圈外，被其他地区越甩越远。因此，必须增强危机感和紧迫感，增强对新发展格局的敏感度，加大对接新发展格局的主动性，铆足全劲融入新发展格局，瞄准重点经济走廊和重点项目，实施重点突破，持续加快跨越赶超的步伐。

二、牢牢把握开放切入点

沿边地区要置身新格局，从本地实际出发，立足自身优势，适应供给侧改革方向，确定在新格局中的工作站位，找准突破口。力求在"十四五"期间内打造一批开发开放桥头堡和向西、向北开放开发的增长极，把沿边重点口岸打造成为畅通周边双循环的大通道、大平台。实现这一目标，要加强顶层设计和整体谋划，解放思想，打破思维定式，把构建新发展格局的新形势、新理念、新要求贯穿始终，把干好"自己的事"与高质量共建"一带一路"结合起来，立足抢先机、谋求开新局，通过下好"先手棋"，携手融入新发展格局。必须把握比较优势，适应大循环、双循环趋势，科学转化、充分释放，加强长板、升级短板，着力完善现代基础设施、流通体系、营商环境，充分畅通国内大循环、国内国际双循环，使自己成为新发展格局不可或缺的组成部分。要积极协助"一带一路"沿线国家做好疫情防控工作，帮助指导疫情防控方案，最大限度降低疫情威胁。强化国际协调合作，推进新一轮卫生合作项目，构建和完善"一带一路"卫生合作机制和重大疾病防控检疫网络；积极推进突发公共事件国际经贸规则制度的建立,减少疫情等全球性灾害对国际经贸活动的冲击;积极构建覆盖"一带一路"及相关国家的传染病研究国际合作网络,推动"健康丝绸之路"建设。

三、牢牢把握"五通"重点

"五通"有着严密的内在关系,其中政策沟通是前提,各国只有加强政策沟通、彼此了解,才能找到利益契合点,才能最大限度地实现经济发展战略的有效对接,才能共同制定出切实可行的合作规划。其中,设施联通、贸易畅通、资金融通是基础,交通基础设施互联互通水平、货物流通便利化程度以及金融服务水平是衡量经济发展整体环境优劣的主要因素。要实现各国利益融合,打造利益共同体,就要大力推动在交通、贸易、金融领域的合作,在这三个领域的合作上取得进展,就会带动其他领域的合作,最终实现整体合作水平的提升。要及早谋划,迅速行动,主动抢占发展先机,从构建新发展格局角度梳理策划项目,抓紧完善前期手续,加大向上汇报协调,争取将更多项目纳入国家和省区"十四五"规划及各类专项规划。要加强发展政策、产业导向、市场需求等方面的前瞻性研究,第一时间找准发力点和政策对接点,将更多政策"红利"转换为发展优势。民心相通是保障,建设丝绸之路经济带离不开各国人民的支持和参与,只有大力促进各国人民之间的相互了解,推动不同种族、宗教、文化之间的和谐共处,兼容并蓄,求同存异,少一些对抗,多一些对话,少一些傲慢和偏见,多一些理解和沟通,实现和睦相处,共同发展,才能为开展区域合作打下坚实的民意和社会基础。

四、坚持开放发展"两手抓"

要坚持长短结合,坚持"两手抓",一手抓扩大开放,积极发展经济,用改革增强发展动力，用开放激发发展活力，用足、用好国内国际两个市场、两种资源，落实宏观调控各项措施，积极融入新发展格局；一手抓"一带一路"建设，坚持"共商、共建、共享"的原则，坚持市场经济规律和国际通行规则，以合作共赢为目标，高质量推进"一带一路"建设。加强对外协调，密切战略、政策、规划对接，不断扩大朋友圈、发展好伙伴，将"一带一路"建成和平之路；加强发展共赢，深化互利合作，提升互联互通和产业发展水平，将"一带一路"打造成繁荣之路；加强开放引领，扩大经贸往来，提升贸易投资便利化水平，将"一带一路"打造成开放之路；加强机制建设，推进改革探索，拓展高技术合作领域，将"一带一路"打造成创新之路；加强人文交流，增进友好往来，提高文化软实力，将"一带一路"打造成文明之路。深化环保合作，践行绿色发展理念，加大生态环境保护力度，携手打造绿色丝绸之路。

五、加强宣传推介力度

由于共建"一带一路"国家地理位置、规模、宗教信仰、风土人情的差异，以及与中国开展项目合作在广度与深度上的不同，其对"一带一路"的了解和认识不尽相同。鉴此，未来除了在"一带一路"倡议的形成、宏观项目推进情况、成果统计等宏观层面进行广泛宣传外，还需立足于不同沿线国家的不同关切和文化差异，有的放矢，讲好中国故事。应充分调动中国驻所在国使领馆，调动当地合作媒体、当地华人华侨、来华留学生等组织与人员的积极性，有针对性地开展"一带一路"宣传工作，做好民心相通，从而使沿线国家的居民正确认知"一带一路"的内涵，引导其积极参与"一带一路"建设。

2018-9-29 新闻和报纸摘要全文[EB/OL].(2018-09-29)[2020-04-21].
　　http：//china.cnr.cn/news/20180929/t20180929_524373284_1.
　　shtml.

阿富汗罂粟产量新高 可能引发全球因海洛因死亡人数增加[EB/OL].
　　(2015-06-29)[2021-05-30].http：//world.people.com.cn/n/2015/
　　0629/c1002-27221903.html.

曹立,韦力.新时代高水平开放的着力点[J].开放导报,2020(5):7-
　　13,47.

陈凡,蓝国华.治国必治边　治边先稳藏[EB/OL].(2019-09-03)[2020-
　　08-30].http：//theory.people.com.cn/n1/2018/0903/c40531-30
　　268917.html.

党的二十大报告辅导读本[M].北京:人民出版社,2022:24.

葛剑雄.历史上的中国[M].上海:上海锦绣文章出版社,2007.

葛剑雄.统一与分裂——中国历史的启示[M].北京:生活·读书·新
　　知三联书店,1994.

葛剑雄.中国历代疆域的变迁[M].北京:商务印书馆,1997.

广西:"三大定位"新使命引领改革开放新格局[EB/OL].(2018-04-28)

[2021-08-30]. http://www.gov.cn/xinwen/2018-04/28/content_
5286717.htm.

广西壮族自治区人民政府.广西壮族自治区人民政府关于支持沿边重
点地区开发开放的实施意见:桂政发〔2016〕52号[EB/OL].(2016-
10-23)〔2016-11-30〕. https://www.ndrc.gov.cn/fggz/lywzjw/
wstz/201611/t20161130_1046735.html? code=&state=123.

国家发展改革委,外交部,商务部.推动共建丝绸之路经济带和21世纪
海上丝绸之路的愿景与行动[N].人民日报,2015-03-29(04).

国家发展改革委.国家发展改革委关于印发黑龙江和内蒙古东北部地
区沿边开发开放规划的通知:发改地区〔2013〕1532号[EB/OL].
(2013-08-09)〔2013-09-23〕. https://www.ndrc.gov.cn/xxgk/
zcfb/ghwb/201309/t20130923_962142.html? code=&state=123.

国家发展和改革委员会国际合作中心对外开放课题组.中国对外开放
40年[M].北京:人民出版社,2018.

国家主席习近平在莫斯科国际关系学院的演讲(全文)[EB/OL].
(2013-03-24)〔2020-08-08〕. https://www.gov.cn/ldhd/2013-03/
24/content_2360829.htm.

国务院办公厅关于印发兴边富民行动"十三五"规划的通知[EB/OL].
(2017-05-28)〔2020-04-21〕. https://www.gov.cn/zhengce/
content/2017-06/06/content_5200277.htm.

国务院关于实施西部大开发若干政策措施的通知:国发〔2000〕33号
[EB/OL].(2000-10-26)〔2021-08-30〕. http://www.gov.cn/
gongbao/content/2001/content_60854.htm.

国务院关于近期支持东北振兴若干重大政策措施的意见:国发〔2014〕
28号[EB/OL].(2014-08-19)〔2021-08-30〕. http://www.gov.cn/
xinwen/2014-08/19/content_2736756.htm.

国务院关于加快实施自由贸易区战略的若干意见：国发〔2015〕69号
　　〔EB/OL〕.（2015-12-17）〔2021-08-30〕. http://www. gov. cn/
　　zhengce/content/2015-12/17/content_10424. htm.

国务院关于支持沿边重点地区开发开放若干政策措施意见：国发〔2015〕
　　72号〔EB/OL〕.（2016-01-07）〔2021-08-30〕. http://www. gov. cn/
　　zhengce/content/2016-01/07/content_10561. htm? trs＝1.

国务院关于印发中国农村扶贫开发纲要（2001—2010年）的通知：国发
　　〔2001〕23号〔EB/OL〕.（2016-09-23）〔2021-08-30〕. http://www.
　　gov. cn/zhengce/content/2016-09/23/content_5111138. htm.

国务院印发关于六个新设自由贸易试验区总体方案的通知〔N〕. 人民日
　　报,2019-08-27(01).

何锡光. 述《新唐书》的边防观〔J〕. 周口师范学院学报,2004(1):51-
　　52,56.

贺军. 国务院重提"支持长江经济带发展"背后的深意〔EB/OL〕.（2021-
　　08-27）〔2021-11-20〕. http://www. jwview. com/jingwei/08-27/
　　424441. shtml.

姜洁. 万里边疆展新颜——党的十八大以来边疆地区发展成就综述
　　〔N〕. 人民日报,2022.06.17(2).

来自37个国家及地区的近160名各界人士认为——西藏迎来"一带一
　　路"重大历史机遇. 人民日报,2019-06-18(06).

蓝勇. 历史上中国西部资源东调及对社会发展的影响〔N〕. 光明日报,
　　2005-11-29(11).

李乾元. 西进战略〔M〕. 北京:人民出版社,2010.

林甘泉. 中国边疆史地研究与爱国主义教育〔J〕. 中国边疆史地研究,
　　1992(2):4-5.

刘国旭. 中国疆域若干问题研究〔J〕. 卷宗,2012(1):116.

刘宏煊.中国疆域史[M].武汉:武汉出版社.1995.

刘卫东."一带一路"建设进展第三方评估报告(2013—2018 年)[M].北京:商务印书社,2019.

刘以雷.疫情对西部经济的影响更大,应着重缩小东西部地区的发展差距[EB/OL].(2020-04-21)[2020-06-07].https://www.sohu.com/a/389775180_100160903.

蒙古包哨所里的牧民哨兵[EB/OL].(2015-10-08)[2021-08-27].http://www.mzyfz.com/cms/benwangzhuanfang/xinwenzhongxin/zuixinbaodao/html/1040/2015-10-08/content-1151970.html?isappinstalled=0.

孟森.清史讲义[M].北京:中国三峡出版社,2009:237.

农日东,林素娟.对提高广西沿边地区开放水平的若干思考[J].广西民族师范学院学报,2014,31(01):104-107.

潘光.欧亚陆上丝绸之路沿线的"文明断裂带"研究—兼论"文明冲突论"的双重性[J].俄罗斯研究,2016(6):91-108.

彭建英.明代羁縻卫所制述论[J].中国边疆史地研究,2004(03):26-38,148.

彭清华:着力打造"一带一路"有机衔接的重要门户[EB/OL].(2015-05-18)[2020-08-08].http://theory.people.com.cn/n/2015/0518/c83846-27015044.html.

普列汉诺夫.论个人在历史上的作用问题[M].北京:生活·读书·新知三联书店,1961.

亲诚惠容:邻望邻好 共同发展(习近平治国理政关键词(27))[EB/OL].(2016-05-05)[2020-08-08].http://politics.people.com.cn/n1/2016/0505/c1001-28325894.html.

社论.确保西藏长足发展和长治久安[N].人民日报,2015-09-06(04).

史本叶,程浩.打造沿边开放升级版[EB/OL].(2014-09-16)[2021-05-30].
　　http://theory.people.com.cn/n/2014/0916/c40531-25667316.html.

孙进己.我国历史上疆域形成、变迁的理论研究[J].中南民族大学学报
　　(人文社会科学版),2003(02):78-83.

谭其骧.历史上的中国和中国历代疆域[J].中国边疆史地研究,1991
　　(1):37-45.

谭其骧.中国历史地图集(清代卷)[M].北京:中国地图出版社,1987.

谭秀杰,熊灵,刘颖甜."一带一路"建设下沿边地区开发开放的机遇与
　　挑战[J].边界与海洋研究,2019,4(1):54-66.

田子馥.试论辽金元清的政权属性——兼评所谓"中国征服王朝"论[J].
　　东北史地,2004(2):9-16.

童书业.童书业历史地理论集[M].北京:中华书局,2004.

王崇焕.中国古代交通[M].北京:商务印书馆,1996.

王会昌.中国文化地理[M].武汉:华中师范大学出版社.1992.

王文涛:以党的二十大精神为指引推进高水平对外开放[EB/OL].
　　(2023-01-16)[2023-03-30].https://www.gov.cn/xinwen/2013-
　　01/16/content_5737251.htm.

五年来,习近平这样谈周边外交[EB/OL].(2018-10-25)[2020-10-24].
　　http://world.people.com.cn/GB/n1/2018/1025/c1002-30362611.
　　html.

习近平:内蒙古各族干部群众要守望相助[EB/OL].(2017-08-08)
　　[2020-10-24].https://news.cctv.com/2017/08/08/ARTImrjryG
　　8Gw5glUAlERUm2170808.shtml.

习近平.推进"一带一路"建设,努力拓展改革发展新空间(2016年4月29
　　日)[EB/OL].(2018-01-04)[2021-07-01].http://theory.people.
　　com.cn/n1/2018/0104/c416126-29746006.html.

习近平.习近平谈治国理政,第一卷[M].2版.北京:外文出版社,2018.

习近平.加强国际宏观经济政策协调,防止世界经济陷入衰退[EB/
　OL].(2020-03-26)[2021-05-30].http://cpc.people.com.cn/n1/
　2020/0326/c64094-31649930.html.

习近平.习近平谈治国理政 第三卷[M].北京:外文出版社,2020.

习近平在东北三省考察并主持召开深入推进东北振兴座谈会[EB/
　OL].(2018-09-28)[2020-08-08].https://www.gov.cn/xinwen/
　2018-09/28/content_5326563.htm.

新疆日报评论员.坚定不移围绕总目标谋划推进新疆工作[EB/OL].
　(2018-05-31)[2021-07-01].http://theory.people.com.cn/n1/
　2018/0531/c40531-30026525.html.

徐海,王小琬,陈振广.黑龙江省沿边地区开发开放的模式与主要方向
　研究[J].对外经贸,2019(6):41-43.

云南日报评论员:用大开放推动新跨越[EB/OL].(2015-04-09)[2020-
　04-21].http://cpc.people.com.cn/pinglun/n/2015/0409/c78779-
　26820622.html.

云南省人民政府.云南省人民政府关于印发云南省沿边地区开发开放
　规划(2016—2020年)的通知:云政发[2016]55号[EB/OL].(2016-
　07-05)[2016-07-13].http://www.yn.gov.cn/zwgk/zcwj/zxwj/
　201911/t20191101_184096.html.

昝涛.地缘与文明:建立中国对中亚的常识性认知[M]//高全喜.大观
　5.北京:法律出版社,2011:111.

张博泉,魏存成主编.东北古代民族·考古与疆域[M].吉林:吉林大学
　出版社.1998.

张鑫.中国—东盟跨境次区域商贸流通一体化研究[J].商业经济研究,
　2017(7):156-159.

张云. 西藏历史问题研究（增订本）［M］. 北京：中国藏学出版社，2008：136.

中共中央关于全面深化改革若干重大问题的决定［N］. 人民日报，2013-11-16(01).

中共中央 国务院关于构建开放型新经济体制的若干意见［EB/OL］.（2015-09-17）［2021-08-30］. http://www. gov. cn/xinwen/2015-09/17/content_29341 72. htm.

中共中央 国务院关于深入实施西部大开发战略的若干意见：中发〔2010〕11 号［EB/OL］.（2016-04-13）［2021-08-30］. http://nx. people. com. cn/n2/2016/0413/c375866-28140414. html.

中共中央，国务院. 中共中央 国务院关于新时代推进西部大开发形成新格局的指导意见［EB/OL］.（2020-05-17）［2021-08-30］. http://www. gov. cn/xinwen/2020-05/17/content_5512456. htm.

中共中央文献研究室，编. 毛泽东在七大的报告和讲话集. 北京：中央文献出版社，1995：218.

忠诚写在"西陲第一哨"［EB/OL］.（2018-10-09）［2021-08-27］. http://images2. wenming. cn/web_djw/djw2016sy/djw2016wkztl/wkztl2016djzzwk/201810/t20181009_4854428. shtml.

周伟洲. 历史上的中国及其疆域、民族问题［J］. 云南社会科学，1989(2)：50-56，49.

朱希祖. 序言［M］//曾问吾. 中国经营西域史. 北京：商务印书馆，1936：1.

邹璇. 中国西部地区内陆开放型经济发展研究［M］. 北京：中国社会科学院出版社，2013.